本书为广东省哲学社会科学"十一五"规划项目"当代岭南音乐（粤乐、潮乐、汉乐）名家演奏艺术及作品分析"（GD10DL02）的研究成果

编委会

主　编：黄颖仪

编　委：（以姓氏笔画为序）

刘　茜　吴华山　吴　迪　吴斯梦

陈蔚旻　林欣欣　罗　菲　单丽莎

雷叶影　蔡幸子　廖建高

广州大学音乐舞蹈学院研究文丛
岭南音乐舞蹈发展研究智库丛书

总主编：罗 洪

当代岭南

传统音乐名家研究

黄颖仪 ◎ 主 编

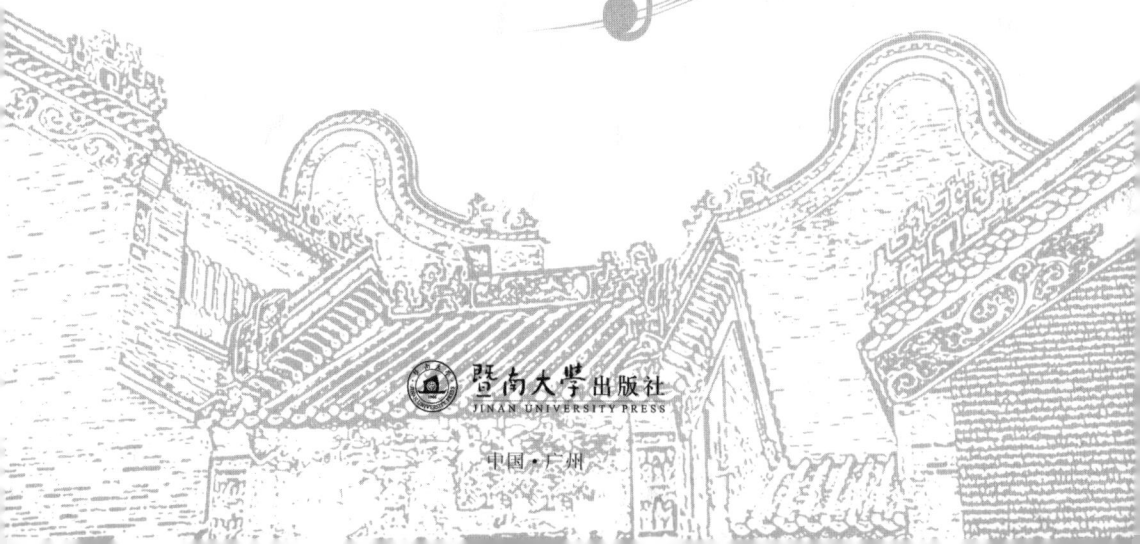

暨南大学出版社
JINAN UNIVERSITY PRESS

中国·广州

图书在版编目（CIP）数据

当代岭南传统音乐名家研究/黄颖仪主编．—广州：暨南大学出版
社，2022.4
（广州大学音乐舞蹈学院研究文丛）
ISBN 978－7－5668－3200－9

Ⅰ.①当…　Ⅱ.①黄…　Ⅲ.①音乐家—人物研究—广东—现代
Ⅳ.①K825.76

中国版本图书馆 CIP 数据核字（2021）第 132757 号

当代岭南传统音乐名家研究
DANGDAI LINGNAN CHUANTONG YINYUE MINGJIA YANJIU
主　编：黄颖仪
....

出 版 人：张晋升
项目统筹：晏礼庆
责任编辑：潘江曼　梁念慈
责任校对：孙劭贤　黄亦秋
责任印制：周一丹　郑玉婷

出版发行：暨南大学出版社（510630）
电　　话：总编室（8620）85221601
　　　　　营销部（8620）85225284　85228291　85228292　85226712
传　　真：（8620）85221583（办公室）　85223774（营销部）
网　　址：http：//www.jnupress.com
排　　版：广州良弓广告有限公司
印　　刷：佛山市浩文彩色印刷有限公司
开　　本：787mm×960mm　1/16
印　　张：14
字　　数：250 千
版　　次：2022 年 4 月第 1 版
印　　次：2022 年 4 月第 1 次
定　　价：58.00 元

（暨大版图书如有印装质量问题，请与出版社总编室联系调换）

序　言

　　关于清末及民国阶段的岭南音乐历史衍变、社会影响以及音乐理论、音乐作品、音乐家等课题，国内外音乐学术界已有广泛涉猎，并在其中一些领域取得了具有一定深度的研究成果，然而对于当代岭南音乐的发展，目前国内学界较多关注的是其"可听"部分的研究，即对音乐作品所反映的声音形态和听觉感知进行分析，尚未检索到国外有与本课题相关的研究资料。那些已纳入当代范畴的岭南音乐家的生平经历、传承行为以及在音乐方面所作出的贡献，甚至发生在他们身上或由其代表的传承变迁现象，至今仍没有成为学界关注的主流视角和研究热点，能以学术成果体现的学者少之又少。从现有媒体渠道及通过网络搜集整理的各种资料的情况来看，与上述论题相关的已公开发表或内部刊印的资料，主要为一些篇幅不长的回忆式、乐评式文章，未见较详细的文献系列研究，而这些零星资料并不足以形成一个完整的理论研究体系，如果不能扭转这种状况，势必造成岭南音乐文化研究的时序断裂。

　　另外，由于以口传心授为传承方式的非实物文化艺术是依托于人存在的，而近年几位名家如黄锦培、李助炘、汤凯旋先后去世，加上健在名家之中大部分年事已高，如不能尽快进行抢救性采访记录，一旦出现"人死艺亡"的现象，就会造成无法弥补的损失。鉴于本项目拟开展的工作，目前在此领域尚未展开过较全面的考察与研究，学术界也没有较详尽的结论，特别在多媒体资源方面更为稀缺，我们所采集到的第一手资料是较全面且较有说服力的，可给本项目的分析研究奠定较好的基础，从而突出本项目的时间紧迫性与实用价值。同时，本课题的提出与实施将有助于填补当代岭南音乐研究环节的缺漏。主要表现在两个方面：一方面，本研究成果为专题研究报告，为广东地方高校本土音乐文化理论的普及教育奠定基础，更为以后的研究者提供了丰富的研究资料。另一方面，结合音乐人类学、音乐心理学、音乐美学等理论对名家进行系统深入研究，这是岭南音乐研究的一种突破与创新，具有较高的理论意义与应用价值。

本书以岭南音乐演奏与创作领域中的二十二位名家，即粤乐名家卜灿荣、甘尚时、乔飞、汤凯旋、李助炘、何克宁、余其伟、黄日进、黄锦培、黄德兴；潮乐名家王安明、张汉斋、杨广泉、苏文贤、陈天国、陈安华、林玉波；汉乐名家张高徊、杨培柳、罗九香、饶从举、饶淑枢为研究对象来进行"微观—宏观近距离—远距离"的观照。通过梳理、归纳、思辨，把他们作为个案来研究，采用和借鉴音乐相关的原理，对各位名家的创作与演奏艺术进行多维度、深层次研究。

从这些名家的生平事迹、从艺经历、音乐创作、教育研究、音乐活动等方面入手，进行梳理、归纳、总结与分析研究，突出这些民族音乐大师在中国音乐、岭南音乐中的重要地位。并选取一些脍炙人口的代表作品，从曲式结构、旋律旋法调式、多声部旋律形态等方面进行详细分析，进一步探讨作品的内涵，从中可窥见，当代岭南音乐名家无论在作品题材的广度、深度，抑或在创作思维与创作技法等方面都取得了较大的创新与突破，使岭南音乐焕发全新的生命力。

黄颖仪

2022 年 2 月 20 日

目　录

汉乐篇

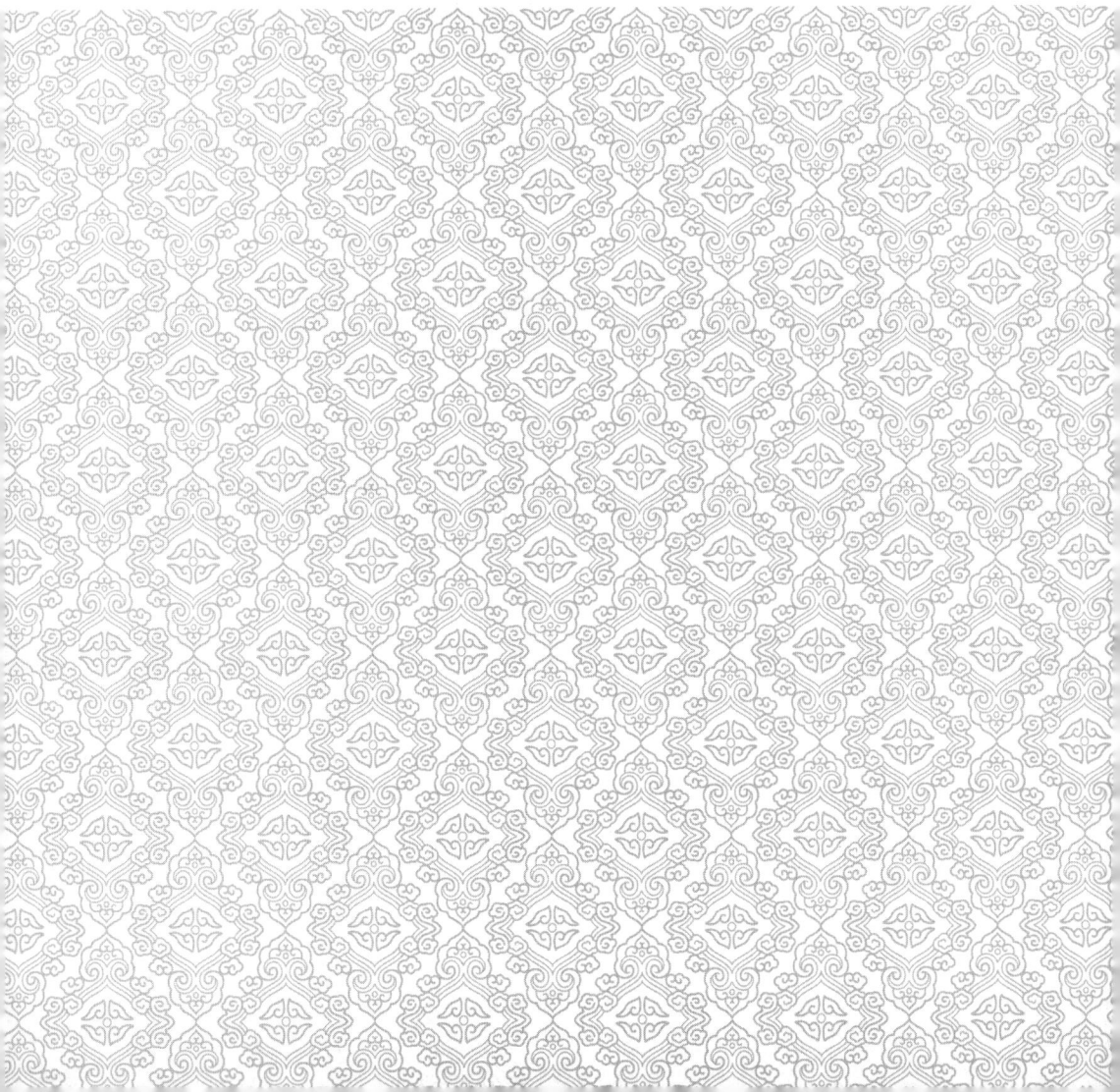

粤乐篇

一弓双弦塑百态　和美音声展粤韵
——卜灿荣

艺境人生

卜灿荣，1949 年生，国家一级演奏员、高胡演奏家、音乐唱腔设计师、作曲家。现为中国戏剧家协会会员，中国音乐家协会会员，中国民族管弦乐学会胡琴专业委员会常务理事，广东粤剧工作者联谊会副会长，广东八和会馆副会长。曾任广州红豆粤剧团音乐总监和乐队"头架"（领奏），为 200 多部粤剧作品创作音乐，作品先后获国家级、省级和市级艺术大奖。高胡作品《出海》《乡情》《猴戏》《小鸟天堂》《珠江春暖》等均在广东省音乐创作大赛中获奖。其演艺足迹遍布美国、加拿大、英国、法国、德国、波兰、荷兰、爱尔兰、澳大利亚、马来西亚、新加坡、日本以及中国香港和澳门等国家和地区，三次在国家大剧院演奏自己创作的高胡作品《小鸟天堂》。1997 年由中国唱片集团有限公司发行《卜灿荣广东音乐作品·演奏专辑》，2007 年 5 月出版了《卜灿荣广东音乐作品选集》。卜灿荣多年来致力于高胡演奏及理论研究，并作为粤剧大师红线女的"头架"享誉行内外，为高胡演奏的传承发展以及高胡在国际上的交流传播作出了重大贡献。

卜灿荣 1949 年出生于广州西关，与高胡演奏艺术的结缘源于从小父亲对他的影响。其父为粤剧乐师，尽管当时社会传统观念认为粤剧伴奏员不是一种体面的职业，但出于对音乐的喜爱，卜灿荣的父亲依旧选择开启他的习琴之路，并于 20 世纪 50 年代初跟随剧团到上海演出，渐渐有了名气。

父亲的这段习琴经历深深地影响着卜灿荣，卜灿荣六岁便拿起了高胡，在父亲的长期指导下对广东音乐有了感性认知，甚至在上学的途中也会用书包带模拟高胡的把位进行演奏。在考进广东音乐专科学校附属中学（简称广州音专附中）之前，卜灿荣就已经学会了包括《步步高》在内的五六十首广东音乐。1962 年，13 岁的卜灿荣通过高胡演奏《双声恨》考入了广州音专附中，跟随李德燊老师学习高胡演奏，正式开始了专业系统的音乐训练。在校学习期间，他除了学习高胡演奏外，还兼学配器、和声、视唱练耳课程。他常与同学研究音乐创作，对多声部的旋律线条有着敏锐的捕捉能力，为其日后的高胡创作和演奏打下了基础。

20 世纪 70 年代末，青年时期的卜灿荣回到广州工作，常随粤剧团去"下四府"等地进行巡回演出。巡演练就了卜灿荣适应各种环境的能力，上学时学到的左右手演奏技巧（指演奏和指挥）都派上了用场。演出时如遇到广场大、观众多或乐团因听不清演员演唱内容而出现混乱的情况，卜灿荣会马上运全弓以动作和音量的骤然加大提示乐队，将乐队"拉回正轨"而结束混乱。又如麦克风音量太小、演员因声带问题出现弱唱时，卜灿荣会马上将弓子拖到靠近弓尖处并进行连弓弱奏，以衬托演员的行腔。甚至在舞台因故停电而造成广场与舞台一片漆黑的情况下，他也会马上带领乐队奏起观众喜闻乐见的广东音乐，如《雨打芭蕉》《旱天雷》等，从而缓和演员、乐队以及广场上成千上万名观众的情绪，待来电后马上带领乐队奏回停顿前的音乐过门。此时的卜灿荣在长期的粤剧伴奏演出中积累了较多的感性经验，真正意义上开始了自己的艺术创作，其具有代表性的高胡作品也从这个阶段开始慢慢涌现，如 1975 年创作的《出海》。后来，卜灿荣的演奏得到了著名粤剧表演艺术家红线女的认可，卜灿荣担任了红线女 16 年的高胡伴奏"头架"。退休后的卜灿荣还被返聘为广东粤剧院的艺术指导，他的一生与高胡结下了不解之缘。

艺术成就

卜灿荣在高胡方面有着丰富的演奏实践经验，并取得了一定的创作成果，他用高胡为广东、香港的众多粤剧名演员录制了大量伴奏音像制品，流传海内外。在 2007 年《卜灿荣广东音乐作品选集》的首发会上，粤剧表演艺术家红线女对媒体说："卜灿荣的作品丰富多彩，而且他的人格、人品与他的作品的感情是一致的，我非常尊重他。"广东著名高胡演奏家余其伟曾在其专著《粤乐艺境》中这样评价卜灿荣："作为中年的粤剧音乐家、演奏家，卜灿荣的创造很具实践意义。中国古典戏剧，演百代兴亡，说世事变幻，一唱三叹，给人以极多的幽思和美感。……当代生活，又教会他接受另一种文明，诸如新的作曲与演奏技法、艺术考察的角度等等。按照剧中环境或演员情绪的变化而设计不同的音乐唱腔及伴奏手法，这是他一贯的创作原则。"[①] 由此可见，卜灿荣在高胡演奏和创作方面兼具很高的造诣，才能在业界获得如此高的认可和尊崇。

卜灿荣的艺术成就主要体现在艺术创作、艺术演奏两个方面。

（一）艺术创作方面

卜灿荣在多年的高胡演奏实践中形成了自身对艺术的独到见解，创作并首演了《小鸟天堂》《猴戏》等众多极具广东音乐地方特色的作品。这些高胡作品的创作题材与时俱进，从自然意象、人文风情等角度反映了改革开放以来岭南人民的日常生活和精神风貌。这些作品有的大胆借用西方协奏曲的体裁，曲式结构丰富多变，乐曲形象生动鲜明。例如：《出海》借渔民扬帆出海的情怀反映对人生的哲思；《小鸟天堂》中鸟儿雀跃欢腾的形象反映了珠江三角洲的生态美景；《猴戏》中猴子天真烂漫的特点映射了人类对真诚和善良的追求，等等。他的诸多作品曾与中国交响乐团、广州交响乐团、珠影乐团进行协奏演出及录音合作，作品均由本人首演，并在广东省举办的各项赛事中斩获大奖。例如：1975 年创作的《出海》获广州市第三届广东音乐创作比赛一等奖；1997 年创作的《猴戏》获广东省第三届广东音乐创作大赛二等奖；2002 年创作的《小鸟天堂》获广东省第

---

① 余其伟. 粤乐艺境［M］. 广州：花城出版社，1998：355.

四届广东音乐创作大赛一等奖，同年创作的《新加坡河》于 2003 年 6 月在新加坡滨海艺术中心举办的"卜灿荣琴倾滨海音乐会"上首演。上述作品大部分收录于《卜灿荣广东音乐作品选集》中。

除了出版选集外，卜灿荣还出版发行有两部专辑，其中一张 CD 就收录了《卜灿荣广东音乐作品选集》中的所有曲目。1997 年，中国唱片分公司发行了《卜灿荣广东音乐作品·演奏专辑》（激光唱片）。不仅独创作品以及演奏专辑成果丰硕，卜灿荣还于 1986 年参加由广州市文化局、广州市文化工会联合主办的"粤曲唱腔音乐改革演唱会"，评委一致认为卜灿荣担任的高胡"头架"特别出色，便临时特设"个人伴奏奖"（全场特此一名）颁发给卜灿荣。

（二）艺术演奏方面

卜灿荣长期活跃于国内舞台，多年来多次在国内多地各大剧院举办高胡演奏音乐会：

1993 年 7 月，于广州市友谊剧院举办"卜灿荣作品音乐会"；

1995 年 3 月，于北京音乐厅与中国交响乐团合作，上演其独创的高胡作品《出海》；

2005 年 7 月，在北京音乐厅"广东音乐精品音乐会"上演其作品《小鸟天堂》；

2010 年 9 月 5 日，在香港上环文娱中心展览厅举办"卜灿荣粤乐作品展"；

2015 年 2 月，与中央民族乐团合作，于国家大剧院上演其作品《小鸟天堂》；

2015 年 4 月 11 日，与香港粤乐团合作，在香港油麻地戏院举行"粤乐梵铃"音乐会；

2015 年，在天津举办"卜灿荣广东音乐作品音乐会——献给天津广东音乐一百年"。

除了个人专场音乐会外，卜灿荣在国内大小演奏会、粤剧音乐会中多次担任"头架"，如 2002 年在北京举办的"粤剧交响音乐会"中，与中国爱乐乐团合作，担任整场粤剧晚会的高胡伴奏等。2002 年 12 月 13 日，卜灿荣受邀参与由中国民族管弦乐学会主办的"2002 年全国胡琴新作品创作研讨会暨新作品演奏会"，并在研讨会上分享了其多年来的高胡演奏心得。

卜灿荣的高胡演奏不仅闻名国内，其长期的演艺活动也享誉海外。其于 1996 年和 2000 年分获美国加州政府和波士顿政府颁发的荣誉奖状，2003 年获法国巴黎法中友协颁发的"最高荣誉奖"。他多年来致力于高胡演奏在国外的传播，足迹遍布多个国家和地区。

卜灿荣于新加坡举办了三次个人作品音乐会：1997 年在新加坡维多利亚音乐厅举办个人作品音乐会，音乐会当晚推出了其早期的高胡作品《出海》《猴戏》与《乡情》；2002 年在新加坡牛车水人民剧场举办个人作品音乐会，演奏了《小鸟天堂》（小乐队演奏版）和其新创作的广东音乐小合奏《莲》；2003 年于新加坡滨海艺术中心举办个人作品音乐会——"卜灿荣琴倾滨海音乐会"，当晚推出了其高胡独奏新作《新加坡河》以及其为粤剧名家欧凯明等创作的粤曲。

2009 年 4 月 7 日，卜灿荣随"东方天籁——广东音乐精品音乐会"的演出团队来到了奥地利维也纳金色大厅。在音乐会上，卜灿荣演奏了其创作的《小鸟天堂》，海外观众纷纷赞不绝口。

2015 年 6 月 21 日，新加坡敦煌剧坊举办"2015 狮城国际粤剧节"，卜灿荣担任整场粤剧晚会（英文版）的高胡领奏，受到了新加坡总统的接见。

2016 年，卜灿荣在加拿大万锦市演奏《小鸟天堂》时受到了加拿大现任万锦市市长薛家平（Frank Scarpitti）的接见，演出结束后，被颁发荣誉奖状。

卜灿荣以音乐为纽带将高胡艺术推向了全世界，他的高胡演奏艺术为国际文化的交流传播作出了突出贡献。

高胡演奏技法

卜灿荣的高胡演奏在保留高胡传统艺术共性的基础上融入了自身独特的理解，形成了极具个人艺术特色的技法特点。其滑音技法丰富多变，音色圆润而婉转；花指技法繁简交替，使得旋律的发展节度适中；不同的运弓手法塑造了其极具特质、与众不同的音色特点；在演奏中又大胆改良弓

法、把位，形成了独具特色的处理方式。

（一）丰富多变的滑音技法

卜灿荣善用滑音润饰音符，这是其高胡演奏中最具特色的演奏技法之一。其滑音技巧丰富多变，如运用同指三度滑、回旋虚指滑、跳滑等精湛的滑音技巧来对乐曲韵味、音乐形象刻画进行巧妙处理。在滑音的使用上，卜灿荣尤其讲究同指定把滑音的运用。其定把滑音主要采用同指三度的演奏手法，这样的手法运用主要体现在二指（中指）和三指（无名指）的三度滑音上，在很大程度上使音与音衔接连贯、音色柔美统一。除此之外，其演奏还多用快速回旋虚指滑的方式，回旋虚指滑的演奏手法与回旋大跳滑相似，但手指在初始音滑动到下一音符的音高位置时并未实按琴弦，而是采用了虚按的方式，轻描淡写地带过，而后迅速滑向下一个音的音高位置。其回旋虚指滑常用于五度以上的音程，虚按琴弦时滑动的速度较快，使得音与音的连贯中带有跳跃感，妙趣横生，表现出了其别具一格的滑音演奏特色。这样的滑音处理手法在其演奏中十分常见，如《猴戏》中就用到了此手法。卜灿荣创作并首演的高胡作品《小鸟天堂》，对"鸟鸣"技法的运用独树一帜，对跳滑音的运用生动灵巧，特别是对跳滑音在模拟"鸟鸣"的技巧运用上尤为突出。其通过触弦的强弱对比、音高调整、跳滑音值以及幅度的大小变化，运用单音跳滑、多音跳滑、不同幅度跳滑来呈现"鸟鸣"的变化特征。这首作品塑造了独鸟、群鸟以及不同方位的鸟的鸣叫特点，使人身临其境，仿佛置身于"小鸟天堂"这样一个和谐繁荣的生态景象中。

（二）繁简交替的花指技法

卜灿荣的花指技法繁简交替，其善于根据乐曲旋律的需要适度增减花指，也因此形成了其灵活多变、相得益彰的旋律表现特点。在加花手法的运用上，他善于根据乐谱中乐句的骨干音进行音阶式、波浪起伏式以及间插式扩充，对旋律的发展演变有着独特的诠释方式，在手法上通常采用展衍式加花。除此之外，其在高胡演奏中并非一味地对旋律进行加花处理，有时也会根据乐曲的需要避繁就简，主要体现为运用高胡为粤曲伴奏时对引子和过门作精简化处理。2003年，卜灿荣于新加坡滨海艺术中心举办第三次个人作品音乐会时，就运用高胡展示了他在粤曲伴奏中新创作的"引子"和"过门"名段。这些名段都是卜灿荣在多年的高胡演奏实践中对"二黄首板""梆子慢板"等进行减花处理后保留下来的，也在当时海内外粤曲界产生了一定的影响。

（三）运弓手法及音色追求

卜灿荣的运弓讲究手腕劲道和力度的保持，其慢弓运用张力饱满，音色浑厚；而快弓运用则讲究弓毛与琴弦的摩擦迸发感，音色坚韧而明朗。无论是在慢弓运用还是在快弓的演奏手法上，其音色都具有穿透力，且十分饱满。卜灿荣慢弓运弓注重握弓后手臂、手腕对运弓力量进行传导，弓行至弓尾时，其张力变化讲究由弱渐强，逐渐增加了弓贴弦的厚度，注重力度的持续。无论是在表现激愤之情还是在展现柔美遐思的旋律时，慢弓运用都促成了其饱满而极具辨识度的音色。卜灿荣的快弓极富颗粒感，出弓犹如瀑布飞流直下一般，注重音头的集中迸发，讲究棱角分明，出弓后运用左右摆动的惯性，同时结合弓毛贴弦的力量来制造音头爆发力，注重音头的气势，音质具有颗粒感，音色通透明朗。

（四）技法创新

广东音乐中的高胡演奏常常用到"推弓起拍"这一运弓方式，特别是运用在一些较为活泼的节奏中。而卜灿荣演奏时在弓法运用上大胆加入了拉弓起拍、推弓后连引后顿的运弓手法。这一手法灵感来源于小提琴的跳弓技法，在运用高胡进行粤剧伴奏或是广东音乐的演奏中都是较为少见的。卜灿荣在演奏《小鸟天堂》时采用了跨节奏型连弓，模仿小提琴跳弓技法的特点进行运弓处理。在由三个音为一个音组，形成前十六分后八分音符连线的节奏型上，运用拉弓起拍预备，先拉后推，顿音点落在节奏型的最后一拍上（也就是正拍的重拍上）。运弓时的力度运用与小提琴跳弓的着力点相似，顿弓时右手用中指和无名指稍微顶住弓毛，发力完后即刻放松，紧接着在演奏下一组音型时循环刚才用力—放松的状态。通过这样的处理，巧妙地将小提琴的跳弓技法移植到高胡的演奏中，弓毛在琴弦上连顿弹跳，使得音质富有十足的弹性，而在弓法处理上循规而不蹈矩，具现代感而又不失曲调本身的粤韵。

为了解决高胡演奏中大跨度音程对指序造成的困扰，卜灿荣在其高胡作品《出海》中的第二段"入夜"的主题乐句中借鉴了小提琴的换把方式，对高胡演奏的把位进行了改良。

如《出海》第 58—59 小节：

$1 = {}^\flat E$ $\frac{4}{4}$

传统高胡把位演奏指法：

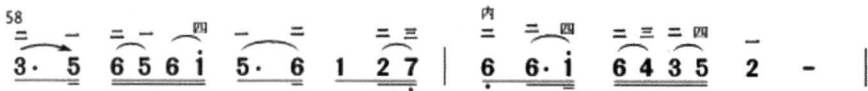

3· 5 6 5 6 1 5· 6 1 2 7 | 6 6· 1 6 4 3 5 2 — |

运用小提琴F调把位改良后的高胡演奏指法：

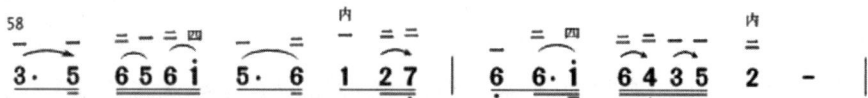

3· 5 6 5 6 1 5· 6 1 2 7 | 6 6· 1 6 4 3 5 2 — |

因小提琴 A、E 弦的调音刚好比高胡定弦 G、D 高出一度，卜灿荣借鉴了小提琴演奏中 F 调的把位概念，这样一来使得同指换把的指序既保证了旋律的连贯性，又保证了音色的统一性。经过改良后的把位突破了高胡演奏中传统把位的禁锢，解决了因烦琐换把所造成的音色不连贯的问题，使得演奏中音与音之间的衔接圆润连贯，且保留了广东音乐的韵味。

高胡演奏风格

卜灿荣在其多年的高胡演奏表演中形成了独树一帜的演奏风格。其演奏旋律极富粤剧声腔的韵味，加之其在担任粤剧"头架"时有着大气豪爽的演奏风格，进而在独奏中也形成了一种霸气且生动的演奏风格，演奏时把情境置于脑海中，以意境想象为源，将情感表达得淋漓尽致。

（一）粤剧声腔器乐化

卜灿荣高胡演奏的风格中蕴含着粤剧中的板式特征以及声腔的行腔特点。其演奏注重结合粤剧唱腔的发声方法、共鸣部位和用气习惯，对粤语的语汇音调进行器乐化表达。其高胡演奏中粤剧声腔的"器乐化"主要体现在左手的揉弦、滑音、加花技法配以右手顿弓、推拉的运弓技法。在结合高胡明亮、尖细而柔美的声音特性的基础上，运用滑音、揉弦贴合唱腔的转腔、用气习惯，使得演奏时而如粤剧声腔中的梆子慢板般富有节奏感，时而高亢激烈，时而深情婉转。体现了粤剧唱腔的器乐化表达，具有浓厚的粤剧声腔色彩和吟咏感。

（二）惟妙惟肖、大气豪爽的表演风格

卜灿荣的高胡演奏生动形象，注重画面感。他不拘泥于乐曲本身的句法和章法，通过深度挖掘音符的特性，运用表情和神态来刻画音乐形象，其惟妙惟肖的音乐形象表达主要体现在演奏技巧及其演奏风格上。在演奏《小鸟天堂》中模拟鸟鸣的段落时，卜灿荣以第一声滑音模拟鸟鸣，其头探向琴杆的右侧，第二声以同样的滑音模拟鸟鸣时则探向琴杆的左侧，似乎未见鸟儿而先闻其声，眼神跟随身体移动，仿佛置身于榕树林中不断探寻。而后，伴随渐渐密集的大滑、跳滑，好似鸟儿成群结队归林寻觅栖身之地。此时的卜灿荣眼神聚焦前方，仿佛看见众多鸟儿奔向林间，会心一笑，心满意足。

卜灿荣的高胡演奏风格大气豪爽，其霸气的舞台风格除了体现在肢体幅度外，也呈现在他的音乐处理手法上。由于其长期担任粤剧"头架"，在与乐队配合的过程中不仅担任唱腔演员的伴奏员一职，还要协调演出中演员、鼓师与文场的交流互动。在乐句切换或结束环节常结合身体的左右摆动，运用抬弓作为收式，一方面是让乐手们了解他的意图，另一方面也与其表演理念相吻合。由于卜灿荣有着丰富的舞台演出经验，以及对音乐的充分理解，使得他的演奏从容自信，铸就了其霸气豪爽的舞台演奏风格。

（三）源于意境想象的情感表达

卜灿荣对意境的想象主要通过对乐曲情境的理解，运用滑音及调整揉弦幅度的疏密、力度的深浅、弓速的缓急，同时结合面部表情、肢体语言的变化来由内而外地表达乐曲情感。在演奏古曲《贵妃醉酒》时，他首先联想到在月下花前的唐宫后苑中，杨玉环盼唐明皇时的婀娜身姿。此时，他通过左手手指滑动与右手柔软运弓张力的紧密配合，时而像主人公一样在吟唱，时而运用过门伴奏，表现了舞台上的杨贵妃独酌寡欢、盼唐明皇而不得的失宠与无奈的情感。又如，其在演奏传统广东音乐《双声恨》时，脑海里会浮现浩瀚的银河里牛郎织女一年一会的场面。除了在特定情

境中发挥想象外，卜灿荣还随着乐曲情境的变化而发挥想象，以更深刻地表达情感内涵。如在演奏《出海》时，其首先运用坚定的运弓和揉弦以表达见到海面千帆竞发的激动心情；在第二乐段描绘在辽阔的海面上渔民们在灯光下撒网围捕的画面时，卜灿荣左手揉弦的深度变浅、弓毛对琴弦的附着力减弱，随着运弓幅度的加大，他身临其境，仿佛陷入了遐思，抒发着真挚的情感。

高胡演奏的审美及境界追求

（一）审美追求

卜灿荣在审美上讲求意态美与形态美的结合，其意态美主要体现在用"气"与"韵"为演奏注入饱满充盈的情感，并通过表情变化、体态律动等外在手段传达情绪。而其形态美的表达则基于其对乐曲结构的精心布局辅以合理的技巧运用，体现在对音乐形象的塑造以及丰富多变的音响效果上。卜灿荣的运弓注重弓势的保持和意蕴美感，其慢长弓运弓时讲求声断而语气不断，仿佛在说一段故事。在乐句与乐句之间的换气中，上一乐句的语气延续为下一乐句的预备，休止时仿佛音乐还未停止，节奏变化错落有致、强弱对比鲜明。给予长弓、中弓以张力变化，以腹式呼吸转向丹田运气，以饱满、连贯的运弓演奏。卜灿荣演奏中的"气"不仅体现在旋律的语气感上，还体现在其自信豪爽的舞台风格中，这侧面体现出卜灿荣博大的气度和情怀。而其演奏中对"韵"的表达主要体现在旋律的音韵美以及多种情感的迸发之中。譬如在《双声恨》的叙事化韵味表达中，其运弓在起承转合中辗转迂回，滑音委婉别致，仿佛在诉说着"此恨绵绵无绝期"，又透露出一丝豁达。基于立意，卜灿荣还通过面部表情、夸张的肢体动作来加强艺术效果。

卜灿荣的高胡演奏之形态美主要体现在其以丰富多变的技巧为辅助手段，从形态上塑造音乐形象，并在对音乐形象的表达、情感的流露过程中展现音色、音响层次以及旋律线条起伏之美。其滑音还受其多年设计粤剧唱腔的影响，蕴含着粤剧唱腔的语韵之美。而其花指技法繁简相间，展衍式的加花使旋律富有行进式的动态美感，音与音之间的过渡衔接灵活生动,整首乐曲的旋律线条在流动中不断发展变化,对乐曲情绪的发展、主题动机的变化以及延伸有着推进作用。卜灿荣的高胡演奏音质韧性十足,这源于其左手手指触弦点坚定而富韧性,使得音色穿透力十足,直击人心。因此,其演奏除了使音响效果更具动力和连贯性外,还极富抑扬顿挫之美。

(二)"和"之艺术境界

卜灿荣的高胡演奏艺术体现了"和谐"以及"平和"。其演奏中西洋风与民族风的融会、传统与现代的碰撞、演奏主体与音乐客体的统一,无不体现了其妥善地把矛盾进行融合后形成"和谐"画面的能力;而其对音色与情感表达的平衡把握、刚强与柔美的交替处理、速度与力度轻重缓急的拿捏,又无不渗透着"平和"的演奏艺术理念。此外,卜灿荣大胆创新演奏手法,使得其演奏艺术风格自成一家,在"和"的艺术境界中形成了独特的个性。

1. "人和"——怀真抱素、美善相乐

卜灿荣的高胡演奏不仅在独奏中体现了富有个性的艺术特征,还在粤剧伴奏中起到了枢纽的作用。其高胡伴奏依腔而行,与演员、乐手默契协作,在与乐队的协奏中又起着统领整个场面的重要作用,获得了红线女、陈笑风、欧凯明等众多艺术名家的认可和青睐。卜灿荣的高胡演奏之"人和"境界与儒、道两家思想有着密不可分的关系。儒家主张"积极入世",卜灿荣的高胡演奏正是由于其独树一帜的演奏手法、霸气豪爽的舞台风格得以扬名;道家宣扬"隐士哲学",而卜灿荣长年默默耕耘,低调谦逊,创作与演奏的高胡作品数目之多、题材之广更是衬托了其"低调做人、高调做事"的艺术品格。因此,笔者认为卜灿荣德艺双馨的品质体现了他怀真抱素的"人和"之道。除此之外,卜灿荣高胡演奏的"人和"之道还渗透在其演奏时所蕴含的人文情怀中。

2. "物和"——情景交融、物我归一

卜灿荣演奏之"物和"境界主要体现在技法运用、音乐表现内容与自我三个维度的高度统一。其中,技法运用为音乐表现内容服务。从他多年的高胡演奏实践来看,无论演奏什么时期、什么题材的作品,他都秉持着这样的理念。其"物和"之艺术境界主要分为三个层次,第一层是对乐曲

表达内涵和情境的理解，第二层是基于乐曲理解层面运用以合理的技法，以达到音乐与表现内容的结合，第三层则是作为演奏者主体全情投入音乐表现内容的客体当中，使演奏逐渐升华到无我之境。其"物和"之境界主要体现在意境描绘中的"情景交融"和技法运用中的"物我归一"两个方面。

3. "己和"——融会贯通、取百家之精华

卜灿荣的高胡演奏除了与人相和、与物相和之外，还在对自身演奏艺术风格的探索过程中融会贯通、取百家之精华，以寻求一种全新的自我平衡，从而形成独树一帜的演奏风格。"融会贯通"也是卜灿荣常年为人处世的原则，这一点也渗透到了其高胡演奏艺术中。其在演奏时并不以突出或彰显某一个技巧为目的，而是在自我平衡中集这些技法为一身，融于音乐的表达之中。同时，其在技法上集百家精华，于客观存在的矛盾中自我调和，追求统一，从而达到"己和"的艺术境界。

卜灿荣精湛的演奏技法、惟妙惟肖的演奏风格使其高胡演奏在广东音乐圈颇具辨识度。从继承传统到发展创新，从融会百家到显现个性，卜灿荣的高胡演奏无不围绕着他毕生奉献而永恒不变的根——广东音乐来展开，可以说卜灿荣把一生都奉献给了传承和推广广东音乐。其演奏风格从不同角度反映了改革开放以来岭南人民的精神风貌及生活态度，因此可以认为卜灿荣的高胡演奏艺术是以广东音乐文化为出发点，在吸收了众多文化的精华之后进行的本土文化回归，这样的回归是顺应时代发展的，是对高胡演奏艺术的新的探索和创造。卜灿荣的高胡演奏不局限于表达音乐本身，其所创作作品的精神内涵及其在演奏中的二度创作，都折射出了他对岭南人民与自然关系的一种哲学思考，在人与自然的对话当中又回归自我的本真。纵观卜灿荣的高胡演奏艺术，可发现其不仅在演奏上探索角度广泛、作品题材丰富，还善于通过演奏大量作品来挖掘多重的情感体验、拓展广博的文化视域以及进行新的艺术追求。在这样的艺术积淀过程中，卜灿荣的高胡演奏极富深邃的思想意蕴和不凡的气度，在"一弓双弦塑百态，和美音声展粤韵"中体现出了和而不同的艺术个性。

（林欣欣　黄颖仪/文）

创斐然成就　铸粤乐精华
——甘尚时

▣ 生平简介

甘尚时，1931 年出生于广东省信宜县（今广东信宜市），自幼酷爱音乐，受我国著名小提琴演奏家马思聪的影响，他最初学的乐器是小提琴。后来受到广东地区地域文化，特别是一代高胡大师吕文成高超琴艺的影响，他为广东音乐所具有的独特魅力所痴迷，便改学广东音乐的主奏乐器——高胡，从此与高胡结下了不解之缘。

1953 年，年仅 22 岁的甘尚时登上了广州华南歌舞团高胡首席宝座，他以精湛的演奏技艺获得了听众及同行的美誉，从此脱颖而出，成为高胡乐坛中升起的一颗璀璨明星，开始了 40 多年的高胡演奏及教育生涯。

1957 年，他作为中国青年艺术团员，参加在苏联莫斯科举行的第六届世界青年与学生和平友谊联欢节。此后，无论是在莫斯科克里姆林宫的剧场，还是在马来西亚吉隆坡天后宫的舞台；无论是在北京中南海的怀仁堂，还是在香港演艺学院的音乐厅，听众无不被甘尚时美妙的琴声所折服。

1960 年，甘尚时进入广州音乐专科学校（简称广州音专，先后改名为广东人民艺术学院、广州音乐学院、星海音乐学院）任高胡专业教师

一职。

1992年，他应邀参加中国民族管弦乐学会举办的"老一辈著名民乐演奏家示范演奏会"。1995年，他被聘为"北京国际华夏器乐展演年大赛"的评委。甘尚时是星海音乐学院学术委员会委员和重点学科"岭南音乐器乐表演艺术"的带头人，任广东省高等院校高级技术资格音乐学科评委，1995年被聘为"广东省新增硕士学科专业点通讯评议专家"。

从2000年起，甘尚时多次到亚太地区参加演出。其中，2000年，香港市政局邀请甘尚时组织岭南音乐家演奏团赴港参加"粤乐薪传"音乐会。后来甘尚时又到马来西亚的音乐院校进行演出、讲学及学术交流。

教学成果

甘尚时在教学工作中，把优秀的乐曲整合起来编成教材，把表演广东音乐特有风格的指法等演奏技法，用各式符号、注释标出来，帮助学生快速学习，掌握特有风格。在课外自习也更方便，大大增加了学生的学习兴趣，加快了学习进度。这样就使高胡教学规范化、科学化，取得了很好的教学效果。

从教40余年，甘尚时先后培养了一批优秀的高胡演奏和教学人才，他们活跃在国内外乐坛。甘尚时的教育理念值得我们深究，首先，他认为音乐教育最重要的是道德情感教育，在音乐教育中道德情感教育是最难的，它不仅需要教育者通过演奏示范表达情感内容，而且需要教育者在实践中率先垂范。其次，音乐教育要"授之以渔"，而不是"授之以鱼"，要寓方法和智慧于音乐教育之中。不仅要让学生"知"，而且要让学生"悟"。最后，要培养学生的一种生命意识，使学生热爱和珍惜人的生命和大自然的生命。

甘尚时是高胡教学的专家。他录制了大量磁带、唱片，将其高超的高胡演奏技术展现得淋漓尽致，得到了广大专业人士和业余音乐爱好者的喜爱和收藏。20世纪80年代初，人民音乐出版社出版了由他和赵砚臣编著的《广东音乐 高胡技法》一书。该书是甘尚时在广州音乐专科学校及后来的星海音乐学院长期从事高胡教学工作的成果总结，也是其探索高胡教学规范化、科学化的成果。除此之外，书中还大量介绍了传统的、现代的广东音乐优秀作品，并标有详细的高胡演奏的指法、弓法及各种符号，不再是过去所谓"即使有谱，也奏不出广东音乐的特色，有谱等于无谱"。这本书在向读者普及广东音乐和提高高胡演奏者的演奏技术方面都有着重要的作用。

精彩出品

20世纪60年代以来，甘尚时先后应邀为中央、省市电台、电视台和唱片公司，特别是中国唱片集团有限公司和国际三大唱片公司之一"BMG"等灌录了大量磁带、密纹唱片、激光唱片，其优美的琴声通过电台广播传播全国乃至世界各地。

自1960年始，甘尚时担任广州音专高胡专业教师一职，着力培养高胡演奏及教学人才。多次应邀赴国内外演出、讲学。自1982年，陆续出版《广东音乐　高胡技法》（与赵砚臣合作，由人民音乐出版社出版）、《甘尚时高胡演奏曲选》（首次以五线谱出版总谱）、《广东音乐荟萃：甘尚时高胡演奏名曲》等著作；发表《论广东音乐的高胡演奏艺术》等论文；编撰有《高胡技法基础训练》《高胡练习曲》《高胡音阶练习》等教材。同时，创作了《湖光春晓》《花市漫步》《珠江月》《岭南香荔》《轻舟荡月》等一大批广东音乐作品。

创作赏析

鉴于对广东音乐的关注，不少乐评家都对甘尚时的生平韵事以及其对广东音乐的影响进行了专题访谈。而笔者将从他的创作文本本身入手，对其代表作《湖光春晓》《粤乐奏锦绣》进行分析，试图通过这些作品来探索这位当代"高胡圣手"所要表达的情感及灵感内涵。

粤乐 ① 《湖光春晓》

（一）曲式结构

$$\text{引子} \quad + \quad A \quad B \quad A^1 \quad C$$
$$1\text{——}2 \quad 3\text{——}27 \quad 28\text{——}69 \quad 70\text{——}77 \quad 78\text{——}116$$

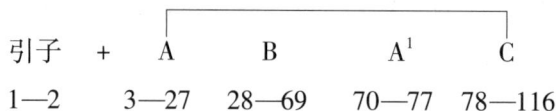

全曲为四段体结构，外加一个引子。此曲是作者在湛江湖光岩旅游时见到湖光春晓——春天到来时万物皆生长，湖光秀色可餐，表达对祖国河山与大自然的赞美之情而创作的作品。可分为以下几个部分：

第一部分为引子自由的慢板，揭示全曲的意境与氛围，起点题作用。

第二部分为 A 段第 3 小节至第 27 小节，是愉快抒情的 2/4 拍。第 1 乐句 4 小节，切分为 2 个乐节，恰似一问一答。第 2 乐句 9 小节，一气呵成，表现出意气风发之势。

第三部分为 B 段第 28 小节至第 69 小节，是优美的小快板，3/4 拍。本段为多乐句结构，除前乐句 5 小节外，其余都是方整的 4 小节匀称结构。

第四部分为 A^1 段第 70 小节至第 77 小节，是热情的行板，4/4 拍，是首段 A 的变化再现。

第五部分为 C 段第 78 小节至第 116 小节，本段为结束段，慢起渐快，经过逐层推进，在全曲第 97、98 小节形成高潮。

《湖光春晓》的四段体曲式结构颇具独创性，主要表现在：前三段 ABA^1 是典型的西方再现三段体，但加上 C 段之后，便是民族的多段体，在音乐构思及意境上层层推进，拍子是散—2/4—3/4—4/4—2/4，速度大体上是慢而中、中而快，体现出对立统一和谐的美，统一表现在 A^1 段的再现上，而对立表现在 A 段与 B 段及 C 段的对峙上。

（二）主题发展

《湖光春晓》的主题发展像西洋作曲手法一样，相当严谨精致。首先，简短而自由的引子断断续续呈现出了主题的核心音调，继 A 段首句完整地将主题抒情地呈现出来；再次，B 段首句优美地奏出（第 28 小节至第 29 小节），A^1 段再现首句主题，热情而宽广（第 70 小节至第 71 小节）；最后，C 段也就是全曲的结尾，主题得到反复和强调，达到乐曲首尾呼应的效果。

本曲主题有着极其丰富多样的变体，表现了同一个"湖"随着晨曦中的"光"而瞬息万变，多姿多彩，但不管如何改变，都是为了塑造出充满诗情画意及生机勃勃的春天。

（三）调式交替

《湖光春晓》的旋律极富岭南粤乐风格，优美动听，从调式音阶看，前三段 A —B—A^1 是"1、2、3、5、6、7"六声音阶，而最后一段 C 是"1、2、3、4、5、6、7"七声音阶，都巧妙地运用了调式交替的创作手法。

其中，六声音阶中的"变宫"音有时又含有上五度宫音系统"角"音的意义，听起来似"变宫"又似"角"：

C 宫音系统　　5 6　7　1　2　3
　　　　　　　　　（变宫）

G 宫音系统　　5 6　7　1　2　3
　　　　　　　　　（清角）

本曲的主题及变体最能体现这种调式交替手法。

C 段七声音阶的"清角"音有时又有下五度宫音系统"宫"音的意义：

C 宫音系统　　5 6 7 1 2 3 4 5
　　　　　　　5 6 7 1 2 3 4 5
　　　　　　　（宫）

F 宫音系统，如第 84 小节至第 89 小节及第 105 小节至第 110 小节：

```
6 5   5. 6 | 1 33 2313 | 5. 4 2124 | 5. 6 5 5 | 5557 1 7 | 6765 4643
```

```
5 65 4 1 | 4146 5 i | 6i65 3 3 | 5653 2 2 | 3532 1 1 | 0 2 3 3
```

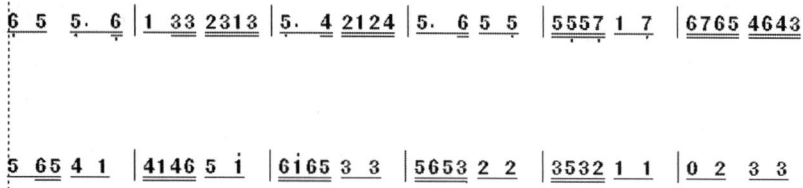

以上"变宫为角"及"清角为宫"是汉族民间普通的综合调式性七声（六声）音阶，但又具有粤乐的独特旋法，粤韵无穷。

粤乐 ② 《粤乐奏锦绣》

（一）曲式结构

全曲为ABC多段对置结构，外加4小节引子。此曲同样用喜气洋洋的曲调来表达创作者对祖国大好河山的赞美。可分为以下几个部分：

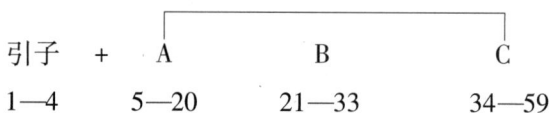

```
        ┌─────────────────────────┐
引子  +  A           B           C
1—4     5—20       21—33       34—59
```

第一部分为引子第1小节至第4小节，辽阔而开朗，唢呐和笛子领奏，营造出地动山摇的雄伟气势。

第二部分为A段第5小节至第20小节，是中国民间传统的长短句不规则结构，颇有古典词的韵味。独奏高潮旋律不时与乐队其他声部有呼有应，显得十分生动，充满情趣。

第三部分为B段第21小节至第33小节（反复时第33小节），独奏高胡旋律与A段在高音区不时与乐队其他声部有呼有应不同，本段在低音区连绵不断，一气呵成，仿佛在深情地倾诉，感人肺腑。

第四部分为C段第34小节至第59小节，是热情的快板，营造出广东民间节日喜庆的气氛，独奏高胡反复出现的后半拍起节奏音型，加上打击乐的应和与强调，更营造了一种太平盛世的欢乐场景。

（二）主题发展

A段首句呈现的主题（第5小节至第6小节），贯穿在全曲的主要段落，如 B 段段中（第 27 小节至第 28 小节）、段末（第 33 小节），以及全曲结束处的 C 段，这种主题贯穿的创作技法可谓洋为中用，更突出主题的深刻性。

（三）调式交替

《粤乐奏锦绣》是 C 宫音系统徵调式，但各部分运用交替手法，呈现出多样性。引子结束在羽长音上，A 段结束在商长音上。B 段是乐思发展的重要阶段，如西洋乐的曲调发展规律，B 段开端转向 G 宫音系统的宫调上。B 段意外地结束在 C 宫音系统的羽调式上。C 段是本曲的高潮部分，最终结束在 C 宫音系统的徵调式上。本曲前半部分各句、段的落音（结束音）还有一个有趣的规律——呈音阶逐级下行：6（引子）—5（第 6、9 小节）—3（第 12、16 小节）—2（第 20 小节），综观上述调式交替及落音的丰富性，加上本曲节拍的多样性（44 拍、5/4 拍、6/4 拍、2/4 拍等），表现出曲名"奏锦绣"的内涵与意蕴。

从以上两首作品中，我们可以感受到地道的广东粤韵，虽然甘尚时没有正式学过作曲，但在他的作品中流露出的那种挥洒自如的粤曲韵律及情感的抒发，引听者展开无限的想象，意蕴无穷。甘尚时教我们这样认识音乐：艺术是共通的，所有艺术的存在都是为了表现美——一种形而上的止于意会的美。音乐亦是如此，它同文学、美学等互为一体。

这些作品表达了甘尚时豁达的心胸和对大自然景色的赞美，融合了广东音乐中喜庆的氛围。每一首乐曲从定题、立意到每段的表达，再到创作出完整的乐曲，都融入了粤乐中的经典元素，这些乐曲，有些甚至已填入歌词，以更清晰地表达作者的乐思。

艺术观点

广东音乐，其特点是：乐（yuè）就是乐（lè），无国界；乐就是美，是人生的追求，且素材不限。不管音乐是否有标题，听起来好听、跌宕起伏，百奏不倦、百听不厌就好。正如甘尚时所说：创作广东音乐并非易事，它和其他音乐不同，若仅仅按照乐谱弹奏是弹不出广东音乐所独具的韵味的，那便是"有音未必成乐"。这就要求演奏者对乐曲要有深刻的理

解，并掌握娴熟的演奏技巧。广东音乐中每一首乐曲的演奏技巧、方式是不尽相同的，并非一通百通，每一曲都需要老师亲传。然而演奏者能否真正掌握其精髓，就随天赋而定了。由此可以了解，广东音乐的内涵不沾丝毫匠气，是一门具有灵气的艺术，这也是它的魅力所在。甘尚时认为："弘扬民族文化是一种对真、善、美的追求，音乐工作者一定要严于律己，虚怀若谷，诲人不倦。我们背负的是承前启后的重担，所以我们除了要有精湛的艺术功底之外，还需要不断提高自身的品质，正如孔子所说'品学兼优'的两全修养。而目前看来，我们国家的这类人才还是太少了。严格地说，广东音乐发展到今天，面临的不再是如何继承与创新的问题，而是能否立足和生存的问题，等待和观望并不能解决根本问题。现在真正关注、喜爱广东音乐的人越来越少，基本上可以说处于被社会主流文化生活遗忘的状态。要改变现状，需要社会各界共同关注，共同推动。"对于"作为音乐艺术家，应如何认识和处理'艺'与'德'的关系"，甘尚时认为："中国古人很重视艺与德的关系。真正的艺术家对艺术的追求和对道德的追求是一致的。在他的艺术生涯中，遵循以德立乐的原则，从德和乐的结合中去挖掘创作和演奏的灵感，如果说在艺术上尚有一点成就感的话，那是因为他能把艺术看作是一种道德实践。"在谈及广东音乐与粤剧的渊源时，甘尚时说："许多媒体都喜欢挖掘广东音乐的出处，究竟是先有粤剧还是先有广东音乐。在我看来，这无异于是在问'先有鸡还是先有蛋'。这个问题重要吗？即便能找到答案又能说明什么问题呢？对广东音乐的发展有帮助吗？媒体应该让大众熟悉广东音乐，应该多了解它本身的艺术魅力，以及现在的生存环境和发展前景，这样才能为振兴民族文化起到一定作用。"

甘尚时热爱广东音乐，他对广东音乐的理解是十分别致的。他认为，广东音乐流传到今天，从来没有经过人为刻意炒作及宣传，它以一种宠辱不惊的豁达态度，用自身独特的艺术魅力感染每一位喜爱它的听众。

艺术成就

甘尚时被誉为"高胡圣手"，1953年成为广州华南歌舞团高胡首席。

他创作的《花市漫步》《珠江月》等十多首作品多次获得全国音乐大赛奖项。

他的高胡作品大部分已被音像公司录制成音像作品发行于国内外，同时在各大电台播放，深受广大听众的喜爱；有的还获得了大奖，成为广东音乐名作。

甘尚时根据长期的艺术实践和教学实践，不断研究和积累，逐步建立起了理论化、系统化、科学化的教学体系，撰写的《广东音乐 高胡演奏艺术》一文，在当时荣获中国管理科学研究院四川分院学术研讨会优秀论文一等奖。他的《广东音乐 高胡技法》《甘尚时高胡演奏曲选》两本书作为高胡专业教学的重要教材之一，得到了同行专家的高度评价，受到了广东爱乐者的热烈欢迎。1999年6月，他的著作《广东音乐荟萃：甘尚时高胡演奏名曲》出版发行，星海音乐学院专门为此书举行首发式。学院负责人称该书的出版为广东音乐的发展作出了积极的贡献，为学院重点学科增加了一项新的科研成果，并使这个得到省级立项的"'九五'人文社会科学研究项目"得以结题。此外，2004年，他被中国民族管弦乐学会授予"民乐艺术终身贡献奖"。在全国获奖的45位音乐家中，他是广东省唯一一位享有此殊荣的音乐艺术家，是星海音乐学院和广东音乐界的骄傲。

由于杰出的音乐实践对民族音乐的贡献，甘尚时被美国、英国等传记学会先后列入《国际知识界名人》和《世界五千名人录》，被誉为当今杰出的高胡演奏家，还获得了由中国国务院授予的国家"有突出贡献专家"的称号。他把自己的智慧和心血都贡献给了他所热爱的民族音乐事业，为当今中国乐坛负有盛名的演奏家，琴艺精湛，且桃李满天下。

德艺双馨

在甘尚时的心中，广东音乐似乎不能用语言描述，只能用心灵去感知与领略。用心去听广东音乐，它带给人的是一种情绪、一幅画面、一个境界，所有的语言都变得多余。事实上，广东音乐的精神只可心领神会。甘尚时从教多年，培养了一批又一批优秀的高胡演奏人才。有许多外籍学生也纷纷慕名上门求学，凡真心求学且热爱中国民族音乐的学生，他一律减

免学费，甚至招待学生饮食。甘尚时讲过一则小故事：一位日本姑娘从日本给他寄来一封态度恳切的求学信，希望向他学习广东音乐。他问她为何要学习中国音乐，她回信说："广东音乐是东方音乐，我是东方人，有传承和发展东方音乐的义务和责任。广东音乐如此之美，美的东西，我自然喜欢。"甘尚时深受感动，立即应允收她为徒，并减收她的学费。"善哉！从国外学生让人赞叹的求学精神可以看出，广东音乐在国际上影响深远，占有一定的重要地位。既然是为了弘扬东方民族文化，我为何不支持呢？这也正是我毕生的心愿"，甘尚时这样说。作为继高胡大师吕文成之后的一位承前启后的音乐家，甘尚时除系统全面地继承祖国音乐艺术财富外，还努力求新、自树一格、匠心独具，不但将实践升华到理论，还由理论指导实践，不断磨砺，令他演奏的音色更加透亮，达到了炉火纯青的境界。

粤艺承传

笔者在音像连锁机构购买甘尚时的碟片，却被告知"缺货"，可见在迅猛发展的信息时代，粤乐高胡与广东粤剧等曾叱咤广东乐坛的乐种已渐渐被人们遗忘。星海音乐学院王少明教授曾采访甘尚时教授，下面摘选一段，听一听他们的心声。

王：据我了解，您对广东音乐，不仅是出于一种兴趣，而且是对这种音乐艺术的命运怀有一份承诺。尤其是在广东音乐需要传承与发展时，您能以主人公的姿态担当这个重任，而不是以"局外人"的角度旁观。您后来离开了歌舞剧团，调入音乐院校，这个过程是怎样的？

甘：20世纪60年代初，组织上为了弘扬广东音乐，使之后继有人，把我从华南歌舞团调入广州音专。自此后，我除了参加一些大型的演奏活动外，主要任务是教学，兼而进行创作和研究。我知道，在高校教学，没有一定的音乐文化基础是难以立足的。为了适应高校教学的需要，我不得不发奋刻苦学习。我对中国传统文化艺术包括文学、诗词、音乐等都有所偏好，总像海绵吸水一样慢慢地学习，不懂就问。

"广东音乐能给人们洁净的心灵，给人们身心安乐，陶冶人们的心性。粤—乐—道，以乐教和"，甘尚时如是说。对于曾为高胡领域作出贡献的甘尚时来说，如今看到广东音乐的生存问题，这不能不令他担忧。所幸的是，现在已经有一些民间团体为发扬广东音乐的优良传统而开办了一些业余乐社及举办了相关活动。如北京的老舍茶馆举办了"京津粤港粤乐名家专场音乐会"；番禺钟村也组建了与广东音乐相关的民间乐社开展广东音乐活动，而甘尚时也经常与基层文化工作者一同交流琴艺。甘尚时认为，仅靠演奏者在舞台上的短暂表演，对传播广东音乐来说是微不足道的，希望有关政府部门能够重视并参与进来，充分利用人才，培养德艺双馨的教师，不断研究、探讨，从而进一步推动广东民乐的发展。

（蔡幸子/文）

悠悠赤子心　深深国乐情
——乔　飞

乔飞（1924—2011），生于广东广州，演唱家、粤乐创作名家、原中国音乐家协会理事、广东省音乐家协会常务理事，原广东歌舞剧院艺术指导、广东民族乐团团长。乔飞最早学习西洋声乐，早年师从毕业于巴黎音乐学院的声乐教授曾美云；1950年又师从苏联著名女高音歌唱家吉明塞娃教授；后在华南歌舞团担任独唱演员。1958年改为专业作曲，师从我国著名的粤乐作曲家、音乐家马思聪、黄友棣、陈培勋等人。

乔飞在其五十余年的专业创作生涯中，创作了体裁多样、题材丰富的佳作200余部，多次获得国内外作曲奖项，其中一些作品已成为广为流传或音乐会保留曲目。他长期研究广东民间音乐创作，改编创新了客家山歌《共产党恩情长》，兴宁山歌《山区办起小电站》，黎族民歌《一心想念毛主席》，童声合唱《小蜜蜂》（徐敦林词），男声无伴奏合唱《出海》，粤语歌曲《摇呀摇》《落花飘飘》，以及根据中山民歌改编的《海底珍珠容易摸》。另外，曾作为2010年广州亚运会闭幕曲的《月光光》（潘琳词）、《珠江奔流向海洋》（周国瑾、乔飞词）等，成为广州乐团合唱队演出的保留节目。

乔飞于20世纪80年代后期退休并定居美国,但他的心还是向往着养育他的祖国母亲,他的创作思维还是离不开中国民族音乐、广东音乐。在这期间,他创作的作品有《奔流》《春之歌》,还有二胡独奏曲《梅山春》《红楼梦幻想》。退休后的乔飞不仅继续保持着旺盛的创作热情,还经常组织参与一些音乐活动,为推广中国的民族音乐作出了贡献,在海外具有深远的影响力。例如:

1988年,在美国创办"友情"合唱团,担任团长,并在洛杉矶"春雷国乐社"担任指挥。

2001年,与长子乔平、次子乔欣,组建"乔家父子"男高音组合,在美国南加州享有盛誉。

2003年10月,由广东省音乐家协会主办的乔飞个人音乐会,在广州星海音乐学院音乐厅隆重举行,音乐会上展示了许多他创作的广东音乐作品,其中包括探索广东音乐交响化的成功之作《山乡春早》《思念》《珠江之恋》《岭南欢乐》《月影鹅潭》《扑蝶》等,以及热情讴歌祖国新时代精神的《大鹏展翅》和《珠海特区素描》组曲,还有为唐诗谱曲的《黄鹤楼送孟浩然之广陵》《虞美人》等。

2008年4月,"乔家父子"男高音组合于北京奥运会开幕前夕,应中国音乐家协会与中国奥运会水上运动中心的邀请,回到祖国,在北京音乐厅举办了风格独特的专场音乐会,用歌声为奥运健儿加油。

2010年6月20日,于美国洛杉矶圣盖博大剧院举办"乔飞作品音乐会",首次展示了以广东音乐元素结合中国古典文学作品《红楼梦》创作的《红楼梦幻想》。

2011年8月7日,乔飞在美国洛杉矶因病逝世。

艺术成就

乔飞一直保持着对音乐事业的探索与追求,在其孜孜不倦的创作生涯中,佳作不断,他的作品多次获得国内外作曲奖项,其中一些作品已广为流传或成为音乐会的保留曲目。乔飞巧妙地将广东音乐语言融入自己的创

作中，使作品具有浓郁的粤乐格调。

（一） 与时俱进的美学品格

在众多优秀的粤乐作品中，有一类作品在粤乐发展的各个历史时期都有精品出现，它既反映了粤人相对稳定的审美情趣，又表现出了粤乐的风格特点，这就是以反映自然情境、表现风俗图景、描绘生活情趣，以及人们内心积极、乐观、愉悦的情感为主的题材作品，代表曲目有《平湖秋月》《旱天雷》《鸟投林》《孔雀开屏》等。这类乐曲选材多为花鸟虫鱼，表达的多为对生活、对自然景致的热爱与感受，展现出了积极、乐观的内容与精神风貌。这些曲目大体上能使我们感受到粤乐所呈现出来的美学品格，即平易亲切、纯朴通俗，并借助于粤乐所具有的精巧结构，以及在旋律、节奏、配器上所进行的一系列革新，通过清脆明亮的音色、流畅优美的曲调、明快清新的节奏、悠扬动听的声韵进一步表现出来，使粤乐明显区别于中原古曲音乐凝重的格调，以其流畅明快的南国风格吸引着不同时代的欣赏者。当代粤乐名家余其伟说："粤乐主要倾向是华美、流畅而活泼的。它以精短的体裁、较直接的形式，传达了人们的喜怒哀乐，映照出南方都市新兴市民阶层及一般平民百姓的生活风采，感情真切、自然，旋律上以不太强烈的冲突或分裂，去摆脱一味调和的氛围，形成的曲调一气呵成而又抑扬顿挫。其中的一些佳作，更因其顺畅上口，常常填词演唱。粤乐较少深沉的人生喟叹与哲理深思，较少士大夫的典雅习气，也没有类似中原古曲那种悠深旷远的历史苍凉感。"

笔者认为，乔飞有一部分作品体现了传统粤乐美学题材的特征，如《山乡春早》《扑蝶》《岭南欢歌》《红棉吐艳》等，这类作品体现了粤乐秉承了岭南文化中推崇自然本色，重视对意境与意象营造的理念，倾向于对灵活、生动境界的追求，是与传统岭南文化一脉相通的。这些作品所流露出的积极、奋发、乐观、明朗的格调，超脱、飘逸、自然、生动的情趣，是岭南人整体性格特征的集中表现，使听众感到十分亲切。另外，这些作品的描绘性多于叙事性，愉悦性多于哲理性，乐观洒脱多于消极悲观，变化统一多于对立冲突。优美、轻快、悠闲的音调，既容易欣赏，便于群众的参与与演奏，又和人们所崇尚的轻松适意、自得其乐的生活美相协调，因此，也更加贴近平民阶层的精神生活需求。罗小平在《析广东音乐在新世纪所具有的生命力与文化力》一文中指出："广东音乐精品对自然动态的生动描绘，对人与自然的交流，吸取天地精华的把握，对人在风花雪月、高山流水中悠扬自得情趣的表现，显示了广东音乐家强烈的天人协调的意识，对人类整体发展的关注，使其自然地进入21世纪文化理性和生态社会的发展轨道，适应新文化格局的设置。"近代岭南文化在审美艺术领域表现为追求新异的审美实践和崇尚自然，以及清新活泼的审美理想。乔飞有着"以自然为宗"的审美观，即要求契合自然之真，生活之真，性情之真，反对矫揉造作，晦涩烦琐，主张直抒胸臆，真切自如，已成为近代岭南艺术的共同追求。

还有一部分作品，则体现出乔飞在艺术题材的选择上具有美学意义的突破。例如，乔飞于1976—1977年创作的高胡独奏曲《思念》，旋律激昂而感伤，表现出了对周总理的无限追思，抒发了忧国忧民的情感，在演奏上便出现了深刻而沉郁的风格，《思念》的成功，说明了这类题材也可以通过粤乐表现。《珠江之恋》为高胡与管弦乐，作品的行板流畅甜美、慷慨深情，快板激扬跳跃，富于文学的幻想与中国绘画的空灵，以优美的音调、开阔的气度，热情赞颂了珠三角的新貌。流畅抒情的旋律，如珠江流水浩荡萦回，唤起了人们对珠江的追忆和对美好生活的向往，是富有南国情调的佳作，使其区别于传统的广东音乐脱颖而出。乔飞到美国后创作的第一首广东音乐作品《奔流》，是他对世界先进国家现代化、高速度发展的思考，对照当今中国社会的不断变化、发展，充分展现了他的前瞻思维：中国同样会有"奔流"的前进速度，中国人有信心与能力将"古老""传统"之国变成世界先进之国。二胡独奏曲《梅山春》，乔飞以对客家山歌素材的丰富积累和他在客家山村生活的经历为基础，在乐曲中朴实地、形象地表现了现代客家人勤劳向上的生活态度。这首乐曲在美国上演，深受广大侨胞的欢迎。高胡独奏曲《春之歌》，更是乔飞精心创作的一部广东音乐新作，是他几次回国，亲眼看到祖国日新月异的巨大变化而有感创作的。作品以新音调抒写祖国新面貌，以喜悦之情畅想祖国处处是春天的美丽景象，乐曲既舒展、流畅，又充满激情，乔飞将它视为《珠江之恋》的姊妹篇。

作为一名优秀的作曲家，乔飞的音乐与社会生活、文化艺术息息相关，他的创作紧跟时代脉搏，反映出时代的特征与精神。这种与时俱进的特征，究其深层次原因，与作曲家的文化属性息息相关。乔飞作为土生土长的岭南人，深受岭南文化艺术的熏陶。近代中国，岭南文化思潮的演变与中国近代风云的变幻紧密相连，充分显示出其强大的生命力。岭南人得风气之先，竞相向西方学习现代科学与民主思想，寻找救国强国的真理，不断革新发展的岭南文化从广东辐射全国，在近现代中国民主化的历史进程中发挥了巨大的作用。

特别是在文化艺术方面，梁启超创造的新文体，黄遵宪进行的诗界革命，陈澧开创的新的地理、音韵研究方法，鲁迅、郭沫若、郁达夫等人都曾到广州传播先进文化，无一不体现出了近代岭南文化开拓创新的文化特质。而近代岭南文化的开拓创新精神相对于近代时期整个中国文化思想的封闭格局更显耀眼和可贵，使得岭南地区成为近代中国新思想、新观念、新方法、新精神的发源之地。粤乐的诞生即裹卷于这样的时代浪潮中，"与时俱进"的性格特点便成为粤乐的基本风貌。

乔飞的创作反映出岭南文化开放、创新、多元的基本精神，亦成为其音乐创作的内在动力与思想观念。

（二）多元文化的碰撞与交融

每一位作曲家都有着其根深蒂固、难以改变的文化属性，而个体的文化属性决定了自身的文化归属。乔飞学习、工作、生活于广东，必定受到岭南文化的熏陶，或者说岭南文化的性格特点也充分地渗透到了音乐家的创作之中。孕育岭南文化的广东由于地处珠江三角洲，地处东、西、北三江汇流之地，因此凭借其优越、便利的地理条件，成为我国经济、文化都发展得较早的地区，素有我国"南大门"之称。各个时期的移民文化以及海外文化在交流、碰撞、激荡、整合的过程中逐渐塑造出独具一格的岭南文化。这样的大融合，必然以兼容精神为前提，是兼收并蓄的结果。同时，这种大融合，又使岭南文化在看似庞杂的体系中保持着对各种文化形态的灵敏触觉，时常处于一种极具兼容性的动态之中。可以说，"兼收、包容"是岭南文化的生命所在，无论是对内还是对外，岭南文化都呈现出一种兼容的常态，以宽阔的胸怀拥抱南北来风，吸纳新鲜空气。粤乐内蕴的多种文化交融因素，以及其丰富多变、灵活的表现形态，与岭南文化在本质上是一致的。

乔飞正是得益于岭南文化的特质，在创作中能对各种不同的音乐流派甚至异质文化保持较为开通的态度，并能够积极主动地加以引入、吸收和消化，择善而从，甚至直接进行文化嫁接，为己所用，因而，"包容性"与"兼容性"最终也成为其作品最具活力的特质。在乔飞的音乐创作方面，即在立足于传统的同时，又借鉴了西方作曲技术，在现代的艺术语境中创造性地运用新的音乐语言，赋予传统民族文化新的思想内涵。一辈子热爱音乐、痴情音乐、研究音乐的乔飞，既学习过西洋音乐，又钻研过中国民乐，还特别善于接受古今中外优秀的东西，这使他具备了很高的开拓创新素质。

例如，高胡与管弦乐作品《珠江之恋》，是乔飞将粤乐进行交响化的一次尝试，虽然中国传统音乐创作是否需要交响化一直以来都是音乐界争论的焦点，但是，若以发展的眼光来看待这个问题，笔者认为能够将中西音乐文化进行融通，进而强化本土文化，所作的尝试都是必要的。回顾粤乐的成长与发展过程，不难发现广泛吸取西方音乐表现形态中与其协调的因素，是广东音乐家的尝试性做法。如美国爵士乐的节奏和西方的乐器（小提琴、六弦吉他、夏威夷吉他、木琴及爵士鼓等），在与本地音乐文化因素交融时，都能化为适应当地文化环境和群众审美需求的"粤味"。乔飞将这种乐器组织手法运用得更加系统化，当然也得益于他早期对西方作曲技法的学习与积累。《珠江之恋》采用了协奏曲形式与现代技法，使粤乐具有了新的时代精神，这种创新与超越，使粤乐呈现出明快、清新的风格，更具有时代气息。民族乐器协奏曲是新时期民族器乐创作的新特点，"协奏曲"是一种外来器乐体裁，民族音乐中缺少这一方面的传统，为民族乐器写协奏曲本身就是东西方音乐文化的交融，乔飞创作思维的"不拘一格"，亦是"岭南文化"融通气质的延伸，使得这部作品成为难得的佳作。

民乐合奏《山乡春早》、高胡独奏《思念》等曲目，在曲式结构方面打破了以往中国传统音乐中"板式—变速结构"的结构原则，"板式—变速结构"是一种结构构成方式，而不是一种结构固定模式。所谓"板式—变速结构"，即以一个主题或音乐段落为基础，通过扩大、收缩、衍展、

变奏、派生，并结合板式、速度以及节拍、节奏的变化而形成的一种结构。其中以渐变型的格局，即"散板—慢板—中板—快板—散板"最为典型。西方音乐的速度变化往往从属于曲式，而中国传统音乐的速度（板式）变化有可能驾驭甚至构成曲式本身。而欧洲的是再现式或快慢快、慢快慢的对比式的"ABA"，各部分间保持相对独立，与传统广东音乐的一气呵成、浑然一体的起承转合美学原则有所不同。乔飞在创作手法方面采用了主题的明显再现与快慢快或慢快慢的对比原则，类似于西方曲式结构中的"ABA"。"ABA"是西方曲式结构中三部曲式（或称三段体）的标记符号，它是指头尾两段"A"的音乐材料从呈示到再现相同，而中间段"B"的音乐材料是新的，或者起着变化，与A段有着明显的对比。这种曲式在西欧音乐特别是通俗作品中极为常见，大凡舞曲、进行曲、器乐小品等大多用单三部曲式写成，一些协奏曲和交响曲的慢板、行板乐章以及谐谑曲或舞曲性质的乐章也是用复三部曲式写成的。这种音乐对比性强烈，具有情绪或意境的不同变化。在表达内容确实十分需要时才选用，但如果与内容没有必要联系滥加应用，很可能会流于形式。有些民乐曲用"ABA"的形式创作也很成功，《思念》以深刻的感情表现人民对敬爱的周总理的思念，中间段回忆周总理生前那么热情地关怀人民、关怀文艺界，激起一股幸福的热潮。乔飞在保持传统粤乐韵味特点的基础上，在体裁与曲体结构方面进行了创新。

（三）音乐创作中深厚的传统文化情结

中国古典文学与传统文化是作曲家开垦不尽的一片沃土，出生于20世纪上半叶的乔飞，与其他同时期的中国作曲家一样，受中国传统文化影响较深，对中国古典文学与传统文化都有着深刻的理解，古典文学的修养很高。他认为中国诗词体现了中华民族的文明史，具有深厚的文化底蕴，因此，在他的作品中，将中国传统音乐与古代文学进行结合，从各自不同的角度，共同反映中国人普遍的逻辑思维和审美标准。如《虞美人》（李煜词）、《黄鹤楼送孟浩然之广陵》（李白诗）、《红楼梦幻想》等作品都体现出了乔飞对中国古典文学的深刻理解和把握。

乔飞特别偏爱中国古诗词，抑扬顿挫的声调音韵在平仄交错中形成音乐的旋律之美，而诗词的不同长短句组合，各种格律的运用又显示了音乐节奏之美。他所创作的《虞美人》（李煜词）、《黄鹤楼送孟浩然之广陵》（李白诗）等作品，在旋律方面还注重中国传统音乐线性的特点，即运用五声音阶级进的贯穿、流动，对线条进行表层装饰、延长和语气化加工。另外，在横向单声线条中往往会隐伏有纵向和声因素，其音阶中其实就暗含和声的基本原理，其中潜存有和声之法，如四度、五度、八度等就是和声的最恰当的体现。

2010 年 6 月 20 日，在美国洛杉矶圣盖博大剧院举行了"乔飞作品音乐会"，首次公演了以广东音乐元素结合中国古典文学作品《红楼梦》创作的《红楼梦幻想》，不仅具有浓郁的民族特色，而且具有传承与探索的意义。作曲家对古典文学的喜爱不言而喻，其音乐创作中"民族性"的体现，是作曲家自己对本民族音乐艺术所共同存在的审美心理的"趋同"，也是数十年来我国大多数作曲家的共同愿望。用音乐表达情感，这是每一个音乐家都希望的，关键在于深刻理解并表达民族文化中的民族情感，这才是一部成功艺术作品必备的条件，也就是说，如何能从整个民族文化的高度把握民族文化的情感追求和情感模式，并能选择一个适合的情感展示点将这些感情和理想表现出来，这是一个非常重要的问题，不仅是选材和艺术表现的问题，而且是文化修养和文化自觉的问题，只有对本民族的文化有深刻而全面的认识，才能做到此点。乔飞的作品在内容的选择和风格把握等方面，不仅注重与时代相结合。而且与中国本土音乐风格相融合。乔飞严谨、合理地铺陈渲染了作品本身所要体现的艺术风格，以中国传统曲调为基础，传承中国既有的音乐素材进行创作，从歌曲的民族韵味出发，探索民族化风格，并运用一定的作曲技法通过曲调、调式、调性、结构等不同的变换形式，以更好地表现中国文化的典雅、清新并赋有浓郁的民族风格的特点。

（四）对广东音乐文化的传承

广府文化是指以广州为核心、以珠江三角洲为通行范围的粤语文化，它从属于岭南文化，在岭南文化中个性最鲜明、影响最大。其具有代表性的广东音乐如同方言一样，是某一地域中特有的音乐语言，并作为广府文化体系的重要构成要素，对广府地域文化的生态景观，兼有传授知识、社会交往等社会功能，发挥着对本土人民广泛而持久的教化作用，并显示出

不可替代的重要价值。

艺术是情感的载体，乔飞的艺术成就，与他深厚的故土情感和深沉的民族情结有着密切的关系。如前所述，乔飞生长在广东，对广东文化有着深厚的情感，这种情感积淀与文化积淀滋养着乔飞的音乐创作，乡音、乡情对他的创作风格起着决定性的作用。

在乔飞创作生涯的早期，他就意识到了音乐素材的积累对作曲家的重要性，他曾四次深入梅县山区学习客家山歌，如兴宁山歌、梅县山歌、惠阳山歌等，改编创新了客家山歌《共产党恩情长》、兴宁山歌《山区办起小电站》、黎族民歌《一心想念毛主席》以及根据中山民歌改编的《海底珍珠容易捞》。还曾多次到海陆丰的渔村、渔港采风，同渔民出海打鱼，与渔姑赶海拾贝，学唱渔歌，学打船调，从而培养了朴素而真挚的感情，极大地丰富了创作素材。他曾数次在茂名炼油厂体验生活，与工人一起出去寻找油矿，在车间里炼油，指导油城工人排练《茂名大合唱》。他曾在海南岛五指山下的黎村苗寨采风和生活，与少数民族兄弟姐妹结成好友，帮助他们整理山歌、修改作品、排练节目，通过他的帮助，海南黎族业余创作者创作的歌舞表演《五指山下抓飞贼》在 1964 年北京全国少数民族文艺会演中获奖，并拍成电影。长期的耳濡目染和潜心研究，使乔飞对广东民间音乐的理解和把握都十分深刻，并积累了丰富的民间音乐素材和深厚的传统文化内涵，使得他的创作充满自信，作品富有灵魂。是他源源不断的灵感源泉一直滋养着他的艺术生命。

另外，乔飞创作的粤语歌曲《摇呀摇》《落花飘飘》《月光光》等，是广州方言与音乐结合的佳作，具有极强的生活感召力和感染力。各地的方言文化是其地域文化的重要载体，但由于普通话的推广，以及外来人口的不断涌入，以方言进行交流的群体越来越少，保护方言文化已得到各方面专家学者的关注。粤语方言歌曲的创作与推广，是保护方言文化的有效方法之一，既能够发展地域文化特色，又能够推动方言的传承工作。特别是粤语歌曲《月光光》更是成为家喻户晓的代表性作品，歌词为："月光光，照地堂。虾仔你乖乖训落床。听朝阿妈要捕鱼虾咯，阿嬷织网就到天光。"曲调悠扬、亲切，非常具有广府地方特色。这首歌曲不仅是乔飞的优秀代表作，还作为本土音乐文化的成功典范推向世界，并作为 2010 年亚运会闭幕曲。像这样成功的本土音乐作品，在一定程度上可以增强我们对本土音乐的认同感和归属感。另外，以本土音乐母语文化为基础的全球化音乐教育已成为当代国际音乐教育发展的总趋势。

守护自身的音乐传统，并身体力行地进行广府民间音乐的收集整理，运用广东音乐元素进行创作，是乔飞音乐创作的又一大特征。

作品分析

高胡独奏曲《思念》创作于1976—1977年，20世纪70年代正值广东音乐发展的转折时期，亦是一个思索时期。广东音乐创作由描写日常生活场景过渡到表达创作者的使命感，对祖国、民族、社会的忧患意识。广东音乐那百年常新的竹、石、鸟、兽、风、花、雪、月之吟咏似乎被冷落在一边。对美好未来的热切期待，对深沉抑郁往事的追忆和省悟，都成了创作的主题。高胡独奏曲《思念》，旋律激昂而感伤，在演奏上要求表现出深刻而沉郁的风格。该曲从忧思、徘徊、激奋、动荡到渴望、奋发，叙述了中国知识分子的心路历程，为广东音乐的"交响性"作出了实践性的铺垫。

该曲曲式结构根据内容与演奏的需要，采用西方曲式结构ABA的创作手法，这是对民族民间音乐传统结构手法的突破。全曲分为五个部分：引子；第一段（A）；第二段（B）；第三段（A）；尾声。

引子"惊闻"，旋律为下行的粤乐"乙凡"音调，以乐队强有力的齐奏奏出，曲调悲切，表现全国人民惊闻周总理逝世时的悲痛欲绝的心情，全国上下笼罩在一片凄云惨雾之中。

第一段，表现人们十里长街送总理的情景，这段音乐的曲调以"乙凡"调为基础，主题为悲切有力的大三度下行的"乙凡"调乐句，由高胡采用传统粤乐"冒头"的手法演奏出来，并采用移调的手法进行发展，旋律方面采用级进的音阶式进行，节奏紧凑，到达高点后又变成了一泻千里的下行旋律，与之前形成了强烈的对比，掀起了这段音乐中的一个小高潮。

第二段，表现一种亲切的回忆与对幸福的向往，主题为欢快亲切的旋律曲调，一改之前的悲伤，采用粤乐从"乙凡"调转到"正线"调式，根据粤剧"乙凡中板"的唱腔发展而成，同时采用粤剧伴奏音乐紧跟唱腔叠尾的手法，使高胡独奏与伴奏交融一体，同时也把西洋作曲技法的对位手法运用在这段音乐中。

第三段，表现人们化悲痛为力量的精神，音乐把陕北民歌《绣金匾》中的一些乐句融合到"乙凡"调中，采用有力的切分音节奏，速度由慢到快，高胡在原有旋律中不断加花展开，表现了坚定不移的力量。

尾声，高胡独奏缓慢深情的句子，喉管吹奏出动人的旋律。

该曲在弓法上以深刻的慢长弓、内在的揉音滑指，表达人民对周总理的深情怀慕。

乔飞不断地汲取广东音乐的营养，艰辛地学习和研究粤乐，因而奠定了他作为粤乐勇于创新的开拓者的坚实基础。另外，乔飞在创作中的兼收并蓄，使其具备了对"多元"文化的欣赏与"一元"文化的守护之间的协调能力，在创作中有着广阔视野和开放的胸襟。谈起自己的创作体会，乔飞反复强调，无论是创作歌曲还是乐曲，没有生活基础是不行的，不能与群众产生共情也是不行的。否则，一切都是主观的、一厢情愿的、虚无的感受，是没根的东西，绝对出不了好作品。

（刘茜/文）

承广府粤韵　谋创新发展
——汤凯旋

汤凯旋（1945—2014），生于广东肇庆，祖籍广东新会。国家一级演奏员，是著名的广东扬琴演奏家、作曲家。曾为中国民族管弦乐学会会员，中国扬琴学会会员，中国曲艺家协会会员，广东省音乐家协会理事，广东省曲艺家协会会员，广东音乐团团长，广东曲艺团艺术指导，广州市音乐家协会主席团成员，广州扬琴爱好者协会副会长，香港岭南音乐团音乐指挥。同时，汤凯旋是20世纪80年代广东音乐扬琴演奏的代表人物，2009年国家级非物质文化遗产项目——广东音乐的代表性传承人。被誉为"粤乐扬琴最优秀的代表人物之一"。曾多次随团访问新加坡、日本、英国以及中国香港、澳门等国家与地区，并进行交流演出。

汤凯旋小时候就跟随爷爷奶奶去了香港，5岁时回到广州。他从小受父亲的影响学习秦琴，走上了音乐道路。由于家中条件差，15岁时听说广州艺术学校招人，就参加考试并顺利入选。在校期间，跟随启蒙老师即广东曲艺界名宿叶孔昭学习，在老师的建议下从弹秦琴改学扬琴。1961年，学校因资金不足导致停办，汤凯旋考进广东音乐曲艺团学习扬琴。从此，他的艺术生涯就和广东曲艺音乐紧密相连。

汤凯旋勤奋好学，热爱广东音乐且毕生致力于广东音乐事业，这其中包括他的演奏活动、创作过程和对音乐文化的传承所作出的努力。在广东音乐曲艺团学习扬琴演奏的期间，他不断拓展自己的音乐基础知识。在学习期间，广东音乐曲艺团的老一辈扬琴演奏家苏文炳和方汉给他的技能学习方面带来了不少的帮助。汤凯旋在古稀之年仍活跃在广东音乐的乐坛上。为了更好地弘扬广东音乐，其于 2013 年 5 月在广东音乐曲艺团成立了广东音乐艺术中心，并任该中心主任。同年 5 月底，带领他的"五架头"组合参加第十届中国艺术节，并首次举行了中国民族器乐民间乐种组合展演，获得"优秀演出奖"。

汤凯旋晚年因身体原因较少参与演出活动，但他一直在为广东音乐曲艺团做自己力所能及的事情，并不断致力于广东音乐的传承和发展。

2014 年 7 月 2 日汤凯旋因病于广州逝世，享年 69 岁。

演出活动

汤凯旋的扬琴演出活动始自 1962 年。1962 年，汤凯旋在第一届羊城音乐花会内部观摩演出中演奏了一曲富有广东音乐特色的扬琴独奏《倒垂帘》。文化大革命期间参与广东音乐乐队伴奏京剧《红灯记》，以及曲艺杂技团和粤剧团《智取威虎山》剧组的演出。在中山纪念堂庆祝"广州工宣"成立晚会上演出了由《得胜令》改编的"文革"期间的第一首广东音乐——《战鼓催春》，参加了《喜开镰》《织出彩虹万里长》等乐曲的扬琴演奏。此时的汤凯旋，已经是广东音乐扬琴演奏的代表人物。

1987 年，参加第三届羊城音乐花会全国广东音乐演奏邀请赛，获得一等奖。

1992 年在南方剧院成功举办了"汤凯旋扬琴独奏暨作品音乐会"。

1993 年，随广东音乐曲艺团赴英国访问演出。同年，参加首届港澳"威力杯"广东音乐大赛，独奏《云山春色》，获独奏精英奖；小组奏《双星恨》，获合奏组优秀奖，在年底晋升为一级演奏员。

1995 年，参加伴奏的《悲歌广陵散》和《天涯璧合庆月圆》在第二届中国曲艺节中均荣获牡丹奖，同时，《悲歌广陵散》被邀请在曲艺节闭幕式晚会上演出。

演奏技艺

广东音乐中扬琴演奏技法流派分为"左竹法"和"右竹法"，前者是较传统的演奏竹法。① 随着时间的推移至转调扬琴的出现，演奏家们吸收了众多的新技法，如琶音、单手轮音及和音等。这些新的演奏技法在演奏音域拓展的基础之上逐渐被运用到演奏活动中。因此，大部分的演奏家都开始使用以"右竹法"为主的混合竹法，汤凯旋也不例外。他的演奏音色清脆明亮、曲调流畅优美、节奏清晰明快，这与他准确把握左右竹法有很大的关系。在听过他演奏的《春郊试马》《走马》，又或是他自创自弹的《云山春色》之后，都能切身体会到明亮的旋律线条以及优美的意境。

汤凯旋主要师从苏文炳与方汉两位前辈。他们其中一位是使用"右竹法"，另一位是使用"左竹法"。为了方便演奏，汤凯旋结合了两种竹法，运用精湛的技巧去诠释每一首乐曲所要表达的风格和意境。很多人常说汤凯旋是左、右竹法的创始人，但事实上并非如此，他只是在前人的基础之上不断运用并加以改革和创新。

各个不同地方的乐种在曲式结构、旋律结构、演奏手法上都不尽相同。因此，每个地方的乐种都有着本土所特有的表现力。笔者在采访的过程中曾询问汤凯旋先生是如何把握广东音乐韵味的，他认为广东音乐所特有的韵味体现在具有本地特色的旋律、音型、装饰音、叫头、上下行滑音以及加花等方面。在民间乐种中，加花是修饰旋律的一种手法，这种手法不仅丰富了音乐的表现力，还是演奏者对作品二度创作的体现。每个地区不同的本土音乐都有着不同的加花的形式。"粤乐扬琴独特的加花规律和格式是音乐创作最重要的创作手法之一。这种具有浓郁风味的加花不是随意添加装饰音，而是运用大量的衬音、座音及顿音等演奏技巧来润饰旋律。"② 在广东音乐的合奏中，汤凯旋在与其他拉弦乐器配合的同时，巧妙地运用扬琴密集音加花的手法来丰富音乐的层次。同时，广东本土有自己的方言，粤语的发音与粤曲、粤剧是有着紧密的联系的。正确把握语言与

---

① 陈德锯先生在1957年出版的《扬琴演奏法》中指出：每拍落拍时的乐音一定是用左手打的，就叫作"左竹法"；反之，每拍落拍时的乐音用右手打的就叫作"右竹法"。

② 李艳. 粤乐扬琴流派艺术的岭南地域文化品格 [J]. 星海音乐学院学报，2012 (3): 75-80.

音调的走向以及与旋律的规整配合，都是体现广东音乐韵味的手段。

据汤凯旋回忆，有一次同琵琶演奏家方锦龙先生同台演奏时，遇到了一个音符密集、节奏加快的地方，他无论如何都赶不上琵琶的五指密轮节奏，为了解决这个难题，汤凯旋曾试图运用扬琴击奏重音形成时值较长的单音来使旋律连成一条线。这种技法在扬琴演奏中称为弹轮。在反复试验后，他发现弹轮的速度与力度不好掌握，具有偶然性且成功率不高，这样一来，演奏的效果就会时好时坏，从而影响整体水平。因此，汤凯旋不断琢磨并寻找扬琴与琵琶弹奏技法之间的共性，取长补短。他将琵琶的弹奏技法巧妙地运用到扬琴的弹奏中，成功地模仿了琵琶的密轮，发明了连续轮弹，在不改变扬琴传统演奏技法的情况下增加琴竹密度，同时能够实现与其他乐器的融合。这种扬琴手法上的"密轮"达到了音群密集、清脆而具有颗粒性的音色效果。

粤曲创作

汤凯旋虽然没有受过专业音乐院校的培养，但在对广东音乐的创作和改编上他都非常具有影响力。他创作和改编的大量作品具有"粤味"而又有所创新。著名高胡演奏家余其伟曾这样评论他的创作——"旋律起伏有致，或连绵起伏，或跳荡活跃"。

在"文革"后期，汤凯旋创作了《渔海战歌》《劈山引水》等作品。1978年创作广东吹打乐《醒狮》获得了广州市专业比赛一等奖、广东省文艺创作优秀作品奖。1980年，改编配器的《昭君怨》《凯旋》《孔雀开屏》等曲目发行。1981年，《昭君怨》《孔雀开屏》分别获得了广州市首届广东音乐比赛创作一等奖和演奏一等奖。1982年，创作的广东音乐合奏《鹅潭新貌》获得了第二届羊城音乐花会新作品优秀奖、广州市创作比赛一等奖、广州市首届文学艺术红棉奖一等奖。配编的高胡独奏曲《凯旋》获得了全国青年技艺比赛演奏奖。编配的广东小调《故乡情·我是红娘》在苏州举办的全国曲艺优秀节目调演中获一等奖。1987年，创作的广东音乐合奏曲《三元里组曲》获得广州市第二届专业文艺比赛一等奖。1989年，创作合奏曲《1976组曲》获得了广州市庆祝中华人民共和国成立40周年作品大赛二等奖。1991 年，创作的合奏作品《红棉颂》获得了广州市广东音乐创作比赛一等奖。1994 年创作的琵琶独奏曲《云山春色》（方锦龙演奏）、扬琴独奏曲《云山春色》同时获得全国民族管弦乐展播作品优秀奖。1995 年，创作的吹弹乐《粤韵》获得了广东音乐新作大赛三等奖。

汤凯旋在广东音乐曲艺团工作期间认识了不少粤曲名家，如黄俊荣、梁玉嵘、蔡衍棻等。通过不断学习交流与合作，他在粤乐创作之余还创作了不少粤曲。1992 年，撰写了琵琶弹唱作品《阮玲玉》，该曲曾获中青年技艺比赛一等奖。作品描述了 20 世纪初上海滩名伶阮玲玉的悲惨故事。此曲至今仍为广东音乐曲艺团的保留节目，曾由粤曲新星陈玲玉所弹唱。1993 年，汤凯旋为香港岭南音乐团创作了作品《岭南欢歌》并获得"作品奖"，同时，参加配器演奏的粤乐磁带《分飞燕》获得全国优秀音像制品评奖戏曲类"荣誉奖"。1997 年，由他配器及音乐设计（蔡衍棻撰曲、梁玉嵘演唱）的粤曲《雏凤新声颂伟人》荣获文化部第七届文华新节目奖。1999 年，撰曲的《武则天》获得了中国曲艺牡丹奖首届粤曲大赛银奖。

改编曲目并非汤凯旋的本职工作，因为他主要从事演艺活动以及后期的理论研究。他为了保留广东乐曲的一些旋律风格而开始尝试对粤乐进行改编。起初，汤凯旋的改编是为了复兴广东音乐，在"文革"后期已经开始慢慢运行。改革开放后，改编的曲目数量越来越多，其中，《孔雀开屏》和《昭君怨》是其改编得较为成功的作品。他在不改变乐曲本身旋律的情况下，运用了转调以及旋律反复的形式进行改编。在编排上，继承传统的主旋律，压缩和适量减少旋律，加入了和声和复调等新的元素，使得曲子的配器和和声更加规范。

艺术成就

汤凯旋的扬琴演奏造诣不仅高深，在理论方面还颇有研究。他的一切演奏活动以及理论研究都是为广东音乐的传承而服务。在实践活动方面，汤凯旋在广东音乐的创作演奏和改编作品上进行过多次改革与创新（如他发明的新扬琴演奏技巧"密轮"）。除此之外，他还到星海音乐学院、香港

演艺学院、广州大学讲课；参与中山市青少年民族乐团、中山大学民族乐团，以及广东东莞、江门等乐社的宣传施教活动。2009年，汤凯旋被选为国家级物质文化遗产——广东音乐传承人。作为广东音乐的传承人，汤凯旋致力于参加广东音乐的宣传活动和演出，曾获得大量全国及广东省的曲艺创作及演奏奖项。汤凯旋用毕生的精力推广和弘扬广东音乐，可见其对广东音乐事业的热爱以及本土音乐文化传承的重视。

在理论研究方面，汤凯旋非常严谨。他认为广东音乐的理论研究还是比较缺乏的，于是他通过查阅大量的资料以及根据自己的实践取得了一些研究成果。他曾在《音乐研究与创作》发表了《振兴广东音乐仍需从基础做起》及《敢问路在何方》。先后在《羊城晚报》《南方日报》《广州日报》发表了多篇文章。

汤凯旋对广东音乐有非常深远的影响。他在继承前人音乐流派技巧和风格的基础之上加以创新。因此，作为国家级非物质文化遗产项目（广东音乐）的代表性传承人，他继承传统，又开启了现代广东音乐的未来。无论是在演奏活动上还是理论研究上，他对于作品的创作和广东音乐的传承都大胆创新。在演奏上，科学地借鉴和吸收了其他民族乐器的演奏技法（如琵琶的"密轮"等），丰富了扬琴演奏的技巧。在理论研究上，发表了相关论文，针对广东音乐的创作、扬琴演奏的技法以及对未来音乐的传承作出了探究和思考。

音乐展望

在访谈过程中笔者了解到，汤凯旋对未来广东音乐的发展还是比较有信心的。作为广东音乐的传承人，他在音乐传承方面也有一套自己的总结——给予前辈以肯定，给予同辈以责任，给予后辈以希望。其实一直以来，在民间成立了不少广东音乐社团，且广东音乐有其特有的"粤味"，好的广东音乐一定会原汁原味地流传下去。谈及未来，他认为在当前的形势下，创新是必要的，但创新并不等同于改造，不能忽略了传统而一味地改革和发展。也就是说，广东音乐的创新须立足于传统音乐。同时，汤凯旋认为广东音乐作为非物质文化遗产的一部分还应争取地方性政府的支持，要通过政府制定相关的文件作为开展传承工作的一个支撑点。有了政府的支持作为后盾，才能将广东音乐的传承工作下达到各个相关的组织与机构。同时，有关媒体也要加大宣传力度或是多举办相关的音乐比赛，这也是推动广东音乐事业发展的一个重要的途径。笔者在访谈的过程中了解到，汤凯旋认为当今热爱广东音乐的人群年龄都较大，而年轻人普遍喜欢流行音乐。那么，如何普及广东音乐并使各个年龄层的人群都喜爱它呢？这在广东音乐未来的传承中也是一个值得思考和解决的难题。汤凯旋说，广东地区的年青一代是比较愿意接受外来文化和新文化的，因为广东有良好的本土地理环境优势，可以尝试让广东音乐、粤乐、粤剧等进入中小学课堂，让学生们对本土优秀文化有一定的认知和了解。

本文通过访谈以及参考相关文献资料，介绍了汤凯旋的生平、创作以及对广东音乐的传承所作出的种种努力和所寄予的厚望。笔者认为作为音乐事业的传承者，要像汤凯旋一样立足于传统，在保留传统的原貌下加以创新，才能使得传统文化源远流长。中国是一个文明古国，传统文化须在后人的不断努力传承中才能根深蒂固，传统音乐文化也是如此。音乐是一种非物质文化遗产，具有一定的感官性和抽象性。为了更好地传承和保护广东音乐，就必须珍惜现存的乐谱、文献资料等物质媒介，多做宣传活动和工作，普及传统音乐文化的保护知识，让大众群体重视传统音乐文化，加强对民间传统音乐的保护。同时，音乐工作者也要在自己的专业领域中不断探索，在理论研究方面精益求精，只有以严谨的求学和研究态度来面对学术，才能更好地为传统音乐的传承和发展作出贡献。

（林欣欣/文）

默默耕耘　淡泊功名
——李助炘

李助炘（1944—2009），又名李季忻，广东南海县（今广东佛山市）人，著名作曲家，当代粤乐交响化及现代化实践的领军人物之一。自幼喜爱音乐，1961 年考入广州音乐专科学校附属中等音乐学校主修钢琴，师从冯慧航，并跟从著名粤乐扬琴名家黄龙练学习了一年扬琴，1964 年以优异的成绩考入中国音乐学院作曲系，师从老志诚及黎英海，五年的专业学习为李助炘的音乐之路打下了坚实的基础，在学期间他还兼修二胡一年，师从湛亚新。为深入了解民族乐器的演奏技巧，在专业同学的指导下，学习笛子和笙的演奏。

1969 年毕业后李助炘被下放到天津的军垦农场。1973—2004 年 2 月，李助炘先后在广东省歌舞团、广州民族乐团和广东歌舞剧院民族乐团任驻团音乐创作，为国家一级作曲家。其间他曾被广东粤剧院借调三个月，进行粤剧音乐的编配改革工作。20 世纪 80 年代曾于星海音乐学院兼任和声课和作曲课教师一年。2004 年 2 月移民加拿大多伦多市。2009 年 5 月 23 日因病于广州去世，享年 65 岁。

艺术成就

在李助炘的一生中，他一直在坚持不懈地进行音乐创作，深入钻研民族民间音乐，以求把民间音乐的精华融入自己的作品创作之中，力求作品有鲜明的个性，追求新意的同时有浓郁的民族风格。李助炘创作的方向早期主要是歌舞音乐，进入广州民族乐团之后，才开始专注于粤乐作品的创作与编配。他的创作及编配主要分为两个阶段：

第一阶段：1973—1980 年主要是歌舞作品。例如：舞剧《珍珠》（与人合作，获首届鲁迅文艺基金奖）；大型声乐套曲《农讲所颂歌》（与人合作，获 1975 年全国文艺调演优秀奖）；大型歌舞剧《燎原火炬》（与人合作，获 1977 年全国文艺调演音乐创作三等奖）；舞蹈《雨打芭蕉》（获全国舞蹈比赛二等奖）；舞蹈《龙骨》（获广东省 1991 年迎春优秀节目奖）；舞蹈《卖懒—行花街》及《落雨大》等。这时期还写了广东音乐小合奏《春满沙田》和大合奏《侨乡今昔》；参加创作大型合唱组歌《农讲所颂歌》（多人合作），获全国文艺调演音乐创作奖。

第二阶段：20 世纪 80 年代，歌舞剧院设立了民族乐团，李助炘到该团工作，创作重点转向民族器乐作品。20 年来他探求广东音乐的写作及高胡演奏的发展与创新。20 世纪 70 年代末 80 年代初，以广东音乐为素材写出了中国第一部高胡协奏曲《琴诗》。该曲是广东音乐史上第一部真正的交响性大型曲式结构乐曲，其大大推动了广东音乐之主奏乐器高胡演奏技术的发展，将广东音乐这一民间乐种从曲式、结构、和声、织体、配器以及表现的深度、广度诸方面提高到了一个新的高度。此曲乐队总谱写有大型民族乐队协奏用谱和交响乐队协奏用谱两款，该曲自问世以来一直与国内外各乐团合作，演出不断。《琴诗》获 1987 年首届全国广东音乐邀请赛优秀创作奖第二名。曾先后于 1988 年、1996 年、1999 年由中国唱片广州公司及香港龙音制作有限公司录制、出版 CD。同时期改编的广东音乐名作还有《汉宫秋月》（获首届全国广东音乐邀请赛优秀改编奖第一名），《禅院钟声》（为椰胡、合唱和打击乐而作），以及《荫华山上凤凰台》《鸟投林》《平湖秋月》。其中，《鸟投林》获中国唱片集团有限公司首届金唱片奖。

1989—1990 年写的第二部高胡协奏曲《粤魂》初稿经多次修改，于 1993 年定稿。这部协奏曲从写作技巧到思想深度都高于《琴诗》，也写有两款乐队协奏谱（民族乐队协奏用谱和交响乐队协奏用谱），曾与多个乐团合作演出，计有：广东民族乐团、澳门中乐团，黄建伟指挥（1990 年、1993 年）；澳门中乐团，黄建伟指挥（1994 年）；香港中乐团，陈燮阳指挥（1995 年）；台北市立国乐团，陈如祈指挥、王甫建指挥（1995 年、1996 年）；北京中央广播交响乐团，徐新指挥（1997 年）。

1989 年，改编民间乐曲《得胜令》为大型民族管弦乐合奏，在中华人民共和国成立 40 周年庆典大会上由百人大乐队演奏。同年，受澳门中乐团之邀，改编广东音乐名曲《赛龙夺锦》为大型民乐队合奏。

1990 年初，《丝丝泪·三叠愁》获第三届广东音乐创作大赛二等奖；1990 年 2 月，"余其伟高胡独奏音乐会"在广州举行，曲目中《琴诗》《粤魂》《鸟投林》《汉宫秋月》《禅院钟声》均为李助炘创作及改编；1990—1991 年，与著名音乐家李凌先生合作写成大型民族管弦乐组曲《乡言》，由中国函授音乐学院出版总谱；1990 年 5 月，创作舞蹈音乐《龙骨》，获广东省直属文艺团体新作迎春展演优秀节目奖。

1991 年，创作广东音乐小合奏《水乡即景》，获 1991 年第二届全国民族管弦乐展播三等奖；为喉管独奏曲《心潮》配器，获广东省直属艺术团体新作迎春展演优秀节目奖；同年 10 月在北京举行"黄日进师生音乐会"，其中，由余其伟演奏《粤魂》，由陈国产演奏《琴诗》；1991 年底，创作了广东音乐合奏曲《工尺合士上》，此作品于 1993 年获第五届羊城音乐花会音乐作品评奖三等奖，1994 年获第三届全国民族管弦乐展播优秀作品奖。

1980—1992 年，李助炘编配了数十首广东音乐作品，大部分被录制成磁带：《吕文成作品专辑》（1989 年由太平洋公司录制）；《广东音乐大全》（1990 年由太平洋公司录制）；《余其伟高胡专辑》（1990 年由珠海华声公司录制）；《喉管演奏家陈添寿演奏专辑》（1990 年由太平洋公司录制）；《余其伟高胡专辑》（1991 年由新时代影音公司录制）；《余其伟专辑》（1992 年由香港乐韵公司录制）；《赵莉梨扬琴独奏专辑》（1992 年由香港乐韵公司录制）。

1993 年，为著名表演艺术家红线女的两首粤曲《娄山关》和《答李淑一》编写民族乐队伴奏总谱，在纪念毛泽东 100 周年诞辰晚会上由红线女演唱。同年，为古筝演奏家李炜《古筝独奏专辑》以及二胡演奏家陈雄华《二胡独奏专辑》卡式磁带编曲配器。

1994 年，与余其伟合作，创作高胡独奏曲《乡间小景》，获第三届全国民族管弦乐展播优秀作品奖。

1994 年，为《赵莉梨扬琴独奏专辑》第二辑 CD 编曲配器；1994 年，创作喉管独奏曲《欢歌一曲爽心头》，此曲于 1996 年获第二届广东音乐新作大赛二等奖。

1995 年，与余其伟合作完成高胡独奏曲《村间小童》，获首届广东音乐新作大赛一等奖，又获 1995 年广东国际艺术节作曲一等奖；创作《祈盼》（1997 年 11 月首演于澳门）；《禅院钟声》获 1995 年广东国际艺术节作曲二等奖；为笛子演奏家伍国忠《笛子独奏专辑》CD 编曲、配器。

1996 年，为纪念孙中山 130 周年诞辰而编配大型民乐合奏曲《旱天雷》，由中国唱片广州公司录音，广东电视台录像播放；为"陈国产独奏音乐会"创作高胡协奏曲《香江行》。同年，受香港中乐团之邀，改编《妆台秋思》，由余其伟独奏，香港中乐团伴奏，新加坡华乐团副总监瞿春泉指挥在香港首演。

1997 年 3 月，经修改的高胡协奏曲《琴诗》由香港龙音公司录制出版 CD，上海民族乐团协奏，余其伟独奏，黄建伟指挥；1997 年，完成《心潮》，同年 10 月由琵琶演奏家方锦龙先生首演于北京"97 广州作品音乐会"；同年，与余其伟合作之高胡与乐队组曲《潭江风俗》全部完成，并由新加坡名将唱片公司录制出版 CD。

1998 年，高胡与乐队《昭君怨》完成，并于同年 10 月由新加坡华乐团协奏，该团总监胡炳旭指挥，首演于新加坡。

1999 年 9 月，交响乐队协奏之高胡协奏曲《粤魂》获第六届羊城音乐花会音乐作品评奖管弦乐类二等奖；10 月，香港龙音公司出版《现代与传统——余其伟胡琴专辑》CD，里面收入李助炘的作品有：《齐破阵》（配器）、《丝丝泪·三叠愁》（改编曲）、《琴诗》（与余其伟合作）、《潭江风俗》组曲（与余其伟合作）、《粤魂》。这张专辑可以说是浓缩了李助炘 26

年来音乐创作的成就，体现了其音乐作品的风格特点。

纵观李助炘的创作，除了舞蹈音乐、声乐作品外，他把大部分的创作精力都放在了对粤乐的创作上。而在粤乐创作方面主要有：实践对粤乐交响化的创作以及利用西方作曲、配器技法对传统粤乐作品进行编配。

作品分析

《粤魂》是李助炘在进行艰苦探索之后所创作出来的成功之作，荣获1999年第六届羊城音乐花会中国交响乐新作品比赛第二名。这部作品创作于1988—1989年，当时的人们开始接触商品文化，对过去的传统审美、伦理观念有所改变，但新的规则还没有建立起来。这个时期的每个人都带有几分幻想、茫然、缥缈，《粤魂》就在这样的社会背景中诞生。它带着几分历史的情怀，但又超出了历史的沉重，带有一种浪漫主义色彩。

《粤魂》是一部高胡与管弦乐队的作品。曲式结构为"引子—主部—第一插部—主部^1—第二插部—主部^2—尾声"，这是典型的五部回旋曲式。乐曲主题由高胡用缥缈、圆润的声音奏出，表现了当代人的一种幻想与茫然。作曲家采用起、承、转、合的传统手法，使音乐极具民族性。音乐陈述上既采用西方传统的手法——重复、对比、并置，也采纳了中国传统手法——展衍、承递的连绵性旋法，并以变奏手法作为音乐材料发展的主要手段，这样的结合使音乐具有更加深刻的表现力并充满新意。通过富有特色的配器方式，如把长笛声部放在上方，弦乐声部放在下方，高胡声部放在中间的巧妙布局；还有大量运用铝板钟琴、竖琴等作为音乐上的衬托、点缀，使主奏乐器高胡所奏出的旋律更具表现力与想象空间。在整体乐思发展中，作者以旋律的各种变化显示出作品的音乐个性。这部大型的交响化粤乐新作使当代粤乐创作迈入新的发展阶段。

《粤魂》全曲是以"1、2、3、4、5"音为素材，六度、七度的大跳音程贯穿全曲。

引子：开门见山"1、2、3"素材音，6小节爬音来回窜动，表现出当代人的一种茫然不安的心态，第7小节开始点题素材，第16小节是琶音，从高音往下后行。第20小节是长音力度从P渐强到三个F。第25小节高音两点的"5"音，节奏用有力的三连音，后乐队慢速安静地过渡到主部主题。引子旋律与和弦加了很多变化音，给人以神秘新颖的感觉。

主部：开头是高胡独奏，奏出深不可测、飘逸神秘的主旋律。当旋律进行时忽然一个休止符，给人以"此时无声胜有声"的感觉，又给人以经历史的洗礼后思维常常"欲言又止"之感。第二次主题是转了F调节奏从八分音符两音变成八分音符三连音，调式变化为C调—F调—G调—C调。

第一插部：是一个新的旋律，乐队间奏这段旋律时常常出现主题音型"1、2、3"音，形成主部和插部旋律的联系。调式变化为降B调—F调—C调，结束音在"5"上。

主部^1：高胡独奏奏出主部旋律，节奏变成四分音符的大三连音。调式变化为C调—F调—降B调—D调—F调—C调—降E调—C调—D调—G调—降B调—C调，可见调式的转变是非常丰富的，在广东音乐史上前所未有。

第二插部：旋律明朗，节奏用了切分音，第二次重复时用降B调，更加有力量。

主部^2：主题出现节奏拉开成广板，第二次转成A调，第三次转成C调。最后四小节尾声点题结束。

《粤魂》既注重粤乐的风格特色，也体现了个性。从更深的层面来看，李助炘所要表现的是作品中关于当代人生的思想，以及作者本人在创作过程中所要表达的思想内涵。总而言之，从作品的创作技法上看，在注重传统与现代技法表现运用的同时，对音乐创作中如何融入新的音乐元素进行了探索和发掘，尝试了更新颖的创作技法与音乐表现手段。在作品整体结构的处理上，李助炘更多考虑音乐的完整表现，以及如何使音乐本体的创作因素在结构上更加符合逻辑。整部作品都体现着李助炘积极探索、不畏艰难、开拓进取的精神风貌和独特的音乐语言，散发着"大手笔"的气势和充满着"大写意"的音乐色彩。时代在前进，生活要发展，人们的生产方式、生存状态、行为习惯和观念态度，都会渐渐发生变化。相应地，人们的情、趣、意、志也会改变。舒曼说："不同的时代有不同的听觉。"如果没有改变没有创新，粤乐的发展将是一潭死水。任何艺术发展，创新都是唯一的出路。创新，是一种转化，一种对传统的重新解释。任何保持古

今不变的传统和沉溺于新奇的幻想都不是创新的特征，而高质量的创新则既含有传统的积极因素，又代表和预示了未来的发展。在与时俱进的新时代，涌现了一批优秀的粤乐创新作品，展示了当代作曲家讴歌新时代的卓越才华。纵观这些作品，由于时代不同，表现内容也有所不同，不可避免地会引起在形式上的突破。许多作品在曲式结构上都打破了传统乐曲的形式，大量吸收中外作曲技法，按乐曲需要借鉴西洋各种曲式进行建构，突破传统乐曲大多表现自然景物的一段体、两段体曲式。节奏张弛，音域高低起伏，调性上采用了转换、对比等手法，同时运用多声部写作，创新采用高胡与管弦乐队协奏的形式，气势更为磅礴，使粤乐向着交响化的方向发展。通过作曲家的努力探索，"小家碧玉"的粤乐昂首阔步登上"大雅之堂"。

李助炘的作品中流露出了真情实感，刻画出的人生心境非常细腻。从他的配器看，有很多的和弦用了偏音，是一种探新求异的创举，使广东音乐迈向了一个新台阶。广东音乐发展到今天，他是一位功不可没的作曲家。

李助炘除了创作具有历史意义的交响化粤乐作品外，还通过编配传统广东音乐，赋予原作新的音乐意象。李助炘对编配传统广东音乐有其独有的见解和体会，他认为："传统的广东音乐曲子，结构一般比较严谨，旋律连贯、流畅、原始、粗犷，来源于民间，植根于民间。而编配必须做到在忠于原作特有性格的基础上，力求使原作的音乐意象得到补充、深化、更主体。"为此，他提出了"立意造型"的编配创作原则。

李助炘认为，编配传统广东音乐乐曲首先必须明确作品的立意，也就是要仔细研究分析原作的表现意图、手法、背景结构、段落之间的关系以及情绪的演变，然后通过自己的理解、想象进行必要的设计和安排。

完成立意就进入造型，也就是运用各种作曲手法塑造音乐意象。李助炘认为"立意愈鲜明，造型便愈准确、愈具特色"。他把造型手法归纳为横造型和竖造型两方面，以横为主，以竖为副。横造型指运用复调等横向旋律线条的作曲技巧进行造型。竖造型指运用和声、节奏、音型等配器手法从纵向方面进行造型。在横造型中，李助炘多加入数目不等的新旋律线条与原主旋律配合，但他强调新的旋律线条要尽可能保持广东音乐的风格。新线条与原线条此起彼伏，你繁我简，你简我繁，互相交织、补充。而在竖向造型中，通过适当的、必要的和弦节奏、音型和节奏型等手法来支持、补充，刻画音乐意象，使结构多层次，音乐意象更具立体感。总的来讲，以横为主，横竖结合，多层次地交织，多方面地揭示音乐意象，是李助炘创作实践的惯用手法。

（雷叶影/文）

创新发展承经典　音意相合传粤韵
——何克宁

何克宁，1950 年生，高胡演奏家，广东音乐传承人。广东音乐曲艺团二团团长，广东省曲艺家协会理事，广东省繁荣粤剧基金会理事，广州市音乐家协会理事。

何克宁自幼在广州长大，受父亲的影响，从小便喜爱广东音乐和粤曲。当时的广东音乐正处于繁荣时期，名家辈出，演奏技法得到空前发展，众多作品受到人民群众的喜爱，相关艺术交流活动也十分活跃。在这样的艺术氛围中，何克宁对广东音乐和粤曲的热爱自然而然发自内心，也正是这样的热爱，使其拥有一颗坚持学习、追求音乐的心。何克宁曾告诉笔者："一次偶然的机会，退休于太阳升粤剧团的打击乐乐手李以六老师与我父亲在茶楼相识，之后就开始教我学习打击乐和椰胡，成为我的启蒙老师。9 岁至 13 岁我便跟着李老师到处学习，浸润在私伙局的广东音乐里。"[①] 据何克宁回忆，启蒙老师李以六的教学方法非常传统，凭借一首乐曲就让何克宁掌握

---

① 笔者于 2016 年 4 月 15 日采访何克宁老师记录。

了所有调式的演奏。如乐曲《上云梯》，李以六利用乐曲倒数第二句旋律的尾音作为下一个调性的开头音，如此循环往复，以不同的调性演奏，直至何克宁熟悉所有调为止。

1964年，何克宁参加广东音乐曲艺团招生的面试活动，以打击乐为主修考入曲艺团，正式开始学习广东音乐，从此便与广东音乐结下了不解之缘。曲艺团鼓励学员们学习不同乐器的演奏方式，力争成为多面手，何克宁有椰胡的基础，选择兼修拉弦乐器。当时的曲艺团名家林立，都是首屈一指的广东音乐大师，有苏文炳、刘天一、朱海、梁秋、方汉、陈卓莹、屈庆等。何克宁最初师从苏文炳学习打击乐，后师从刘天一学习高胡演奏，并得到朱海、陈卓莹、屈庆等名家的悉心教导，掌握了丰富的广东音乐知识、演奏技法及粤曲伴奏技能。曲艺团里所有的老师专注教学、演奏及理论研究，这为何克宁学习广东音乐提供了良好的学习氛围。

20世纪80年代，广东音乐曲艺团因打击乐的人数较多，弦乐的人数较少，何克宁被调至弦乐声部演奏中胡，自此他开始以弦乐中胡演奏员的身份参加团里的演出。笔者通过采访得知，此次声部的调配令何克宁欣喜万分，自小热爱粤曲的他，终于可以用拉弦乐器来伴奏粤曲和演奏广东音乐了。出于对弦乐的热爱，除了中胡演奏，私底下他也经常勤奋练习其他各种拉弦乐器，特别是广东音乐的主奏乐器——高胡。何克宁可谓沉迷于高胡的演绎，夜以继日地刻苦钻研高胡的演奏技巧。团里排练演出的时候，他经常细心观察前辈演奏高胡，并不时向他们请教，随着时间的推移，何克宁的高胡演奏技能逐日提高。

何克宁开启高胡演奏的生涯，源于一次录音。当时曲艺团正参与太平洋影音公司筹备出版广东音乐专辑的录制工作，录音时，高胡领奏迟迟无法跟上，鉴于录音费用昂贵，时间紧迫，通过领导商议和同事的举荐，何克宁尝试进行领奏部分的录音，结果演奏一气呵成，录音工作顺利完成，他也得到了领导和录音师的一致肯定。自此何克宁被安排到高胡声部，他的名字很快就在广东音乐圈内传开了，前来找他演出和录音的人越来越多，其高胡的演奏技艺也不断提高。这次偶然的录音经历给了何克宁高胡演奏扬名的机会，对他的高胡演艺生涯有着里程碑式的意义。

20世纪80年代末，由于曲艺团的一些高胡演奏家定居国外、退休离团等，何克宁正式接班高胡首席的位置。1994 年，何克宁与汤凯旋、黄鼎世、刘国强、叶建平组成了"五架头"。他们参加广东音乐国际研讨会，并在会上演奏《双声恨》，技惊四座，反响甚大，何克宁的演奏得到了众多专家的肯定和好评。研讨会上的出彩表现，使得何克宁更加坐稳了在广东音乐曲艺团中高胡首席的位置。

艺术成就

（一）获奖

何克宁在广东音乐的演奏与创作方面，曾荣获不少奖项。如获第四届羊城音乐花会广东音乐邀请赛一等奖；获首届省港澳广东音乐"威力杯"邀请赛专业组"表演优秀奖"等，具体奖项如表 1 - 1 所示。

表 1 - 1 何克宁作品获奖情况一览表

作品名称	时间（年）	奖项	备注
《虎跃龙腾》	1987	第一届广东音乐创作大赛三等奖	何克宁首演
《双星恨》	1993	首届省港澳广东音乐"威力杯"邀请赛专业组"表演优秀奖"	何克宁高胡领奏
《落叶归根》	1995	首届广东音乐新作大赛三等奖	何克宁首演
《春满羊城》	1996	第二届广东音乐创作大赛一等奖；第二届广州文艺奖二等奖	何克宁首演
《荔湾琴趣》	1996	第二届广东音乐创作大赛二等奖	何克宁首演
《夕阳红》	1999	第三届广东音乐创作大赛三等奖	何克宁首演
《云山皓月》	2003	第四届广东音乐创作大赛二等奖	何克宁首演

何克宁曾自我评价道："我的创作纯属业余性质，没有像专业作曲家那样正式进修过，我都是通过看书来学习的，再综合自己长期在乐团里演

奏和工作的经验,作曲大部分是通过感性认识来达到理性认识。"[1]何克宁强调,多年演奏经验的累积为他的创作带来了灵感并起到重要的作用。1987 年,广州市音乐家协会举办首届广东音乐创作大赛,何克宁以此为契机开启了创作之路,最终以一首吹打乐作品《虎跃龙腾》获得了此次大赛的三等奖。作为业余的创作者,作品取得成绩,对何克宁来说是莫大的肯定和鼓励,这促使他激发创作潜能,钻研音乐理论,积极向同行请教,积累宝贵经验,在自己原有的演奏经验的基础上,在作品的题材、体裁、技法、表现手法等方面不断进行大胆尝试和努力,写出了大量优秀的广东音乐作品。

(二)舞台表演

多年来,何克宁随曲艺团在北京、上海、哈尔滨、广东、天津、香港、澳门等地演出达千余场,身体力行、不遗余力地传播广东音乐。2003 年,何克宁在广州和顺德两地成功举办了两场名为"情系粤乐——何克宁高胡演奏暨作品音乐会"的个人音乐会。音乐会内容丰富,共演奏了 18 首乐曲,形式也十分多样,有软弓组合、硬弓组合、四重奏、合奏、独奏等,为观众献上了一场听觉与视觉的盛宴。其中,传统曲目有《孔雀开屏》《走马》《雨打芭蕉》《双声恨》《鱼游春水》《汉宫秋月》等;原创作品有《春满羊城》《落叶归根》《荔湾琴趣》《夕阳红》等。何克宁表示音乐会是对自己的演奏和作品的总结,不仅在创作上追求创新,在高胡的演奏上更是寻求突破。如对于《鸟投林》中鸟鸣的演奏,何克宁在刘天一的鸟鸣技法基础上,创新地将其发展为百鸟鸣叫;在表现形式上,将作品《夕阳红》的伴奏乐器由扬琴改为钢琴,通过钢琴的音色和伴奏织体,使中胡的演奏更加饱满,实现了中西合璧;大胆采用男女声合唱的纯人声伴奏形式表演《平湖秋月》《醉月》《月圆曲》三首作品,突出作品优美的旋律,表现柔和优雅的意境……

之后,何克宁参加了广东音乐曲艺团名为"东方天籁"的广东音乐精品音乐会,并在世界各地进行巡回演出。2009 年,曲艺团赴奥地利维也纳金色大厅举办专场音乐会;2010 年 9 月 18 日至 26 日,何克宁应波兰克拉

---

[1] 笔者于 2016 年 5 月 6 日采访何克宁老师记录。

科夫皇家首都乐团的邀请，随曲艺团赴波兰8个城市进行了9场巡回演出，以《娱乐升平》《旱天雷》《步步高》《彩云追月》《惊涛》《月圆曲》《昭君怨》等作品赢得了观众的喜爱和喝彩。数十年来，何克宁跟随广东音乐曲艺团多次远赴国外演出，足迹遍布英国、瑞典、法国、比利时、澳大利亚、德国、波兰、奥地利等国家，在世界各国的舞台上奏响广东音乐，为传播广东音乐起到了重要的作用。

何克宁既继承广东音乐传统风韵，又敢于融入时代的审美情趣，与时俱进、不断创新，使广东音乐为年青一代所接受，推动了广东音乐的传承和发展。他不仅在国内传承广东音乐，而且将广东音乐带到世界各地，提高了广东音乐的海外影响力，对广东音乐在海外的传播也起到了积极的作用。

（三）演奏专辑

何克宁参与录制的广东音乐演奏专辑甚多。由太平洋影音公司出版的《广东音乐精品演奏专辑》第一辑至第十二辑中都有何克宁的演奏作品，其中最有影响力的是《南风》《粤韵》这两张演奏专辑。

《南风》《粤韵》主要收录了《娱乐升平》《步步高》《雨打芭蕉》《柳浪闻莺》等三十首广东音乐的经典名曲，何克宁担任高胡领奏。此次的录制工作由中国国家一级录音师李小沛负责。作品的重新编配工作由星海音乐学院李复斌教授负责。何克宁介绍道："《南风》与《粤韵》两张唱片的整个制作过程历时一年多，经过多次讨论，对作品精挑细选并交由李复斌指挥进行重新编配，通过曲艺团长期的排练、修整、磨合，使这些传统的广东音乐焕发新的生命力。"[①]

2016年9月9日上午，《南风》《粤韵》的发布暨欣赏会在广州白云国际会议中心举行，发布会现场云集了各大媒体记者、广东音乐界行家、广东音乐爱好者等。何克宁与曲艺团其他演奏家在现场为大家献上了一场视觉和听觉的盛宴，并当场进行签售。唱片所选曲目皆为传统的广东音乐作品，在保留广东音乐的旋律和韵味的基础上，通过借鉴西方的配器手法，结合具有现代审美特征的表现手法，力求音响效果的完美呈现，每一首作

---

① 笔者于2016年5月6日采访何克宁老师记录。

品都十分具有震撼力。同时，还将广东音乐特有的传统乐器椰胡、二弦、竹提琴、秦琴、喉管等以独奏或合奏的形式纳入唱片，展现了广东音乐独特的个性魅力。

《南风》《粤韵》这两张广东音乐高品质数字化录音作品的出版发行，受到了广大音乐爱好者的喜爱，不仅在广东地区有很好的反响，而且在东南亚地区也受到了热烈追捧。在香港高级音响展推广期间，两百余套唱片很快售罄；在广州国际高级音响展中，《南风》《粤韵》现场签售五百套，销售额破十万，创造了历届展会单品销量纪录，《南风》《粤韵》荣获了该年度最佳 LP 黑胶唱片奖，《南风》更是荣获该年度十大发烧唱片奖。何克宁认为，唱片业的传播力大，传播面广，是发扬广东音乐的重要途径，为广东音乐的传承和发展起到了重要的推动作用，只要有需要，自己一定会继续参与唱片的录制，为弘扬广东音乐贡献自己的力量。

（四）创作特点

首先，何克宁的作品注重题材的选取，立意明确，多趋向于表现当代人们生活的精神面貌、人文思想等，内容丰富，对比明显，篇幅结构较大，力度变化突出。他善于使用新技巧表现新时代，在作品中对演奏技法和表演形式大胆创新，采用多样化的乐器组合和演奏形式，使表现手法与作品所表现的音乐形象相吻合。如大合奏的《春满羊城》，何克宁在作品中引进百鸟鸣叫的演奏技法，用鸟鸣表现春意盎然、万物生长的积极向上的情绪。创新性地使用"恭喜发财"的粤语发音为语汇动机，将其发展成作品的旋律，并不断创新高胡的技法，用鸟叫声模仿"恭喜发财"的发音，为作品增添了活泼生动的情趣。《春满羊城》的旋律明朗舒畅，朗朗上口，受到粤曲平喉演唱家梁玉嵘的喜爱。2002 年五四青年节，在大学举办的"广州之夜"文艺演出上，梁玉嵘为莘莘学子演唱了由蔡衍棻填上新词的《春满羊城》，该作品亦获得了广州市市政府颁发的文艺奖。

其次，何克宁善于用乐器的音色塑造音乐角色，如作品《夕阳红》，用夕阳红寓意老年人形象。乐曲并非感叹人老力不从心，而是表现随着社会环境的改变，大多数老年人和年轻人一样，思想活跃、享受生活，用乐观心态迎接美好生活。在这一创作思想的指导下，何克宁放弃音色高亢明亮的高胡以及音色不够深沉的二胡、太过低沉的椰胡，选用平和优美的中

胡作为独奏乐器表现出想要的音乐形象，犹如老年人在诉说着往事，赞叹生活的美好。作品色彩温和，中胡的音色与角色设定相吻合，深化了"夕阳红"的主题。

高胡演奏技法特点

高胡的演奏艺术发展至今，形成了丰富的演奏技法，如运弓、装饰音、加花、滑音、快速换把、揉弦等。何克宁在继承前人演奏技法的基础上，经过不断总结创新，形成了独具个人特色的演奏技法，最具代表性的有"百鸟鸣叫"技法、回旋滑音技法等。

（一）"百鸟鸣叫"技法的创新与运用

"百鸟鸣叫"是何克宁最具代表性的演奏技法之一，是在继承刘天一的单一鸟鸣的基础上创新发展而来的，是以高胡演奏表现群鸟雀跃、飞翔鸣叫的音乐形象的演奏技法。此技法主要通过左手上下滑音和打音，右手变换频率推拉控制弓，二者配合进行演奏，速度的快慢则表现鸟儿数量的多少，力度的强弱则表现鸣叫音量的大小。

1. 《鸟投林》演奏技法的继承

作品《鸟投林》是易剑泉于 1931 年创作的一首广东音乐，乐曲旋律明快，清新优美，以生动的鸟鸣描绘了夕阳余晖下百鸟归巢的景象，表现归鸟自由飞翔和欢愉雀跃的形态，妙趣横生，引人入胜。起初，高胡演奏家苏荫阶和吕文成在演奏这首作品时，使用灌水的陶瓷小鸟玩具吹奏出鸟叫的声音，为表演增添了趣味性；高胡演奏家刘天一经过反复摸索后，创造性地利用高胡音色清脆明亮的特点模仿鸟叫，通过左手在高音区上下滑动按弦以及较为自由的节奏安排，将鸟鸣演绎得十分真实，取代了前人的演奏形式，大大提升了高胡的演奏技法，为作品添彩不少。刘天一的演奏堪称经典，逐渐成为高胡演奏者模仿的版本。何克宁也不例外，作为刘天一的学生，他全面继承了刘天一对这首作品的演绎技法，尤其在演奏鸟鸣上深得他的精髓，将鸟儿生动活泼的情趣体现得淋漓尽致。

2. "单一鸟鸣"发展为"百鸟鸣叫"

"百鸟鸣叫"的演奏技法是何克宁在继承刘天一"单一鸟鸣"演奏技

法的基础上发展而来的。何克宁告诉笔者："通过对作品《鸟投林》进行反复解读和斟酌，可知'鸟投林'并非对一两只归巢鸟儿的描写，而是描绘自然环境中动物在自然规律下的一种集体性行为，在音乐形象上应是表现群鸟归巢的场面。所以在技巧方面应极尽发挥，并且用明朗、跳跃速度较快的表演形式来表现鸟儿的灵活生动。"[①] 这一更深层次的理解，促使他开始思索如何提高演奏技法来表现百鸟鸣叫的意境，并经过反复推敲，开始进行尝试。笔者将刘天一与何克宁发展的演奏版本进行对比分析，发现何克宁主要通过以下三个方面发展演奏技法：

第一，音色方面。在音色的处理上，刘天一的演奏发音清亮、稳定，力度均匀，鸟叫声持续，刻画了鸟儿灵活生动的形象；何克宁的演奏发音讲究虚实结合，体现力度的强弱对比，通过音色变化将鸟儿一静一动的神态以及忽远忽近的空间感表现出来，动静结合的音色处理更加突出了作品音乐形象的别有情趣。

第二，演奏技法方面。首先，左手音区扩大，在演奏滑音时，何克宁的幅度较之刘天一演奏版本的幅度偏大，并突破高胡的音域极限，频繁在最高音区模拟鸟叫声，表现出小鸟叫声的灵活性。其次，左手快速进行打音处理，在滑音的过程中加入了打音的效果，左手用一根手指负责滑动，用其他三根手指进行不同频率的打音，并加快滑音的速度，顿时将群鸟飞翔的场面勾勒了出来，而刘天一的演奏没有运用打音技法，为单一的上下滑音演奏。最后为运弓的配合，何克宁在右手的运弓频率上进行变化，与左手相互配合，从刚开始的"一弓一鸣"到"一弓多鸣"，再到"多弓多鸣"，分别表现为独鸟发音、双鸟对话、群鸟齐鸣，进一步刻画出百鸟鸣叫的生动场面；而刘天一版本多为"一弓一滑"并重复演奏，最终以颤弓的方式结束，左手从高音往低音远距离滑动，形成持续性鸟鸣，表现力稍弱。

第三，作品意境方面。刘天一模仿鸟鸣演奏时，为单一的上下滑音，且声音持续时间较长，运弓的速度与力度对比不强烈，音乐形象显得比较单薄；而何克宁通过利用滑音的短促和高音区的音色表现小鸟灵活生动的

---

① 笔者于2017年3月17日在广东音乐曲艺团采访何克宁老师记录。

音乐形象，力度的强弱对比及运弓的频率突出了画面的层次感。在整首乐曲的表现上，何克宁较之刘天一加花更为密集、旋律更为跳跃灵动、感情基调更为明朗。

技法的改革使人们一听到乐曲，脑海中便呈现出一幅鸟语花香、生机勃勃的画面。何克宁用高胡演奏《鸟投林》，勾画出了动静结合的音乐形象。何克宁的演奏既有继承，又敢于突破和发展，意境鲜明，形象生动，将百鸟鸣叫表现得淋漓尽致，这在演奏技法上又是一大飞跃。

3. "百鸟鸣叫"拟人化的创新——以《春满羊城》为例

创新推动发展，何克宁在音乐创作中充分发挥自己的艺术形象思维，将对百鸟鸣叫的想象植根于作品中，并进行了拟人化运用，使百鸟鸣叫的技法进一步得到创新发展。在其作品《春满羊城》中，他巧妙地使用鸟叫声模仿人声说话，充满情趣。

《春满羊城》是何克宁创作于 20 世纪 90 年代的广东音乐曲目，用"春"象征万物复苏，展现欣欣向荣的美好生活景象。作品为快板、慢板、再现快板的结构，运用广州人经常挂在嘴边的新年祝福语——"恭喜发财"的粤语发音作为语汇动机，以 3、2、1、5 四个音构成主题旋律。慢板中段转调后，拉弦乐和弹拨乐的声部保持主题旋律的伴奏音型，创新性地通过高胡演奏模仿鸟鸣，达到广州话"恭喜发财"谐音的音响效果。笔者通过向何克宁学习，总结出了《春满羊城》中鸟鸣的高胡演奏技法：首先在高胡的最高把位，寻找"恭喜发财"的广州话发音音调进行模拟演奏，四个鸟鸣音呈下行走向，第一个音滑奏，中间两个音用外弦拉奏，最后一个音在内弦发音，没有固定的音高概念，靠演奏者模拟发音演奏广州话"恭喜发财"；其次进行对话式鸟鸣演奏，速度由慢到快，接着用"百鸟鸣叫"的技法体现群鸟雀跃枝头报喜的景象；最后以鸟儿的鸣叫带动其他乐器进入快板主题的合奏，象征着美好的生活。

作品表达了喜庆欢愉的情绪，"恭喜发财"拟人化发音的鸟叫声，将音乐的形象塑造得更为深刻，成为整部作品的点睛之笔。

（二）回旋滑音的演奏技法及其作用

1. 回旋滑音的演奏技法

回旋滑音是何克宁独创的演奏技法，指的是在不超过音符上下小二度的音程内轻轻来回滑动的指法。从外表观察，手指在按音前轻微打转了一下，最终回到音符，没有太大的动作，属于单音音符的滑音演奏指法。

高胡的其他滑音技法在高胡演奏中同样重要。如三度上下滑音、同度换弦滑音、大滑音、三度回滑音等。这些滑音起到连贯两音的作用，美化音与音之间的连接，在作品演奏中运用得非常多。通过手腕超前、手指置后的方式，带动手指做不同幅度的上下滑动的动作，使音色表达更为婉转深情，旋律更为流畅优美，起到修饰音符、旋律，突出情感的作用。何克宁认为，一个音符本身同样需要润饰，故独创了回旋滑音这一演奏技法。

回旋滑音与敲锣的演奏方式有共通之处。敲锣者左手控制锣的松紧，决定锣的声音的空间度，捏锣的力度越大，手指与锣的接触面越紧，则敲出来的声音显得死板且短促，没有余音；如果只是将锣自然搁于手指上，则锣声势必共鸣大且音波长，余音久远。这就如同高胡演奏中用手指直接按弦发音和演奏回旋滑音的区别。直接按弦发音，落指果断，音色干净、厚实，用于表达坚定、明朗、高亢的情绪；演奏回旋滑音，则是在落指按音前先做一个小回滑，突出音色的共鸣，产生余音回旋的效果，更适合表现委婉、含蓄、柔和的情绪和意境。回旋滑音的技法大大加强了音色的空间感，同时加强了音色表达的音响效果，起到了润饰音色的作用。

2. 回旋滑音技法在作品中的作用

下面以作品《雨打芭蕉》为例分析回旋滑音技法的运用为作品表达所起到的不同的润饰作用。

第一，起到了美化音色的作用。回旋滑音最直接的作用就是美化音色，使声音更加柔美、圆滑，自然地融入乐句中，避免音色生硬、死板。何克宁在作品第二小节和第五小节的第一个"1"音处使用了回旋滑音技法，使发音听起来更加柔和、婉转，符合作品发展的旋律美要求，避免了用手指直接触弦按音，导致发音僵硬，使音符失去色彩的情况。音色的柔美委婉，促使作品从一开始就充满岭南风情，优美动听。

第二，起到了听觉连贯的作用。何克宁经常在乐句与乐句的衔接处使用回旋滑音技法，使作品旋律的音响和情感紧密相连，产生一种听觉上的连贯性。何克宁在作品第十三小节的"5"音和第二十三小节的最后一个"3"音处使用了回旋滑音技法，这两个音都是乐句的第一个音，且时间较

短，与前一句乐句较为紧密，有似断非断之感。回旋滑音的处理能避免直接按弦发音的突兀感，满足了听觉连贯性的需要，使乐句间的衔接更为自然，旋律更加流畅动听。

第三，起到了延续意境的作用。运用回旋滑音不仅能润饰音色、美化旋律，还能营造余音回响之意境。何克宁在作品的第十一小节和第二十一小节的第一个"5"音处使用了回旋滑音技法，前面两小节的顿音描写的是雨滴落在芭蕉叶上的音响效果，这里的"5"音是前面旋律的延续，产生了雨持续滴落在芭蕉叶上的音响效果，营造出雨滴声回响的氛围，融入整首乐曲的情绪中，体现出了雨打芭蕉的意境美。

（三）力度多变的运弓特点——以《饿马摇铃》为例

右手的运弓力度同样影响着音乐形象的塑造。何克宁善于运用弓的强弱对比，有张有弛，丰富音色和情感。下面以作品《饿马摇铃》为例，分析挖掘何克宁运弓力度的多变性。

1. 通过力度变化表达作品的情感意境

作品《饿马摇铃》表现的是一种临战前马躁动不安的情绪，映射了战士赴死前的心态，不仅仅描绘了饿马摇铃的形象状态，更传达出了一种略带悲壮的情感意境。在对心态情境的描写上，何克宁通过强弱的对比，在旋律的力度表达上进行细腻雕琢，刻画出了饿马摇铃的深刻形象与战士临战前躁动不安的心理活动。

在这首作品的演绎中，何克宁通过调整运弓的位置、长短、速度、强弱，深刻地描绘了战士迎战时的复杂心情。

作品的第一个大乐句共分为三个小乐句，演奏的力度从弱开始，到第二句为中弱的力度，发展到第三句则为中强，力度的递进使乐句的情感层层深入。除此之外，作品还特别强调旋律走向的渐强和渐弱处理，使旋律的力度表现富有张力。第五小节之后的旋律是前面第一个大乐句的重复，为前面旋律的持续发展，整体力度从中强开始，较之前面的乐句力度更强，情感表达更浓烈。从以上对乐句的分析可知，在整首作品的处理上，何克宁利用运弓力度的多变性，表达了细微的情感变化，深度刻画了音乐形象。

2. 通过不同的运弓方式体现力度的多变性

何克宁主张在作品《饿马摇铃》中运用不同的运弓力度，使旋律呈现强烈的对比，以表现不同的情感。通过调整运弓的位置、长短、速度、强弱，从而表达不同的情感。通过与黄日进演奏版本的对比，可充分挖掘何克宁运弓的方式。

第一，通过不同的运弓位置调整旋律的走向。高胡运弓可分为前半弓、后半弓、中弓、全弓等，不同的运弓位置有不一样的力度效果，在乐曲的表达上产生强弱对比。在作品的一些旋律中，出于"音高而强，音低而弱"的自然音符情绪表达的需要，运弓位置在后半弓和全弓之间来回更换，使旋律在弱的力度上流畅进行并渐渐增强。相较何克宁，黄日进在同一旋律的演奏中，运弓位置倾向于全弓与中弓的结合，运弓以连贯为主，力度变化不大，形成流动性的旋律走向。何克宁讲究不同位置的运弓，后半弓到全弓的运弓处理，使力度从弱到强，推动旋律从低音往高音发展，形成了乐句从低往高的听觉走向，表现出了旋律逐渐增强的张力。

第二，通过运弓的长短表现节奏的强弱。在作品连续出现节奏相似的旋律时，何克宁通过不同的运弓长短，使旋律和节奏形成强弱对比。在前半句使用顿弓，发音弱而短，后半句运用长弓的顿音演奏方法，运弓速度快，断奏中有连贯的感觉，使同样节奏型的音符产生不一样的效果，表现出了旋律的律动感和节奏的强弱对比，情感色彩丰富。同为顿弓演奏技法，且节奏型相对统一，黄日进在这段演奏中运用力度为弱的顿弓处理，推拉弓的长度较为统一，使情感拘束在一定范围内，为后续旋律的出现起到了铺垫的作用。

从作品第十六小节开始，何克宁将原谱上的四分音符演奏成八分音符的效果，运弓短且轻，使音与音之间有短暂的停顿感，留有气口，强调乐句之间的"呼"与"吸"，情感表达较为内敛。接着运用长弓演奏以长音节奏为主且乐句语感连贯的旋律，与前面的旋律形成强弱对比，情感变化丰富。黄日进则采用滑音的方式将音与音连接起来，在乐句气口的地方不停顿，运弓长且连贯，与后面的乐句连接起来，产生情感不断流露的效果。

第三，运弓的力度强弱变化表现出不同的情感。《饿马摇铃》的旋律

反复两次，对这两次旋律，何克宁和黄日进的处理方式亦有不同。黄日进在作品两次反复中，运弓的力度比较平稳，两次的情感较为统一，体现出了情感的连贯性。何克宁在第二次演奏的过程中，运弓的整体力度比第一次要强，为了将第一次主要表现临战时马与战士躁动不安的悲壮情绪，演变成捐躯赴难的决心，何克宁在演奏速度上第二次也比第一次稍快。通过运弓力度的增强，速度的跟进，使第二次的整段旋律表达更为流畅连贯，情感较第一次更为浓烈，层层叠加，使听觉体验上升到情感激荡。可见，运弓的力度影响着情感的表达。

通过对两位老师演奏《饿马摇铃》的比较，可见运弓的力度变化影响着作品情感的表达。黄日进的演奏突出了运弓的连贯、平稳的力度和统一的情绪表达；何克宁对运弓的技法处理突出了其运弓力度多变的特点，善于通过力度的变化塑造不同层次的音乐形象，并调整运弓的位置、长短、速度等，形成演奏中的强弱对比，使作品情感丰富多彩。

高胡演奏风格

数十年的演奏经验和人生阅历，使何克宁集众家之所长，融会贯通，形成了委婉含蓄、情韵融合的个人演奏风格。具体表现为声腔化的韵味和以内容为据的情感表达。

（一）声腔化的韵味

声腔，是指有一定渊源关系的某些剧种所具有的有共同音乐特征的腔调，包括与腔调密切相关的唱法、演唱形式、使用的乐器与伴奏手法等因素。何克宁认为，粤曲的唱词使用粤语，发音随音韵变化，而广东音乐的旋律亦受到粤语声韵的影响，天生就带有浓郁的粤味。将粤曲唱腔艺术的某些重要特征和韵味融入高胡的演奏中，可以使高胡演奏具有声腔化的韵味。

1. 声腔韵味来源于粤曲唱腔

何克宁认为，广东音乐和粤曲都以粤语声韵为基础，具备相同的风格韵味，二者有许多共通之处，可以互相交融、借鉴。粤曲的演唱讲究"腔随字转"，即歌词的声韵影响唱腔的设计，声为声母，韵为韵母，声韵代表着字的发音和收音，也就是唱腔的咬字。根据多年的乐曲伴奏经验，何克宁强调，想要伴奏好粤曲必须做到"依腔而伴"。粤曲的演唱随粤语的发音习惯，经常出现一些语助词，经过语助词的修饰，粤曲的唱腔发音呈曲线发展且婉转圆润，最大限度地体现了粤曲唱腔的韵味。而高胡伴奏需要最大限度地模拟唱腔的发音，使高胡的音色紧贴唱腔，起到美化、衬托的作用。何克宁将粤剧伴奏的手法总结为"齐、随、补、托"四种，也有学者归纳为"引、连、补、裹、托、齐、清、跟、跳、追"十种①。但万变不离其宗，所有的伴奏手法都是为了模拟唱腔，更好地为唱腔服务。何克宁的粤曲伴奏手法娴熟，为声腔化的韵味融入广东音乐的演奏中奠定了很好的基础。

2. 对粤曲伴奏手法的借鉴

何克宁熟悉粤剧中的梆簧体系，将各种伴奏技法富于创造性地渗透到广东音乐的演奏中，极大增加了广东音乐的韵味。借鉴粤曲唱腔中的"一音多韵"，何克宁通过加花、滑音、揉弦、装饰音等演奏手法，将粤曲中模拟唱腔的伴奏手法延伸到高胡的演奏上，把粤曲的韵味精髓转移到广东音乐中，起到美化旋律、增强韵律感的作用，使广东音乐的旋律显得更为平缓舒畅，流动优美，灵活多变，韵味纯正。笔者认为，何克宁通过对粤剧唱腔的借鉴，适当运用其伴奏手法，实践于高胡的演奏中，以唱腔的气息更换点作为广东音乐的乐句气口，经高胡的演绎将广东音乐在弦上"唱"出来。通过"声腔器乐化"再到"器乐声腔化"的过程，以情带曲，声情并茂，使广东音乐的演奏富有韵律感和声韵美，丰富了地方色彩和韵味，体现了广东音乐独特的魅力。

（二）以内容为据的情感表达

何克宁在演奏广东音乐时，注重根据作品内容、情感的需要，对音色的演奏提出相应的要求。通过运用音色的多变性和包容性来塑造音乐形象，深层次地诠释作品。

1. 运用音色的多变性诠释作品

何克宁在演奏中，讲究在相近的同音之间，用不同的演奏手法突出音

---

① 关家鸿. 试谈粤曲音乐伴奏法的定义 [J]. 南国红豆, 2002 (2): 19–21.

色的变化，认为音色的美存在于变化之中，正是因为音色的变化处理使整部作品听起来富有流动性。通过不同音色的对比，丰富了听觉上的效果，得到了整体听觉平衡的美感，我们可结合作品来感受其音色演奏的多变性。

（1）以作品《昭君怨》为例。

根据作品情感表达的需要，何克宁用不同的音色表现手法提高作品的艺术性。如《昭君怨》第一小节至第二小节的第一拍是全曲的引子，暗示着这首作品的情感基调。乐曲开头的三个"2"音为自由拍子，何克宁对每一个"2"音都作了不同的处理。第一个"2"音，左手先由"3"音轻滑至"4"音，再从"4"音滑向空弦"2"音，滑音过程速度较快，力度较轻，右手持弓发音时初速度快，仿佛是昭君对自己命运的叹息；第二个"2"音，直接从"4"音下滑至"2"音，持弓平稳拉奏，表现昭君空洞、呆板的神态；第三个"2"音，从前面"4"音不间断地滑至"2"音的时值，形成"242"连续滑音的音响效果，拖长了"2"音的情感节奏，滑音过程速度稍慢，弓速缓慢，力度由弱到强，以表达昭君内心的苦涩。三个音的不同音色对比，表现了昭君作为女子出塞的无奈心情，强调"怨"字，将昭君怨恨、无奈的情绪表达得淋漓尽致。如果这三个"2"音都使用同样的演奏方法，则显得单一空洞，毫无变化，缺乏艺术感染力。

（2）以作品《饿马摇铃》为例。

乐曲开头出现连续三个"2"音，为了避免音乐表达过于单一，何克宁通过运用内外同度换弦、滑音、装饰音，使三个"2"音的音色不同。在第一个"2"音处作空弦处理，表现饿马站立不动的状态；第二个"2"音则用内外同度换弦加滑音的方法，从内弦的"1"音滑至"2"音，使音色从外弦空弦自然过渡到内弦，将饿马摇铃的动作刻画得"活灵活现"；第三个"2"音使用外弦拉奏，在音符前加入"43"两个倚音作装饰，以明亮、坚定的音色勾勒出饿马备战的饱满精神状态。音色的细腻铺排和处理，使音符的色彩变化丰富，塑造了"饿马摇铃"灵活生动的音乐形象。如果是三个重复的"2"音，则演奏形式单一，表现手法单调，音色就会一成不变、死板僵硬、毫无生气，与作品内容不符，缺乏艺术情感。

2. 运用音色的包容性塑造形象

何克宁将音色作为表现手法，使之正确表达音乐内容和情感，体现音乐风格，塑造音乐形象。下面以《步步高》和《平湖秋月》为例进行分析。

（1）以作品《步步高》为例。

《步步高》是一首极具特色的粤乐名曲，吕文成在创作中大胆借鉴西洋音乐的节奏和旋律，采用乐语重复、模进的手法，使此曲的节奏铿锵有力，情感轻快明朗，情绪激动高昂。作品的第二次反复从 G 调转到 C 调，调性的变化使音乐具有爆发力，表现出积极向上的活力。谱例中的旋律，何克宁在演奏"5"音时，全部使用外弦空弦的指法，使音色明亮坚定，表现了明亮的音乐色彩。

在演奏这段旋律时，何克宁右手持弓力度逐渐加大，弓速加快。随着运弓从短到长的变化，使乐曲的旋律线条层层加大，情绪逐步递增。左手按弦力度集中，装饰音跳跃，所有滑音速度较快，坚决稳健。铿锵有力的音色体现了此曲明朗轻快的情感，塑造出奋发上进的音乐形象。

（2）以作品《平湖秋月》为例。

《平湖秋月》是一首借景抒情的作品，乐曲旋律流畅，清新秀美，感情细腻，具有很强的抒情性和歌唱性。在音色的塑造上，何克宁力求以柔为美，讲究乐句与乐句之间的连贯性；要求右手运弓平、长、慢、顺，均匀地与琴弦产生摩擦，换弓无痕迹，运弓力度随着旋律走向起伏变化，力求发出柔美明亮的音色；左手在长音上，使用歌唱性揉弦，运用三度音程滑音时，利用手腕带动手指上下进行滑音，使发音纯净、清晰、准确、优美，帮助欣赏者联想到月色柔和、优美幽静的西湖美景，感受到对美好生活的憧憬和向往。

何克宁将自己对乐曲的理解融入乐曲的演奏，通过出色有效的音色表现，使欣赏者与演奏者产生情感共鸣。曲调或刚劲明亮，或悲凉黯淡，或热情奔放，或婉转柔和，美的音色总是充满感染力，使人得到听觉上的享受。

（三）与其他高胡演奏家比较

演奏家风格的形成往往与个人经历、艺术实践、思想境界及审美观念等相关，演奏风格能反映演奏家的个性特征。为了更加深入地探究何克宁的演奏风格，笔者试着将何克宁的演奏特点与两位出色的高胡演奏家甘尚时、卜灿荣的演奏特点进行微观和宏观的比较，以期得出更全面的结论。

1. 何克宁与甘尚时演奏《醉月》的特点比较

甘尚时，著名高胡演奏家，一生致力于高胡的演奏、教学以及学术研究，培养出了一批批优秀人才。甘尚时的演奏更倾向于学院派的风格，是学院派中比较有代表性的演奏家，与长期在曲艺团里研究演奏的何克宁既有共同之处，也有不同之处，下面笔者以《醉月》为例分析比较两人在演奏上的异同。

（1）重声又重情的共同审美观念。

何克宁和甘尚时都善于利用音色来表达情感，在作品《醉月》的演奏中，两人的音色都以优美明亮为主，发音婉转细腻，表现月色的皎洁与美好，抒发愉悦的感情。通过对音色的处理，将"月随人行、月醉人痴"的意境在演奏中传递出来，毫无保留地将情感寄托在旋律中，充分展现了乐曲的意境美。两人既注重音色的表达，又看重情感的投入，在演奏上达成"重声又重情"的共同审美观念。

（2）演奏处理的不同之处。

作品《醉月》以明快、优美、流畅的旋律，表达了人们对明月的欣赏和感悟，使人忍不住在月下翩翩起舞。在乐曲演奏的技法处理、情感表达和表演风格上，何克宁与甘尚时则存在一些不同之处。

首先，在技法处理方面，两人各具特色。乐谱上呈现的音符都是基本的骨干音，经过加花、滑音、装饰音、运弓分配等技法的润色，音符与乐句得到美化，衬托出流畅优美的旋律线条。两人的演奏区别主要体现在对时值较长的音符的处理上：同一个二分音符的时值，甘尚时在演奏时，运弓为长弓且一弓拉奏整个音符，按指以揉弦为主，持续两拍，平稳流畅；而何克宁则将时值拆分为一个四分音符和两个八分音符的节奏组合，运弓方式变成了分弓，左手使用回滑音的装饰手法，流动跳跃。从谱例中可以看出，何克宁将长时值的音符通过回滑音、装饰音的润饰和节奏的填充，使乐句富于律动；甘尚时则在长音的节奏上使用揉弦衔接音与音，音乐柔美连贯，在《醉月》中有很多类似的节奏处理。何克宁和甘尚时不同的运弓和装饰的手法，使作品展现出不一样的情感色彩。甘尚时的长弓和揉弦手法表现出了旋律的连贯优美，而何克宁的分弓处理和回滑音装饰则突出了旋律的律动感。

其次，在情感体验方面，两人都有不同的侧重点，具体表现在运弓和发音上。甘尚时的运弓饱满有力，弓毛紧贴琴弦摩擦，换弓无痕迹，发音干净清亮，左手注重揉弦的使用，且频率较为平缓，不急不躁，音色清新脱俗，演奏朴实、亲切；何克宁运弓的弓速较快，高抬琴弓离开琴筒的换弓方式使运弓富有弹性，左手注重加花、滑音和揉弦的交替使用，左右手的配合使发音既清脆又灵巧，演奏既跳跃又连贯。笔者认为两人在保持作品轻快优美的基调上，均加入了自己对乐曲的不同理解：甘尚时倾向于用流畅优美的演奏表达心中对皎洁明月的欣赏和赞叹，感悟对美好生活的喜悦心情；而何克宁更侧重于用灵动跳跃的演奏来表现人们伴着月光翩翩起舞的美好景象，抒发了内心的欢乐。

最后，在表演风格方面，何克宁和甘尚时亦有不同。由于对运弓、加花、滑音等方面的处理方式不同，两人所表现出来的整体表演风格各有特点：甘尚时运弓饱满有力，按指平稳，音色纤细柔美，表现出了平静悠扬的旋律美和赞美之情，他在表演上倾向于规整、严谨的风格，面部表情和体态律动较为平静；何克宁的运弓则跳跃有弹性，加花和滑音使旋律灵巧流动，音色圆润甜美，律动感强，他在表演上倾向于放松、自由的风格，演奏体态具有动感。

2. 何克宁与卜灿荣演奏《鸟投林》的特点比较

卜灿荣，著名高胡演奏家，曾创作出一批闻名全国的富有岭南乡土色彩的广东音乐，代表作有《出海》《飘色》《猴戏》《红豆飘香》《荔枝湾》《花灯》《小鸟天堂》《乡情》《莲》《过年》等，其作品获得了广东音乐创作大赛的各级奖项。卜灿荣是一位作品成果颇多，演奏风格鲜明独特，演奏经验丰富的艺术家。

何克宁与卜灿荣都精通粤剧的唱腔设计，并且都有较高的艺术造诣，在高胡的演奏上都受粤剧、粤曲的影响，却各有不同。对于作品《鸟投林》的演奏，何克宁采用的是五架头的表演形式，卜灿荣则采用乐队伴奏的形式，从直观体验上来说，卜灿荣相比何克宁，音响层次更为丰富，听觉效果更让人震撼。除了伴奏形式的差异，二人在演奏风格、演奏技法、情感表达等方面亦存在很多不同。

（1）演奏风格。

首先，在整首作品的演奏速度方面，卜灿荣相较何克宁的演奏要快，共缩短半分钟左右，且节奏较为活跃、鲜明，充满新鲜的时代感，何克宁的演奏节奏则较为平稳，显得怡然自得。

其次，在乐曲强弱的对比方面，卜灿荣的演奏整体强弱力度对比不鲜明，较为统一，音乐形象整体性强，而何克宁讲究音与音之间、乐句与乐句之间、乐段与乐段之间的强弱对比，使旋律富于变化，音乐形象层次感强。

再次，在表演体态方面，卜灿荣从面部表情到手部动作都较为夸张，动感十足，无论是运弓还是按弦，动作幅度都较大，能有效调动观众的视觉体验；在模拟鸟叫声的演奏时，注重右手拿弓的高低，尽可能地将琴弓拿起来演奏，头部随着鸟叫声左右顾盼，表现鸟儿的动态神情，由此观众便可从视觉上感受到鸟叫声从四面传来，身临其境地体验作品所表达的百鸟归巢的音乐景象。相较而言，何克宁的表演则倾向于自然，体态动作轻微律动，在演奏百鸟鸣叫时，表情和动作相较卜灿荣稍显平静，观众能从外部表演上获取的音乐信息较少，更多是从音乐的音响效果去理解和感受作品。

最后，在音色的处理方面，卜灿荣的发音偏明亮且富有棱角，运弓多用全弓且较为饱满有力，音色常有弓头音的出现，按指坚决，表现出了鸟儿活力四射、扑翅飞翔的精神面貌。何克宁的音色则较为柔和圆润，注重音色的连贯性，使用不同位置的运弓方式表现力度的变化，音乐形象层次感强，色彩鲜明。

（2）演奏技法。

在作品演奏技法的处理上，卜灿荣与何克宁略有不同，具体表现在加花的手法、滑音的运用、鸟叫声的演奏等方面。

首先，在加花方面，卜灿荣的加花手法较为密集，有乐句开头的"冒头花"，乐句中的"插入花"，还有"前缀花""后缀花"等，加花的装饰使旋律富于流动感，节奏活泼跳跃。而何克宁的加花虽然包含了以上几种手法，但是运用次数较少，他更注重加花的繁简相间，以获得一种平衡的旋律美感。

其次，在滑音运用方面，卜灿荣在乐曲旋律当中频繁使用大滑音，且表现明显，时刻体现鸟叫的音乐氛围，大滑音使用的次数达到十一次之多。而何克宁仅有三个大滑音的润饰，乐曲旋律更注重对环境的描绘和情感的表达，滑音的频繁使用则在模仿鸟叫声中得到体现。

最后，在鸟叫声的演奏方面，卜灿荣运用弓的扣弦发音使鸟叫声的音色清晰明亮，演奏分为两个阶段，第一阶段为对单声鸟叫的模拟，为"一弓一鸣"的运弓方式，通过不同的强弱处理方式，表现不同方位的鸟叫声；第二阶段为对群鸟鸣叫的模拟，利用颤弓和高把位持续多指颤音的配合，将群鸟飞翔鸣叫的场面表现得活灵活现。何克宁的鸟鸣声演奏则充满层次感，通过三次快慢结合、强弱对比的运弓方式，以及虚实的音色处理，使单声鸟叫和群鸟飞翔鸣叫互相穿插，完美地诠释了鸟叫声的远近空间感。

（3）情感表达。

作品《鸟投林》主要描写的是夕阳西下，森林里百鸟飞翔，雀跃鸣叫的自然景象，象征着美好生活。卜灿荣在演奏中所表达的情感较为激荡活跃，积极向上，充满活力，这是因为其自小除主修高胡之外，还辅修钢琴、小提琴等西乐器，受西方音乐情感直接表达的方式所影响。卜灿荣在演奏中亦经常加入很多现代技法，使乐曲具有时代气息，更符合现代人的审美需求，也表达了年轻人对向往的生活的追求。而何克宁在演奏中则突出强弱对比，具有随性而为的惬意感，情感稍显悠闲，表达较为委婉，方式也比较传统，更像是一位经过岁月沉淀的老者，面对这一景象感叹生活的美好。

3. 何克宁与甘尚时、卜灿荣两位演奏家的演奏风格特征比较

何克宁在几十余年的艺术生涯中积累了丰富的实践经验，高胡演奏得到了专业人士的肯定与赞扬，高胡演奏家余其伟曾给予其极高的评价："何克宁今天成为一位优秀的演奏家，有几点因素是很重要的。其一，南国的城市、乡村生活，给予少年时代的何克宁艺术的心灵滋养；其二，除了广泛吸取名家演奏之长、以广东音乐为主攻目标之外，粤曲曲艺伴奏对

何克宁表演艺术的影响，可谓是巨大的；其三，何克宁善于用新技巧表现新的时代。"① 正如余其伟所说，每一位出色的演奏家，其风格的形成都受主观及客观因素的影响。

甘尚时和卜灿荣都是非常出色的高胡演奏家，且在教学、表演、创作等方面皆有颇丰的成果，但在演奏方法上各有千秋。甘尚时是学院派中具有代表性的高胡演奏家之一，卜灿荣则长期在广东音乐演奏与粤剧唱腔的设计方面开展实践活动，下面笔者将何克宁与这两位演奏家进行演奏风格的剖析与比较，试图通过不同角度的比较，更深层次和立体全面地探究何克宁的演奏风格特征。通过观看三人的演奏视频，仔细研读乐谱，深入分析演奏等方法，笔者得出以下结论（见表1-2）。

表1-2　何克宁、甘尚时、卜灿荣演奏风格特征比较

演奏者	演奏风格特征			
	音色	运弓	韵味	表演体态
何克宁	委婉圆润	运弓注重力度变化，强弱对比明显，擅长调整弓的位置、长短、力度等表达情感	声腔化的韵味，曲艺韵味浓郁	倾向于适度自然，情绪怡然自得
甘尚时	优美通透	运弓均匀，饱满有力，弓毛紧贴琴弦，换弓无痕迹	浓淡相宜，清新脱俗，深情细腻	倾向于含蓄、严谨
卜灿荣	清脆明亮	运弓扣弦痕迹明显，常使用弓头发音	融入现代化技巧，富有时代气息	倾向于夸张、动感

笔者从音色、运弓、韵味以及表演体态四个方面进行了宏观对比，从表1-2中可以看出，何克宁、甘尚时、卜灿荣三人都有其鲜明的演奏特征，形成了不同于其他演奏家的突出的个人演奏风格。

---

① 伍福生. 厚积薄发，后来居上：走近何克宁 [J]. 南国红豆，2003 (4)：9-12.

何克宁在演奏中讲究加花、滑音等技法繁简相间的润饰，注重运弓力度的强弱对比，音色圆润通透，擅长利用音色的多变性与包容性塑造音乐形象，强调"以韵带情，以情带声"的情感表现。笔者认为他在长期的研究和表演中逐步形成了委婉含蓄、情韵融合的个人演奏风格，其声腔化的演奏表现出了高胡浓郁的曲艺韵味。

甘尚时以其含蓄、细腻、精确的表现力，使旋律深情、优美，严谨的表演风格令其演奏清新脱俗。音乐美学家罗小平这样评价甘尚时的演奏："旖旎轻风绕指生的自然之韵，淡妆浓抹总相宜的适意之趣。"① 并用"浑然天成、浓淡相宜"来总结甘尚时的演奏风格，可见，甘尚时的演奏立足于其对音色与情感的自然美与艺术美的追求。笔者认为甘尚时的演奏具有一种理性思维的指导，音乐遵照明确的要求，在精准的演奏中进行，体现出一种严谨的学术态度。

卜灿荣善于将现代的一些演奏技法融入高胡演奏，如连环换把、快速换弦、顿弓、跳弓等；运弓经常利用弓头扣弦发音，使音色明亮坚定，有棱角。笔者认为他在情感表达上较为直接，爆发力强，表演风格较为夸张，具有动感，演奏充满时代气息，符合年青一代的审美情趣。

（四）何克宁演奏风格形成的原因

1. 成长环境与教育背景

何克宁出生在顺德，顺德位于珠江三角洲中部，岭南文化积淀深厚，是粤曲、粤剧的发源地之一，名伶辈出，如著名粤剧表演艺术家千里驹、白驹荣、薛觉先、马师曾等。顺德的广东音乐私伙局亦非常繁盛，人民群众喜爱广东音乐，何克宁从小就浸染在氛围浓厚的广东音乐环境中，广东音乐的旋律早已深深植入其心中。

何克宁14岁考入广东音乐曲艺团后，先后师从苏文炳、刘天一，并得到其他多位老师的指导教诲。老师的言传身教深深影响了少年时期的何克宁，使其广泛汲取养分，勤奋练习，为日后的高胡演奏奠定了坚实的音乐基础。

---

① 罗小平. 浑然天成　浓淡相宜——广东音乐高胡名家甘尚时演奏风格初探 [J]. 星海音乐学院学报，1999（3）：32–35.

2. 粤曲伴奏的影响

何克宁善于伴奏粤曲，粤曲唱腔委婉优美，流畅动听，体现了鸟语花香、怡然自得的岭南风情，表现了岭南人淳朴、含蓄、文静的性格。粤曲的伴奏要求为"随腔而伴"，模仿人声符合旋律线条的走向，如此，韵味才能与唱腔吻合。何克宁为了尽量美化、衬托唱腔，认真研究唱腔的设计方式，使高胡的伴奏能紧贴唱腔的发音。长期的粤剧、粤曲伴奏经验，使何克宁对粤曲非常熟悉，积累了深厚的技法功底，逐渐开始设计唱腔，并将粤曲伴奏技法的韵味融入广东音乐的高胡演奏中，使它们互补。因此，其高胡演奏旋律流畅优美，音色委婉动听，韵味十足。

何克宁认为："广东音乐与粤剧、粤曲有着密切的关系，而粤曲当中的梆簧体系格式，平仄音调的走向，每顿每句都是与广州方言的发音严格地结合而成，绝不能搞错。而粤曲当中的梆簧旋律走向，给广东音乐中所需要的韵味提供了很多借鉴之处。"① 可见，懂得粤曲的伴奏技法，对其理解广东音乐有着重要的作用。

3. 丰富的舞台表演经验

从第一次踏上舞台演出至今，何克宁在几十余年的演艺生涯中，多次随曲艺团到世界各地展开巡回演出，积累了非常丰富的舞台经验，不断地吸收世界各地演奏名家的长处，并融入自己的表演风格。在舞台上，何克宁收放自如的神态和情感迸发的激情，将演和奏诠释得完美恰当，与观众产生了情感的共鸣。

4. 创作与演奏并举的优势

何克宁是一位集创作与演奏特长于一身的艺术家，在演奏与创作两个方面的造诣都相当高，在解读作品时，既有作为演奏者的理解，也有作为创作者的思维。一方面，作为演奏者，何克宁在理解创作者的意图和情感的基础上，融入自己的情感和所处时代的审美情趣，使作品达到历史性与时代性相结合的效果；另一方面，作为创作者，何克宁具有作曲家的视角和思维，对作品的结构、风格、意境等各方面有更深层次的领悟，这些都对演奏具有指导意义。二者相辅相成，互相融合。

---

① 何克宁. 再谈广东音乐之特色与韵味 [J]. 南国红豆，2003 (4)：41，42 - 43.

演奏艺术思想

有人评价何克宁是一位用高胡琴声描绘图画的人；也有人说高胡在何克宁的手里好似会说话；还有人认为高胡的声音是从何克宁的心中奏出来的……何克宁善于将技巧融入音乐表现，在理解作品内在情感后，发挥丰富的想象力，对作品的精神内涵进行刻画，演奏出充满生命力的音符。笔者认为何克宁的高胡演奏已达到心手相合、人琴合一的艺术境界。

（一）演奏艺术的审美追求

1. 理性与感性的平衡美

何克宁的演奏是理性与感性思维共同作用下的艺术创造。在这个过程中，对"度"的把握准确使其演奏具有分寸感，呈现出一种平衡的听觉美感。对理性与感性的平衡把控，体现为演奏中的自律性。

首先，何克宁的高胡演奏充满丰富的艺术情感。在演奏过程中，他力求用充满热情和生命力的表演去诠释作品的深刻内涵，用丰满的情感塑造音乐形象，营造音乐气氛，创造音乐意境，通过对各方面不断调整，将对音乐的情感表达得淋漓尽致。其次，他的演奏情感并没有脱离理智的控制。在表演中，他合理安排情感表达所需要的技术手段，用规范的技术动作表达不同情感，理性多于感性，将激情控制在一定范围内，使音乐具有平衡的美，避免物极必反。何克宁指出，在很多表演中，有些演奏者往往容易走进误区，过分追求激情，让自己处于一种过度紧张、强烈的情感体验中，最后超出了自己的控制范围，这就会导致演奏失控和失误，无法保证作品的完整性。笔者认为，优秀的表演艺术贵在有张有弛，分寸得当。过分理性，会降低情感表达的程度；反之，过分感性，又会超出自我控制的范围。可见，何克宁追求的演奏中理性与感性之间的平衡，是演奏者在表演过程中应具备的自律性，符合审美需求。

2. 主体与客体的和谐美

演奏艺术是一个二度创作的过程，何克宁主张追求一种主体与客体完美统一的和谐美。通过三个不同维度的"我"，使主观性和客观性相结合，在此基础上理解和演绎作品。

第一，作曲家角度的"我"。认真研读乐谱上的表情标记、强弱符号、

旋律走向，客观认识和理解作品，是何克宁演奏前的必经程序。他告诉笔者，尊重乐谱正是尊重作曲家的创作意图，应在了解乐谱的基础上，全面研究作曲家的生平、社会背景、创作背景、审美思想和思想内涵等，力求深层次地揣摩和剖析作曲家创作的真实情感和内涵。何克宁试图站在作曲家的角度，忠实地还原作品的创作初衷，以此作为二度创作的客观依据。第二，演奏者身份的"我"。在演奏中，何克宁本身是一个主体，他在正确解读、还原作品的客观前提下，富于主观性和创造性地理解作品的音乐语言，注入自己对作品情感的表达，融入自己的审美思想，赋予作品新的生命力，发挥自己独特的音乐艺术表现力，将作品与演奏融为一体。第三，欣赏者视角的"我"。何克宁经常从演奏者的身份抽离出来，作为一个"局外人"来听自己的演奏。客观地审视自己的演奏，及时发现不足，不断调整，对自己演奏中的声音表达、形象塑造、技巧表现等进行再认识，这有助于使欣赏者的听觉体验与自身的演奏艺术达成和谐统一。

何克宁认为，高胡的演奏不是孤立的，而是作曲家、演奏者、欣赏者以音乐为媒介产生情感共鸣的过程。"演奏的成与败关键看观众和作曲家的反应，观众和作曲家说好就达到了表演的目的之一。演奏者是中介，使三者产生共鸣。"① 在这个过程中，演奏者起主导作用：其一，将作品的客观性再现与演奏者的主观感受和理解结合起来，在准确体验客体的同时，让自己独具个性的情感表达与之相交融；其二，将欣赏者的客观性与演奏者的主观性结合起来，在传达作品意图的同时，与听众的审美情感进行交流。三者融合统一，形成演奏过程中主体与客体的和谐美。

（二）人琴合一的艺术境界

1. 演与奏的完美融合

高胡的演奏艺术，包含演和奏两个方面。演——情感外化的表现；奏——情感转化为听觉艺术的过程。演与奏完美融合，需要外在体现与内在情感与的和谐统一。

（1）身心放松的演奏状态。

在演奏过程中，演奏者的身心处于放松状态，随着音乐的律动，肢体

---

① 笔者于2017年3月17日在广东音乐曲艺团采访何克宁老师记录。

动作协调，气息畅通，形成自然协调的演奏体态，是演与奏完美融合的前提。

第一是演奏体态的放松。演奏中若没有放松的状态，则无法随心所欲地控制高胡去传达情感。放松演奏体态是为了追求演奏中自然协调的状态。何克宁主要通过双腿夹琴、左手按弦、右手持弓三方面的放松用力来达到这种状态。

首先，双腿夹琴的力度要适中，不能夹死，过于用力会导致琴声憋闷，因为双腿僵硬则会使高胡无法动弹。左腿挡住琴筒的音窗，控制高胡的音量；右腿贴着琴筒的琴皮，与琴码接触，控制高胡的音色，夹琴的姿势控制着音量和音色的变化，影响作品的情感表达。其次，左手采用软着力的按弦方式，避免关节僵硬导致音色死板。何克宁在演奏中，滑音和换把采用手腕在前、手指置后的方式，起到使力度均匀过渡的作用，这样音色更加圆滑连贯，而这需要做到由手指到手臂再到全身的放松。最后，右手拉弓要保持肌肉放松的状态。以手臂自然垂下的重力作为基点，通过手腕推拉动作带动弓的运行，弓毛与琴弦的放松摩擦能使声音保持弹性和空间感，避免出现噪音和死音，放松用力可以使音色强而不躁、弱而不虚，提供好的音色基础，正确传达作品的情感内涵。

第二是气息运用的畅通。气息运用是何克宁在高胡演奏中重要的情感表达方式之一。气息运用的畅通能让演奏者达到内在的放松，以情带气，在演奏过程中真正做到收放自如，还能避免因为紧张或憋气演奏导致的短浅呼吸，且双手用力重心上移，会使发音飘、虚，没有根基；而气息的自然贯通有助于情感的收放自如。何克宁演奏时气息畅通自然，可以自如地控制手指的运动，高胡与人合为一体、共同"呼吸"，使演奏呈现完美的放松状态。

（2）演与奏的情绪统一。

每首作品都有固定的情感基调，何克宁在演绎作品时，情感表达随着音乐的流动在其神情中表现出来。他根据情感的发展需要，有意识地运用肢体语言，增强情感表达的视觉效果，使音乐与情绪高度统一。

首先是肢体语言的情感表达。对演奏者来说，肢体语言丰富了作品情感的艺术表达，同时给听众多了一份视觉上的享受。① 何克宁在演奏中，通过调整运弓的动作幅度、按弦动作的强度、身体肌肉的紧张度等方面，直观地向听众传递作品的情感基调。如作品《娱乐升平》，旋律活泼、节奏跳跃、速度较快、气氛热烈欢快，何克宁在演奏时，右手运弓力度从小到大根据旋律的强弱规律变化，手腕发力，运弓果断坚定，左手按弦灵巧、坚决、干净，将作品喜悦欢乐的情绪通过肢体语言呈现出来。又如《彩云追月》，意在描绘云月皎洁相映的迷人景色，旋律抒情流畅、优美动听，何克宁演奏时动作舒展流畅。左手按弦、揉弦动作平和、柔美，右手大臂带动小臂缓慢运弓，自然贴弦，有轻轻飘扬的感觉，身体跟随运弓的方向来回自然摆动，表现出了彩云追月宁静、和谐的意境美。

其次是情感的自然流露。演奏中的表情是演奏者对音乐的情感的自然流露。观看何克宁的演奏，我们可以感受到作品的情感基调与其演奏时的面部表情是一致的，通过表情，可以感受到乐曲中的喜怒哀乐。当演奏《鸟投林》时，何克宁面带笑容，神情活泼生动，饶有趣味地看着手指在弦上滑出鸟叫声，仿佛小鸟在弦上跳动；演奏《平湖秋月》时，何克宁则闭上眼睛，面容祥和，仿佛正处于西湖边，感受着晚风徐徐吹来，轻柔拂面；演奏《昭君怨》时，何克宁眉头微皱，神情哀怨，望向远方，眼中写满了不舍，将作品里昭君身为一个女子出塞的无奈情绪表达得淋漓尽致……这是何克宁内心情感的外在体现，真实、自然，不扭捏造作。

2. 技与艺的互相交融

技巧与艺术表现完美统一，是何克宁毕生追求的演奏境界。正所谓"技不到则人怯，艺不到则人木，神不到则人顿失光彩"②。只有做到了技艺相融，才能使演奏达到人琴合一的艺术境界。

何克宁的演奏不为技术所累，不将炫技作为目的，而是将技巧巧妙地融入音乐表达之中，摆脱技巧的束缚，游刃有余地表达情感。何克宁在《浅谈广东音乐的"粤味"》一文中提出，要演奏好一首乐曲，首先要加深

---

① 闫雅雯. 论《肢体语言在二胡演奏中的运用》［D］. 天津：天津音乐学院，2016.

② 张前. 音乐美学教程［M］. 上海：上海音乐出版社，2002.

对其意境内容的了解，做到感情投入，以情带味，以味传情①。可见，何克宁更注重演奏中的"投情"，强调表演技巧是音乐情感表达的手段而非目的，技法的提升是为了更好地表现作品内容。只有以表达作品情感和表现作品内容为前提，运用恰当的演奏技法，演奏者才能与作品融为一体，将作品演绎得更好。

例如，何克宁创作的《春满羊城》中，快板部分的演奏速度达到每分钟152拍，这在高胡演奏中属于一个突破。何克宁将二胡的快弓演奏运用到高胡演奏中，使音色富有颗粒性和跳跃性，完美地呈现出了积极向上、欣欣向荣的气象。又如作品《雨打芭蕉》，描写雨滴落在芭蕉叶上的旋律，是对雨滴的动态描写，也是作品意境的渲染之处。何克宁在此处使用顿弓轻奏，左手不加花指，以表现雨滴落下的情趣，倘若给每个音符都加入密密麻麻的花指，形成一连串音符，变成一句连贯的旋律，则完全改变了作品的意境，使之面目全非。何克宁在接受笔者采访时说："很多人认为广东音乐的技巧就是加花，其实加花不能随便用，如果纯粹为了表现技巧而乱加花，就破坏了广东音乐原本的特色。广东音乐的特点是旋律流畅清晰，很多人强调加花要密集，而我强调感情，根据情感的需要去加花，不能主观地随意加花。音乐是一种听觉艺术，也是一种感性的艺术，该表现技巧的时候要突出技巧，其他时候要突出风格。"②

高超的演奏技法和富有内涵的音乐表现是演奏家不可或缺的表现手法，二者相互依存，相辅相成。何克宁根据艺术表现的需要，使用恰当的表现技法，正确传达作品意境，达到挥洒自如、变化有序的境界。中国传统音乐美学琴论专著《溪山琴况》一书提出了"音与意合"的理念，书中写有："音从意转，意先乎音，音随乎意，将众妙归焉。故欲用其意，必先练其音；练其音，而后能洽其意。"③"意"决定了乐曲表达所需要的技巧和情感，技巧和情感又必须服从于"意"。何克宁在接受采访和指导笔者演奏时，经常强调"演奏者首先要了解旋律的内容，将自己投入作品的

---

① 何克宁. 浅谈广东音乐的"粤味"[J]. 南国红豆，2004（6）：17-18.
② 笔者于2017年3月17日在广东音乐曲艺团采访何克宁老师记录.
③ 蔡仲德. 中国音乐美学史资料注译[M]. 北京：人民音乐出版社，1990.

角色进行投情，再用所需要的技巧去表达乐曲的情绪，体现活的艺术观点"①。笔者认为，何克宁对待作品的技巧与艺术处理，正是"音与意合"的体现，在演奏作品前，首先将自己投入乐曲的角色，再选择合适的演奏技法，将作品的情绪和意境刻画出来，达到技与艺的互相交融。

何克宁不仅拥有高超的音乐表演技能，而且具备突出的音乐内涵表现能力，不断追求"以情带曲、声情合一"的境界，做到演奏技巧与艺术表达的相互融合，演奏直击人心、引人入胜。何克宁的高胡演奏做到了"技、情、意"的完美统一，"音与意合"，将技术升华为艺术，从而产生"弦外之音"的效果，达到得心应手、声情并茂、人琴合一的艺术境界。

何克宁作为非物质文化遗产项目广东音乐的传承人，一直不遗余力地传播广东音乐，为传承和发展广东音乐作出了积极的贡献。笔者通过多次接触、采访和学习，深深感受到他能有今日的艺术成就，与其一丝不苟、精益求精、敢于探索的艺术精神密不可分。他将这种艺术精神贯穿于其几十余年的演艺生涯中，不断创新发展高胡的演奏技法和表现手法，运用新技巧表现新时代。在创新演奏技法和表现手法的同时，他重视对广东音乐传统风格的继承，在不丢失广东音乐原有风格、特色、韵味的前提下，兼收并蓄，使广东音乐符合现代审美情趣，与时俱进。

（吴斯梦　黄颖仪/文）

---

① 笔者于 2017 年 3 月 17 日在广东音乐曲艺团采访何克宁老师记录。

粤韵衷诉胡琴弓　传奇笔撼人心弦
——余其伟

　　生平简介

　　余其伟，国家一级演员，中国著名高胡演奏家、民族音乐教育家、粤乐研究学者，当代粤乐界最具影响力的代表人物之一。曾任广东省音乐家协会第三、四、五、六届副主席，中国民族管弦乐学会理事、胡琴专业委员会副会长。《中国民族民间器乐曲集成·广东卷》编委，1994 年当选为第七届广东省政协常委。曾先后在广东省歌舞团、广州乐团、广东歌舞剧院任独奏演员、乐队首席。1983 年任广东音乐舞蹈艺术剧院民族乐团副团长；1986 年任广州乐团民族乐团团长；1989 年任广东歌舞剧院民族乐团艺术指导。1992 年国务院表彰其为"我国表演艺术作出突出贡献专家"，享受政府终身特殊津贴。2002 年9 月调入星海音乐学院并组建"余其伟广东音乐研究室"，成为该院民族器乐表演艺术及理论研究重点学科学术带头人、硕士研究生导师，兼任中国音乐学院、武汉音乐学院客座教授。后任香港演艺学院中乐系主任。2007年当选"岭南文化名人"。

　　余其伟作为当今中国民族音乐器乐界优秀的演奏家之一，他的琴艺既保持了传统粤乐华丽抒情、轻灵活泼的特色，又与中国古典音乐崇尚风骨

神韵的传统一脉相承，甚至对生命哲理有着理性主义的深度思考。国内外音乐界评论余其伟的演奏"富于诗意的幻想与哲理的深沉，境界优美而高远""开拓了中国高胡艺术的新格局""是继吕文成、刘天一之后的第三代粤乐高胡艺术的杰出传人"，美国音乐教育家、指挥家齐佩尔称其为"一位具天才技巧和深刻艺术思想的音乐家"。

艺境人生

1953年，余其伟出生于广东省开平市赤坎镇北炎乡东兴里。父亲余荣炼在广州当冷冻机械工人，业余爱好为绘画与小提琴，母亲司徒秀霞小学毕业后在乡中务农。余其伟三四岁时，便由母亲开始对其进行启蒙教育。1959年，6岁的余其伟尽管年幼，但命运似乎已经注定他与中国民族音乐结缘。1965年9月，余其伟考入开平第一中学念初中，母亲为此奖励给他一把价值为7.38元的高胡带到县城。就学期间，他接触到了大量的音乐作品，尤其对粤乐高胡大师刘天一演奏的《春到田间》《鱼游春水》着迷不已。初中三年恰逢"文革"，课业停顿使他更专心自习胡琴。尽管家庭经济并不富裕，但母亲见他如此酷爱音乐，犹豫再三后下定决心，专程到广州幸福乐器厂花31元购买了一把当时新产的高胡，以支持和鼓励他的音乐爱好。1968年，余其伟初中毕业，高中学业却因学校一度停课而停摆，只好返乡务农，他依旧练琴不辍，还迷上了小提琴，甚至为此专程赴广州学习。他也曾自携开合式的蝴蝶琴（即广东扬琴）到广州拜一位民间艺人为师，学习快一打、慢一打等十几种竹法。在那个样板戏盛行的年代，由于他的音乐才华突出，参演舞剧《红色娘子军》《白毛女》等的音乐伴奏，直至1972年高中毕业，他一直坚持在乡间艰苦的学习环境中锤炼提高自己的写作、演讲、表演及演奏等方面的能力。

1972年夏天，广东人民艺术学院复课，音乐系面向全省招生，扬琴教师陈福荣在开平地区百多名考生中挑选了六名，进入佛山地区复考，余其伟是其中的一个。最后，他在众多考生中脱颖而出，以《三门峡畅想曲》及《鱼游春水》两曲，考入广东人民艺术学院，圆了自己的音乐梦，这对他的人生具有转折性的意义。1975年，他以优秀的毕业成绩被分配到广东省歌舞团，1977 年又调入广州乐团任高胡独奏演员，同时拜粤乐高胡名家刘天一、朱海为师。从考入大学到毕业工作这短短的几年，余其伟不仅完成了从少年向青年的过渡，也实现了人生的华丽转身，从业余音乐爱好者转变为一位职业音乐演奏家。

1975—2000 年，余其伟因其出色的高胡演奏艺术而声誉渐隆，凭借无数次重要的舞台艺术实践活动，超过五十种的高胡演奏专辑与粤乐精选录音唱片，以及独立或合作创作的多部音乐作品，摘取了一系列重大赛事奖项和荣誉称号，最终奠定了他在中国胡琴界不可动摇的艺术地位：

1975 年，由指挥家施明新帮助组建了以余其伟为核心的"余其伟广东音乐演奏组"；1976 年，高胡领奏粤乐《山乡春早》及《岭南欢歌》（均为乔飞作曲），由中国唱片社录制发行；1977 年，首演《思念》（乔飞作曲）；1978 年随中国艺术团到美国以及中国香港、澳门等国家和地区演出并载誉而归，当时中国香港和澳门的报纸曾以醒目的标题称他为"刘天一高徒"；1979 年，由广东电台灌录播放高胡与管弦乐《珠江之恋》（乔飞作曲、施明新指挥）；1980 年，获广东省音乐家协会举办的第二届"羊城音乐花会"高胡比赛第一名；1981 年 9 月至 10 月，参加"中国青年音乐家巡回演出小组"，到北京、天津、陕西、四川、武汉、宜昌等省市访问、演出和讲学，并在中国音乐学院、天津音乐学院、武汉音乐学院、西安音乐学院，与琵琶演奏家何树风合作举行个人独奏音乐会；1982 年 3 月，在武汉获得由文化部主办的全国民族器乐独奏观摩比赛（南方片区）优秀表演奖第一名；1983 年，被评为"广东文化系统先进工作者"；1986 年，获广东省第二届"鲁迅文艺奖"音乐奖；1986 年，创作扬琴独奏曲《流云》；1987 年，创作高胡独奏曲《丽日南天》；1987 年，获"全国广东音乐邀请赛"第一名，所奏高胡协奏曲《琴诗》获本次邀请赛优秀创作奖第二名；1989 年，录制的《鸟投林》（易剑泉作曲）获首届"中国金唱片奖"；1990 年，首演李助炘创作的高胡协奏曲《粤魂》，并由广东省文化厅、广东省音乐家协会主办，时任星海音乐学院院长的赵宋光教授主持召开了"余其伟音乐艺术研讨会"；1994 年，创作的《趣韵》《丽日南天》《乡间小景》（与李助炘合作）等作品获"第三届全国民乐作品征评比赛"优秀创作奖，演奏的《梦中月》（卢庆文作曲）获二等奖，同时获个人独奏优秀奖；1995 年，首演李助炘高胡新作《祈盼》，并与李助炘合作完成了高胡组曲《潭江风俗》之二《村间小童》、之三《田间小唱》，同年，作品《村间小童》获中华文化促进会主办的"95 广东音乐新作品大赛"冠军。他还先后与中央民族乐团、广州交响乐团、新加坡华乐团、香港中乐团、中国广播交响乐团、上海民族乐团、上海电影民族乐团、中央音乐学院民族乐团、台湾交响乐团附设国乐团、台北市立国乐团、澳门中乐团等合作，其演奏作品包括协奏曲《琴诗》《粤魂》，独奏曲《思念》《珠江之恋》《鸟投林》《双声恨》（古曲）等上百首传统粤乐或改编、创作的当代粤乐作品。

2004 年 9 月，余其伟被聘为香港演艺学院中乐系主任，通过这个平台，进一步实现了他重塑传统民族音乐教育模式和改进中国传统音乐课程建设的理想抱负。任职以来，他将自身艺术才华施展到极致，集多种角色于一身，既负责行政及教学管理，又教授二胡、高胡双专业和传统粤乐合奏课，并领导运作该系数十人的香港演艺中乐团，主办了"赵季平新作品音乐会""朱昌耀江南名曲音乐会""王惠然新作品音乐会""中国吹打艺术专场音乐会"等专题音乐会，为香港社会培养了一批批专业音乐人才。在他的诸多努力下，香港演艺学院中乐系增设了粤曲唱奏课程，学生对于中国传统音乐尤其是粤乐的重视程度，以及对传统乐种演奏技法与风格的掌握，都有极大的提升。与此同时，余其伟充分利用香港开放包容的文化环境、规范高效的文艺运作体制，投入充裕的教育资金，于 2005 年促成香港演艺学院与香港大学签订合作研究项目，组织两校数十位从事理论研究和演奏的师生，联手对传统粤乐进行专题研究、传播和传承，并由香港大学出版发行《粤乐教科书》，其中精选了《连环扣》《双声恨》《雨打芭蕉》等近 20 首最具代表性的粤乐曲目，以"双语"（中、英文）对照和"三谱"（工尺谱、简谱和五线谱）记谱的形式，从内容、意境、演奏技巧等方面对这些经典曲目进行点评分析。《粤乐教科书》所附的演奏示范光碟，采用原汁原味的传统合奏方式还原传统粤乐风貌，丝毫不见时下受西方交响音乐和声、配器、复调理论体系影响而改革的当代民乐技巧。《粤乐教科书》的出版体现了余其伟一贯倡导的"推陈出新"原则，不仅能让人们重温经典粤乐的艺术魅力，使学生及粤乐爱好者加深对中国传统文化的认识与理解，而且对粤乐在全球的传播也起到了重要作用。除此之外，在余其伟的推动下，香港演艺学院与香港大学及香港中乐团，在图书馆资源共享、各类音乐会合办、课程互修、定期选派优秀学生赴团排练演出等方面也进行了全方位的合作。

为了在香港这个崇尚多元文化的国际化都市中推广中国传统音乐，余其伟不遗余力地组织安排各种艺术实践活动：他在香港太空馆分别主讲了《丰富多彩的世界——中国胡琴音乐》（2007年1月13日）、《失中有得——漫谈当代中乐》（2007年1月20日）、《百年沧桑——香港的广东音乐》（2007年2月3日）等学术讲座；亲自或率中乐系学生与香港中乐团、新加坡华乐团合作演出高胡与筝《南粤春晖》（余其伟作曲）（2005年6月），高胡与乐队《平湖秋月》（吕文成作曲、李灿祥编曲）、《妆台秋思》（李助炘编曲）（2005年12月），高胡独奏、领奏《双声恨》以及《平湖秋月》（吕文成作曲）、《步步高》（吕文成作曲）、《旱天雷》（严老烈作曲）等传统粤乐名曲（2006年7月）；2005年6月，他还作为香港电台第四台的驻台演奏家，录播、直播一系列的胡琴乐曲并同中乐系学生演奏器乐合奏；2008年4月23日，"余其伟广东音乐演奏组"原班人马赴香港演艺学院，为"广东音乐艺术周"作"经典重温——粤乐专场"音乐会演出及粤乐大师班的现场教学示范等。时至今日，余其伟仍坚持在香港与内地的中国民族音乐教育领域，锲而不舍地传承发扬粤乐的艺术理念。

独上高楼

余其伟对粤乐传承的探索和开拓，为民族音乐兴盛所作的不懈努力，使他的艺术追求总是与生命、与时代息息相关，彻底地将人生和艺术融为一体。

早在1978年，余其伟就萌发了创作篇幅宏大、构思精深、演奏技法高超且能反映时代精神及生活风采，并具有人生意识和历史使命感的交响粤乐，以此扩展粤乐另一层面的美学品格。1980年，他首演了与作曲家李助炘共同创作的高胡协奏曲《琴诗》，评论家认为其"表达了当代中国人情感的骚动和理性的思考"，从此开始不断涌现出更多的"交响粤乐"作品。

这种尝试与传统粤乐风格有所不同，中国著名音乐评论家田青教授认为这标志着粤乐从市民化向文人化的升华。"余其伟广东音乐演奏组"自1975年成立以来，无论是交响化、中西乐器结合，还是舞厅、茶座的流行音乐以及与合唱团的合作等形式全都尝试过。然而，已逾"知天命"年纪的余其伟，艺术心态从激越求新逐渐回归中庸平和。他曾赋诗云："五十虚度漂萍命，观灯走马蹄未停。事功元知浮华梦，夜半扪心问生平。"回首自己数十年的艺术生涯，他再次强调交响化并非粤乐发展的唯一途径，同时也指出"演奏技术不是目的，而是创造和欣赏自己的手段"。这种"蓦然回首，那人却在灯火阑珊处"不仅仅是审美情趣的轮转，更喻示着粤乐传承教育在经过追新求异的必经之路后，已经到了迫切需要"固本培元"的阶段。因而人到中年后，他本人与"余其伟广东音乐演奏组"的成员自觉地担当起了更为艰难的坚持之道——文化守护精神。他认为，"创新好像容易一些，但真正坚持传统却更为艰难""在当下的商业化和产业化时代，西方的贵族化和东方的士大夫化都是一种坚守，而这种坚守，是寂寞的""永远保持一种辩证的心态，千万不要以为站在这一边，就否定了另一边。中国人习惯了不破不立，但我认为应该是推陈出新，这才不至于偏激""由乐境，入艺境、入心境，是从音乐感悟人生的一种过程；而由心境，入艺境、入乐境，则是人生体验到进行音乐实践的升华"。音乐界的同行们已经从余其伟的琴道追求中品味出了微妙的变化。

余其伟心中内蕴的传承粤乐之使命感，鞭策着他不断求知博学。为了"钩沉身后史，梳理脚下土"，他数十年来一直坚持读书不倦、笔耕不辍，积极进行哲理思考，甚至在1991年已经声名鹊起的时候，还随赵宋光教授进修学习音乐美学理论。他不断在各种学术期刊和报纸上发表了近百篇累计30万字的音乐专论、艺术评论和散文诗歌等，最后汇编为28万字的音乐评论文集《粤乐艺境》。

余其伟曾借"俗世玩味、独上高楼"之境界，寓意他对粤乐命运强烈的忧患意识。经过多年的思索和探究，他开始在不同的时间、场合，利用不同媒介，提出和强调了多项有关粤乐艺术传承发展的关键命题：

第一，1994年当选为广东省政协委员之后，他即针对如何营造良好的岭南音乐生态环境和培养国民对传统音乐的热爱，屡次提出建设岭南音乐博物馆的议案。

第二，1996 年 12 月，他在应邀参加当年"中国音乐年鉴会议"时主讲的以"俗世生活中的高胡技艺"为题的讲座中提出：①在高等音乐学院的民乐教学中，要保持即兴的演奏法；②不要完全取消传统工尺谱，工尺谱更能表达传统音乐的声、情、韵；③不要完全否定七平均律；④加深对传统乐曲中叮板的"点"、行弓运指的"线"及装饰加花互相作用而产生的所谓"神韵"的关系研究；⑤应熟悉吕文成、刘天华及阿炳的政治地位与艺术成就。

第三，2003 年，在广东中山市召开的"纪念吕文成诞辰 105 周年"学术研讨会上，他又发表了有关粤乐艺术价值与历史意义定位的两个重要观点：①不能完全否定二十世纪三四十年代受西方流行音乐影响而产生的粤乐作品或音乐风格；②中国近现代民族轻音乐的先河应由粤乐肇始，同时这也是中国近现代音乐史中象征中西音乐交流的标志性成果。

第四，他认为传承发扬粤乐可采取"一手伸向传统、一手伸向现代"即"双肩挑"的辩证态度：学习西方的、现代的音乐中的高难度技巧与责任感、使命感，同时也不能丢弃岭南音乐特有的古典、传统、地方的特色，尤其是岭南音乐灵动与浪漫的特点。

第五，继承传统粤乐所具有的"俗世感情、平民意识"，理性回归和重构粤乐文化品格。

这些闪耀着智慧光芒的真知灼见，引起了音乐理论学术界对余其伟的高度关注与浓厚兴趣。"从来佳境难寻觅，试作八字与诸君：童心慧眼，傲骨柔肠——不老于世故，不妄信盲从，不随波逐流，不无同情心。"正如余其伟所说，自己虽有"夸父追日之执迷"，却又更"恋闲云野鹤之散漫"。

作品赏析

《趣韵》又名"醉韵"，是余其伟创作于 20 世纪 90 年代初的一首传统风格的粤乐作品。1993 年香港乐韵唱片公司录制发行的《高胡演奏家余其伟》之四 CD（MCD - 1045）首次收录《趣韵》，是余其伟以"硬弓组合"作为领奏乐器的粤（剧）二弦演奏。1994 年，该曲获全国民乐作品征评比

赛优秀创作奖，并收入《中国广东音乐高胡名曲荟萃：余其伟编注　演示版》。

《趣韵》一曲相比余其伟演奏或参与创作的成名之作《琴诗》《粤魂》等其他交响粤乐系列的曲目，在演绎手法、曲体篇幅、意境风格等方面皆大相径庭，总体来说以往这类风格的作品较少出现在余其伟参演的各种音乐会之中，因而不为音乐学院、演出团体等专业人士或民间粤乐爱好者所关注和传奏。由于该曲采用传统的"民间自由加花的合奏形式演奏"，乐谱实际是按二弦演奏记录的主旋律骨干音，并无各声部分谱，无论是领奏二弦还是其他合奏乐器，都需要演奏者按乐器自身性能特点及传统演奏技法习惯，任意熟练地加减花即兴配合，营造"你繁我简、你简我繁"的声区分群、音色分离和曲调对比结合的织体，因此旋律极为妙趣灵动，各种乐器混响"和而不同"，民间音乐支声性多声部曲调变奏的配器效果浑然天成。从某种意义上说，该曲能昭示余其伟人到中年之后，理性回归与重构传统粤乐文化品格的心路转变历程。

《趣韵》的录音版本时长仅 3 分钟，乐曲结构短小精干，与传统粤乐作品规格贴合，听来犹如妙手偶得之作。乐曲以二弦"士工线"（即 C 调 la、mi/a^1、e^2）定弦；调式在 C 宫系统的宫、商、角、徵、羽各音之间交替，以商调式和徵调式为主，角、羽、宫为次；节奏为"一板一叮"（2/4 拍），速度适中。全曲按标题分为【引子】（卄/散板）、【一】（上板）、【二】（趋快）、【三】（慢起渐快）共四部分，曲式类型为对比式多段体，分段结构分明，但有的段落属于过渡性质（如【二】实际是对【一】的补充延续）；各段"板叮"（节拍）不变，速度却都有变化，各段对比鲜明而整体感又很强。全曲结构具体如下：

【引子】（卄/散板）：

角—徵—羽—宫—商（1 小节）；散板节奏具有未收拢性；构成乐曲主题的"（5̣）35̣612"音级序列原型出现。

【一】（上板）：

商—徵（4 小节）、徵—角—徵—羽—徵—角—商—宫—角（6 小节，其中包含主题音级序列的变体"535̣6432"）、羽—角—宫—徵（5 小节）、宫—徵—宫—商［6 小节 + 3 小节补充——主题音级序列"（2）35612"的双音加密音型］、商—徵—角—徵（5 小节，具有补充感，类似"过门"作用）。

【二】（趋快）：

G 徵七声（带反复共 16 小节，主题音级序列原型与变体材料的结合、扩充，"4"和"7"两音的经过性或回旋性插入，使之具有些许"乙凡"调/线色彩）、宫—羽—⬚徵—商（3 小节，主题音级序列变体材料的紧缩、伸展、加密之混合形态）；本段内容属于【一】的补充延续，采用"加花（密）"式的旋律变奏发展手法。

【三】（慢起渐快）：

徵—（羽—商）（交替）—徵（14 小节），徵—徵（带反复共 4 小节）、宫—徵（带反复共 4 小节）（高潮句，采用"双催"加密即双音反复的传统加花手法），徵—角—徵—羽—⬚徵—角—商（4 小节）［尾声/结束句，即主题音级序列变体"5356432"的节奏再现，与【引子】的主题音级序列原型"（5）35612"首尾呼应，构成完整乐思和收拢终止］。

《趣韵》的曲体结构虽然划分为几个小段，但各段篇幅不一，属非方整式的乐句构成，全曲每一句、每个片段都有承前启后的作用，气势连贯流畅、情趣统一，局部渐变重于分段对比，前后段曲调的发展逻辑并非完全是对比并置或反复重奏形式。乐曲采用中国传统民间音乐"头尾相叠、逐层扩展"的曲调展衍手法，在原有材料的基础上不断引进增加新的因素进行变奏，句句有变化却又一气呵成，使得各段及段内乐句之间的界限分隔并不明确，有时甚至难以断句。除此之外，余其伟运用"加花"和"冒头"（先锋指）、"连、带音"等传统的粤乐高胡演奏技法进行演绎，更使得段落乐句的连接具有"不脱不粘、似断非断、似乘非承"的效果。例如，【一】与【二】连接部位原谱为 5 06 | 56176165 |，在"加花"处理后听觉上就变为55 5 76 | 56176165 |。这种通过即兴演奏获得的丰富表现力，要求演奏者必须了解和熟悉传统的演奏技法，否则在没有听觉经验导向的情况下，恐怕仅凭乐谱也很难学习和掌握乐曲所蕴含的内在风格。

《趣韵》的段落连接铺陈构思巧妙，并没有像一般二段体的传统粤乐

曲目（如《走马》）那样，从稍慢的主题段落直接进入"趋板"段落，而是先在【一】的尾巴上，似断非断、似连非连地紧跟了一个结构短小的【二】，两段前后紧接连为整体，后一段具有展开性及过渡性，但使用了乐句反复的方法扩充篇幅，避免在整体结构上产生失重感。然而此刻实际演奏速度却越来越快，误导那些熟悉传统粤乐曲体形式的听众，以为乐曲已进入高潮并即将结束，直至毫不停顿地冲入【三】的第一个徵音才刹车突慢，继而又启动了新一轮的由慢渐快，即真正的"趋板"乐段，营造了"一波未平、一波又起"又或是"山重水复疑无路，柳暗花明又一村"的意外效果。

《趣韵》【二】、【三】段的内部曲调连接发展，都运用了中国传统音乐常见的前后句首尾同音、各句连环前进的"鱼咬尾"结构；其中【二】的第一遍结束小节（"第一房子"）又是第二遍反复的起句，给人以循环反复之感。另外，如果细细品味，会发现乐曲在旋法色彩设计方面亦有独到之处：音色硬朗豪迈的粤（剧）二弦第一次奏响主题音级序列变体"5356432"，其中具有紧张感的六度"6、4"大跨度音程，使该曲陡然间满溢京腔京韵，尤其是该主题变体延续贯穿至【二】再展衍变奏，又加入了"7"和出现上方音程转位的变化，再辅以加密趋快的十六分音符旋律进行，当真有让人在欣赏京胡独奏曲《夜深沉》的错觉。不过细究起来，"粤乐泰斗、一代宗师"吕文成于二十世纪三四十年代创作的《岐山凤》，当中也清晰地蕴含着类似的京剧音乐元素，而且他曾用高胡与粤乐名家罗正庭以琵琶合奏过原版的京剧音乐《夜深沉》，听起来依然是"原汁原味"的粤乐韵味。从这一点考虑，《趣韵》仍算得上是对传统粤乐所具有的"开放性、渗透性、兼容性、善变性"乐种特性和文化品格的继承！

（吴迪/文）

百丈竿头 雄心依旧
——黄日进

生平简介

黄日进，1937 年出生于广东省台山县（今广东省台山市）一个贫穷的农民家庭。但贫穷并不影响他对音乐的追求，少时学弹琴、唱粤曲，中学时成为学校文工团骨干，并开始学习编剧（粤剧）。1960 年毕业于台山市第四中学，同年考上广州音乐专科学校，师从著名高胡演奏家刘天一，并跟著名广东音乐作曲家陈德锯学习作曲和粤剧唱腔结构创作。1963 年毕业后留校任教，先后培养出余其伟、陈国产、朱敏等演奏家。在教学与研究之余，黄日进仍保持勤密的演出实践，不断积累经验，拓展思维，技艺与学识相辅相成，日臻至境。1988 年由广州白天鹅影音公司录制并发行黄日进独奏《高胡专辑》唱片，之后由太平洋影音公司改名为"广东音乐名曲"再版发行。该唱片被评价为：味道浓郁（内涵意境、风格与音色交融而成的一种不可言状的美妙感觉）、意境鲜明，融粤味、曲味于一炉。尤其曲中对女性形象的描绘极具神韵，纤细委婉，含情脉脉。基于黄日进 30 余年的演奏与教学业绩，作为一名有影响力的音乐家，1990 年 10 月受中国音乐家协会邀请，在北京音乐厅举办"黄日进师生高胡演奏音乐会"，2003 年 11 月又在广州举办了"黄日进从教 40 周年

师生音乐会"。

教学研究

在教学研究方面，黄日进编有《高胡广东音乐练习曲》《广东音乐高胡曲选》，后者由人民音乐出版社于 1997 年出版。此外，还撰写了《广东音乐之称谓》《如何学习演奏广东音乐》《广东音乐意境及其表现手法》《广东音乐演奏艺术阐释》《当前广东音乐的几个问题》《红线女艺术唱腔研究》《关于我国地方音乐学院传统音乐教学之我见》等学术论文。

一位被公认的优秀演奏家，必有其独特之处，而这些独特之处至少包含两个层面的内容：一是支撑自己艺术实践的理念；二是将这些理念付诸具体实践所倚仗的表现方式或表现技能。

从黄日进的演奏录音中我们不难发现这种艺术理念的具体表现。在他的演奏中，灵转多变的速度，使其腕下所流泻的音乐具有一种自然意趣，而不是机械的节奏，这是对自然物态细腻把握的结果。事实上只要我们细心观察，无论是翱翔于天际的飞鸟，还是跳跃于树丛中的飞禽，它们的轨迹，它们的步态，以及它们机敏灵动的身影，从来都不会是规则的，黄日进在其演奏中都能以相应的演奏手段鲜活地重塑出飞禽的机警与活力。而其演奏中那些多变的音色和富有起伏的力度变化，却在相当程度上揭示出作曲家面对自然场景怡然自得又充满雅趣的诗意心态。

滑音、加花、发音是广东音乐最具特色的表现手法，黄日进在应用这些手法时有自己的审美主张，他认为滑音、加花要正确使用，一要从内容出发；二要做到将特殊演奏法寓于普通演奏法之中；三要有音乐语言的统一性；四要有格调的统一性。

（一）滑音

黄日进对演奏技巧的应用要求很严格，他认为，不同乐曲，滑音不同，正是基于这种判断，他演奏的每首乐曲都展现出别致意趣。广东音乐的滑音技巧很丰富，它们在乐曲中具有装饰曲调、变化音色及置换地域性风格意趣的作用。基于这种认识，黄日进就此所下的功夫是至多至深的，就其高胡演奏实践，在滑音手法上，大致可归纳为以下几种常用的形态：

（1）三度的上滑音和下滑音。

例如：<u>2</u> <u>4</u> <u>4</u> <u>2</u> <u>5</u> <u>7</u> <u>7</u> <u>5</u>等，这些滑音常用于"乙凡"调的空弦音，用一指往上由空弦"2"音滑到切把位的一指"4"音，或在切把位的一指"4"音往下滑到空弦"2"音，而滑音动作的速度及力度就要根据乐曲的曲调意趣来控制触弦的指压与手腕。这种滑音一般应用在情绪悲悯的音乐意境营构中。如《昭君怨》开头的两个"2"音，用一指从"4"音慢慢滑到空弦"2"音，加上运弓力度的变化，这感人肺腑的滑音把王昭君的满腔哀怨以及忧国忧民的内心世界刻画得淋漓尽致。黄日进《高胡专辑》中的《昭君怨》运用这种滑音把曲中女性形象描绘得更具神韵，纤细委婉，含情脉脉。

（2）同度换弦滑音。

同度换弦滑音是指同音高的两个或三个音密集交替出现时，一般第一个音用外弦演奏，而第二个音用内弦滑至本音，第三个音又用外弦，这是广东音乐演奏中常用的一种滑音手法。又如：《饿马摇铃》开头一句：<u>03</u> <u>2223</u> <u>1712</u> | <u>7</u><u>03</u> <u>2223</u> <u>171</u> <u>4245</u> | 中的"2 2 2"音，第一个音用一指往下滑到外空弦"2"音，而第二个音则用内弦以三指从"1"音滑到二把位的"2"音，第三个"2"音和第一个"2"音用一样的方法演奏，形成同度换弦滑音。通过内外弦交替及滑音的使用，音色产生了变化，充满意趣。

（3）三度回滑音。

广东音乐滑音常用的一种，如"353 727"等，这种滑音一般常用于正线调式，用同指来回滑动。如《孔雀开屏》的开头，<u>2</u> <u>5</u> <u>3</u> <u>2</u> <u>7</u> <u>2767</u>的"5"又滑回"3"，"2"是从"7"滑到"2"的，"7"是从刚滑下来的"2"滑回到"7"的。这些三度回滑音是用固定把位同一手指来回滑动，利用三度回滑指法形成的一种音色甜美圆润的滑音，以表现华美雍容的孔雀在游人面前炫耀身姿的景象。

滑音在广东音乐演奏中的应用是很广泛的，但并不是什么音乐都可以使用滑音，有些地方滑音用多了，就会弄巧成拙，反而影响了音乐形象的塑造。演奏《雨打芭蕉》中的<u>2</u> <u>2</u> <u>5</u> <u>5</u> <u>6</u> <u>1</u> <u>5</u> <u>5</u>时，黄日进就认为不宜使用

滑音技术，因为那是描写雨滴的姿态与声音特性的，它应当强调点状音色与弹性，以此象征雨滴击打蕉叶时所发出的"嗒嗒"响声，它需要的是一种轻盈利落的发音，如果随意加了滑音，就不是那种意味了。因为滑音的音效较为婉转，如果用滑音演奏就会变得拖泥带水，而由此损害了作曲家模拟自然物象动态意趣的艺术意图。又如演绎《春到田间》中高把位段时，黄日进对滑音的应用很巧妙，在这段有 8 个小节的乐句中，有 7 个小节是用"3"音开头的。刘天一在演奏时，对前 4 个"3"采用了滑音，对后 3 个"3"则不用滑音，并略加压揉，这种前后有别的处理方式，使处于动态变化的曲调线有了更为细腻的音色与音强层面的对比。事实上在音乐听感中，所有后续的音响成分，总是建立在与前文曲调的对照关系中的，即在感受某一片段时，总将此前刚刚过去的音响感知结果作为一种信息记忆与正在呈现的音响意态作比较，并从这种前后比较的差异中，敏锐地洞察后续片段所呈现的新颖性。正是通过这种细腻而蕴含流转起伏的音响差异，让人获得了一种丰富感。这种细腻的变化越多，越能体现演奏者匠心独运的艺术感悟力与表现力。

（二）加花

所谓加花，就是对动态旋律音在演奏过程中进行临时装饰，它带有相当明显的即兴成分。加花装饰不但给旋律曲调带来了丰富多彩的意蕴，也是一种使特定地域的音乐风格得以鲜活呈现的手段。不管是中国江南的丝竹，还是世界各地的音乐演奏，都常有运用。

黄日进把广东音乐的加花归纳为八种：①冒头花；②前缀花；③后缀花；④连接花；⑤插入花；⑥经过；⑦叠尾花；⑧花上花。他认为加花是广东音乐的一种重要且特殊的演奏手法。至于为何要加花，理由是显而易见的——不足就需要增加。所谓不足，是指原始乐谱文本没有把足够多的音乐信息以乐符的形式谱出，并使之得以固化，其用意不在于简朴明晰，而在于为临场演奏的音乐家留出足够的主观解释空间。常听到人们说"广东音乐是'死谱活奏'"，这话听起来似乎有点在理，但实际并不然。乐谱并非"死谱"，它只是被有意简化为一种大致定型的"骨架"系统，至于附着其里的"血肉"，则留给演奏者来填充，而填充的方式与过程，也就是对乐谱文本进行个性化解读的方式与过程，也正是这种解释空间的预留，才使得个性化的演奏有了前提条件。因而，个性化解读正是通过这一即兴性的临时填充才得以外化，不同演奏家的解释差异也通过它来区分。由于有了这一解释空间，才使得一部作品在解释上具有极为宽广的开放性，也从而获得久演不衰的生命力。但加花是有条件的，增加的一定是"花"，是"血肉"，是精髓，具有点石成金的意味。它使音乐更加流畅自然，意蕴生动，极具风格，也由此显现个性。

加花是乐器性能和演奏技术发展到一定阶段的产物。随着演奏者的兴致勃发，从一般的即兴加花到带有创造意图的加花，从某种程度上来说，实质上都是一种认知意义的个性彰显，是音乐才华的体现和发挥。也只有通过它，才能将乐曲中所潜藏的意蕴淋漓尽致地揭示出来。而乐曲的表现力也正是通过加花才得以显现。

下面，就其中四种加花分别进行描述：

（1）冒头花。

是加在乐曲或乐段开头的花音，可以是一音、两音、三音、四音，以领奏乐器高胡或扬琴先行奏出。在高胡演奏中也被称为先锋指。

（2）前缀花。

即普通的装饰音，它是广东音乐中最常用、最有特色的加花法，花音通常是一至两个。

（3）后缀花。

是相对前缀花而言的，花音就在主音的右上方。

（4）连接花。

即把句读连接起来的花音。它可以使旋律更加圆滑流畅，活泼生动，但它占较多的时值，使前一个句读的最后一个音符的时值节奏发生变化。花音可以是一至四个，或更多。

（三）发音

有了各种美妙的音色才可以奏出动人的乐曲，不管是二胡、高胡、小提琴还是唱歌，发音都是非常重要的。在用高胡演奏传统的广东音乐时发音华丽飘逸，秀美柔韧。按弦对高胡的发音非常重要，为了适应现代作品的需要，黄日进借鉴钢琴的发音，在击弦、按弦法的基础上适当加入摁或

压的手法。黄日进把左手手指与右手运弓的击弦发音总结为三个步骤：一是朴素击弦发音。即左手不加任何装饰，把手指抬高，将手指连同手掌的重量转化为力量垂直地打在弦上，让弦清晰地发出响声。二是重击弦发音。在朴素击弦的基础上抬左手，使手掌用力击在弦上，同时右手运弓用力击弦，再用力拉开，目的是训练左手按弦的力度和弹性。三是美化发音。在完成前面两个步骤后，通过揉弦、放松或用力以及夹琴达到美化发音的效果。

高胡是靠右手运弓摩擦琴弦而产生振动，再传递到蛇皮来放大、发出声音的，这些声音美与不美、松与不松，跟用力的程度有很大的关系，力可归纳为两种，一种是自然力，另一种是非自然力。这两种力是同时用的，自然力是基础，而非自然力是附加，要使两种力浑然一体。

夹琴对高胡的发音有直接影响，是为了美化和调整高胡音色，要考虑三个要素：一是大腿位置；二是夹琴的深浅；三是夹琴的力度。这些要素可使发出来的声音即时调整。

教学理念

黄日进几十年的辛勤教学可谓桃李满天下，为音乐事业培养了一批高胡表演艺术人才，其中不乏在海内外颇具影响的演奏家。他的学生中，有音乐艺术院校优秀的专业教师，如香港演艺学院的中乐系主任余其伟、星海音乐学院民乐系陈国产等，至今仍有许多弟子在各专业院校或表演艺术团担当骨干。黄日进是一位出色的高胡演奏家、教育家，其高胡教学硕果累累。这些教学成果离不开黄日进正确的教学理念以及科学的施教方式。

教学理念是指导教学行为的思想观念和精神追求。从某种意义上讲，教学理念的先进与否，将直接影响教学行为能否顺利进行和教学目标能否实现。除了非凡的音乐天赋，黄日进还有先进的思想和丰富的知识，文学才能和文学修养极高。黄日进的教学理念是要求学生不仅仅学会奏响音符，更重要的是对音符的内涵作出深刻解读。所谓广东味、民乐味，味者就是音乐的内涵意境、神韵风格，与漂亮多变的音色交融出一种妙不可言的感觉，因此味就是美，是广东音乐和一切民乐演奏最完美的"美"。

音乐家用艺术的方式了解人类，认识社会，学习先进的思想与广博的知识，使其音乐创造具有高瞻远瞩的气势，深入灵魂的深度。文学创造能力可使音乐家打破音乐创造的循轨思维，大胆创新，开拓新的领域，可以丰富音乐家的想象力与情感体验能力，提高其感受力和领悟力，使其创造出既具有哲学高度，又具有洞察人类心理的深度，还具有独特的艺术风格与意境。

（一）具有完善的专业表演技能

对于完善演奏者高胡表演技能，黄日进编写的《高胡广东音乐练习曲》和《广东音乐高胡曲选》起着举足轻重的作用。作为一种别具特色的民族乐器，从高胡定型到 20 世纪 60 年代，不过只有 30 余年的历史。作为广东音乐表演的特色乐器，高胡诞生后便得到广泛普及，也经过一代代演奏家数十年的实践积累，同时兼收并蓄了其他弓弦乐器的演奏经验，逐步探索出越来越多的特色技法，并呈现于种种经典作品之中。黄日进在教学传承过程中，更多只是靠直接的感性经验传授，而这在现代音乐教育形势下显得缺乏系统性与科学性，而这种缺失也主要因为没有相应的、循序渐进的系统教材。

《高胡广东音乐练习曲》是一本具有高胡技能技巧训练价值的教材。例如：左手持琴，按弦、换把、揉弦、活指；右手运弓技巧，慢弓、快弓、跳弓以及练习加花、滑音、"乙凡"调式等。该书有针对性地提供了各种单一技巧的基本训练方法，尤其对初学者的规范学习有所帮助。

《广东音乐高胡曲选》是将所掌握的基本技能通过所选曲目进行综合运用的练习，该书乐曲记谱准确翔实，每首作品前均有"乐曲简要说明"，对每一首乐曲的来源、表现内容都作了精炼提示，且每段段尾对前段演奏要点、音乐情绪表现等均有详细的要求和解释，左手指法标示亦很详细，不仅对使用何种指法有详尽标记，甚至对弓法亦有严格规定。与《高胡广东音乐练习曲》相比，该书更强调艺术感知与认知的高标准训练，这对演奏者准确掌握乐曲演奏起到了严格训练的作用。

这些教材对同时期各地高胡教学提供了重要的教学参考资料，并为日后民乐教材的进一步建设与完善作了前期积累与铺垫。

（二）具有教学与音乐普及能力

黄日进的高胡艺术教育活动几乎贯穿了其整个音乐生涯，黄日进在进行演奏与创作的同时，始终竭力授业传道。他和许多高胡前辈一样，将高胡艺术的发展看作一份神圣的事业，以教学为乐。他深知自己的有效授业对于民族音乐艺术发展起到了承前启后的重要作用，因此终身耕耘于高胡教学中，培养高胡艺术的后继者，同时不断编著教材，在最朴实具体的教学活动中为高胡艺术的传承与发展尽一己之力。

黄日进是高胡演奏领域的一位卓越的教育家，是20世纪中国高等艺术院校民族器乐专业教育的开拓者之一。除了对专业人员的培养外，黄日进还就文化传播领域培育了各种职能不同的，但都对民族音乐发展事业有所贡献的文化人才。其中有些学生在毕业走向社会后，经过多年的历练，成为公职骨干，有些则成为各种文化职能部门中的艺术传播者，他们在自己的岗位上，为民族音乐事业培育受众，也为社会发展总体目标提供了支撑。

黄日进认为：广东音乐和粤剧音乐本是一家。他要求学生除了系统全面地学习高胡基本技术和广东音乐外，还要学习粤剧伴奏。为帮助学生深入学习，他经常带学生去"私伙局"里"泡"，去剧场听名家演唱和演奏，体会广东音乐的内容情趣、形象意境；进一步体会加花、滑音等演奏手法；进一步体会广州方言、唱腔和广东音乐三者之间的地方色彩一致性；进一步体会唱腔的优美，提高学生的音乐素质。如红线女演唱的《荔枝颂》：

卖荔枝，身外是张花红被，轻纱薄锦玉团儿，入口甘美，齿颊留香世上稀，什么呀，可是弄把戏，请尝个新，我告诉你，这是岭南佳果靓荔枝，果中之王人皆合意。

说荔枝，一骑红尘妃子笑，早替荔枝写颂词，东坡被贬岭南地，日啖荔枝三百余，好佳果，品种各异，爽口桂味，肥浓糯米糍，荔枝早熟早上市，三月红有名气，增城挂绿美名驰，黑叶荔枝甜又脆，乡村姑娘，带着一班小伙子，成群结队摘果去。珠江两岸歌声起，万艇千帆载荔枝。

说荔枝，一果一木来非易，多少园丁挥汗雨，换来万紫与千红，枝垂锦弹含春意。隔山隔水心连心，献给四海五洲兄弟，万般情意，情如荔蜜甜，心比荔枝果核更细致，荔枝花开香万里。荔枝，听我来为荔枝唱颂词，卖荔枝。

其中，"被、美、岭、你、我、上、米、贬、里、市、五"这些字，广州话都带滑音，是小三度滑音，可唱成"2""4"；"雨、子、意、水、口、海、比"是四度滑音，可唱成"1""4"；"果、小、少、起、早、两"是二度滑音，可唱成"1""2"；"肥、浓、名、驰、万、核"是三度滑音，可唱成"4""2"；"带、班、去、隔、糍"是二度滑音，可唱成"4""3"。

黄日进演奏这首乐曲时就是借助这些文字剧本的启发，深化对乐曲的理解，将粤剧舞台艺术融合在音乐形象之中，使人易懂、感到亲切自然。

（三）培养学生处理音乐的能力

黄日进从来不要求学生模仿某个大师或模仿他自己，他常常说"学我者生，似我者死"。他启发学生从学习粤剧伴奏入手，从而找到广东音乐的根源；启发学生发挥主观能动性和创造性，以更好地理解、分析音乐，提升能力。

黄日进认为想要成功地演奏一件作品，把它的内容完美地表现出来，首先要对作品有深刻的理解，了解作者的有关情况和创作意图。一件音乐作品往往是作曲家内心体验的再现，只有理解和掌握了作品所想要表达的感情，并用熟练的技艺来表现，这样演奏出来的音乐才具有生命力和感染力。黄日进认为音乐是一种特殊的语言。对乐句、音色的感觉有如画家对线条、色彩的感觉。要学会处理乐句，要了解乐句的抑扬起伏与气息。一首乐曲总会有高潮和低潮，因此，在处理上要有合理的布局，演奏中要将音乐的来龙去脉交代清楚。黄日进启发学生从分析、理解作品入手，全面掌握作品的风格，充分发挥高胡艺术的表现力。下面以《平湖秋月》为例，分析黄日进是怎样引导、处理音乐的。

黄日进首先要求寻找和了解与本曲相关的资料，如作者吕文成、西湖的美景等。他上课时详细分析了吕文成的创作过程。20世纪30年代，吕文成于中秋时畅游杭州西湖，美丽的景色使他感慨万分，触景生情，遂创作了这首描写西湖景色、赞美大自然的曲调轻柔秀美的作品，以表达对西湖美景的感受。

《平湖秋月》是广东音乐抒情乐曲中的佳作。在演奏时，脑海中回忆这些景色，萦绕一种平和、委婉、恬静的感觉，出来的音色要自然清晰。每个落拍点要轻盈，像蜻蜓点水一样，加上微微揉弦，就似一阵清风拂来，引起清澈的湖面上一片片银波，使人陶醉，令人心旷神怡。要达到这种效果，就需要技巧。明朝有人将古琴的演奏特色从美学的角度概括为二十四字：和、静、清、远、古、淡、恬、逸、雅、丽、亮、采、洁、润、圆、坚、宏、细、溜、健、轻、重、迟、速。音色变化之丰富、表现之细腻由此可见一斑。要获得美妙的音色，必须强调听觉的训练，用敏锐的听觉来调整、检查所发出的声音，同时还要注意触弦、运弓、呼吸等技巧。黄日进常常形容音色如"珠落玉盘""哀怨哭泣""窃窃私语""咆哮奔腾"等，在黄日进那丰富多彩的演奏变化下，这些音色才能活灵活现地表达出来。为了加深学习者对这首曲的感性认识和理解，黄日进用不同的节奏和不同的加花方式演奏，使其对广东音乐的灵活多变有了更深的认识。

要演奏好一首作品，首先，除了强调听觉的训练，用敏锐的听觉来调整、检查所发出的声音以外，还要注意触弦、运弓、呼吸等技巧的科学应用。其次，在充分练习的基础上，注意把曲子拉得更动听、更传神，这就要靠慢慢地"磨"。对音乐的追求是永无止境的，每首曲子都要通过"千锤百炼"才能演绎好。

作品赏析

作品实际上是一种信息载体，综合了作者方方面面的艺术感悟，包括音乐想象力、音乐审美趣味、风格取向、总体文化素养。一部作品正是由多方面的因素构成的，无论是作为审美经验的演奏积累，还是作为理性观念的种种思想，都会在一定程度上制约着作曲家的创作行为、题材选择、作曲思维（包括结构设计与技术驾驭）等。既然作品具有如此多的内涵，那么分析作品实际上就是理解作品，理解作曲家的创作之路。黄日进的代表作有合奏曲《粤人之歌》、高胡独奏曲《百尺竿头》《旖旎风光》等。

下面从曲体结构来分析《百尺竿头》。

"百尺竿头,更进一步",出自一则佛教典故。据宋代普济《五灯会元》记载:当时有位高僧名叫景岑,号招贤大师,其佛学造诣极高,常被各地请去传道讲经。一天,他应邀到佛寺讲经时,有僧人施礼请他解答关于佛教最高境界——十方世界的问题。为了说明十方世界究竟是怎么回事,招贤大师当场唱了一句偈语:

百尺竿头不动人,
虽然得入未为真。
百尺竿头须进步,
十方世界是全身。

意为如果道行的修炼到了百尺竿头的境地却不再前进,那么,虽然了得,但还不是纯真,即使修到百尺竿头的顶端,仍然不能松劲,绝对不能自满,也绝对不能中辍。只有继续用心去做,仔细去做,才会取得更大的进步。

"百尺竿头,更进一步"是一种寻常人不易达成的豁然境界。也许这就是顿悟,是由凡入圣。达到这种境界,已然得窥法门,已经是"得入"了。当然,付出的艰辛可想而知。世界虽大,人生的路也很长,但并不是经常会有这种机会,有这样的感悟。大多时候,只是感觉在爬山,在往前走,而这种"一览众山小"的享受,只有在一定的高度才能体验。山外自然更有山,大家对此也有各自的理解,但笔者以为,要达到"百尺竿头"的境界,是很不容易的。

《百尺竿头》正是对这种精神的礼赞。乐曲以典型的广东音乐结合现代胡琴的演奏技法,由多个乐段构成。旋律层次分明,一气呵成,反映了人们不断进取的精神面貌。其旋律特点:乐句有重复两三次,时而上行时而下行,或渐强渐弱。下行是为了营造上行的气势。所以表演时要拿出气势,语气明亮,这意味着百尺竿头更进一步,且不能用娇柔的滑音。

这是一首前后分别附有引子与尾声的三段式乐曲,整体呈现为清晰的五个部分,中间三个部分是乐曲的主体。其曲式结构如下:

```
                    ┌──────────────二重段──────────────┐
        ┌───────────┤                                  │                    ┌──────────────────────────────┐
引子    +   第一段              第二段          +      第三段            补充性的尾声
1—4        5—41               42—71                 72—117             118—134
        起              承              转                           合
```

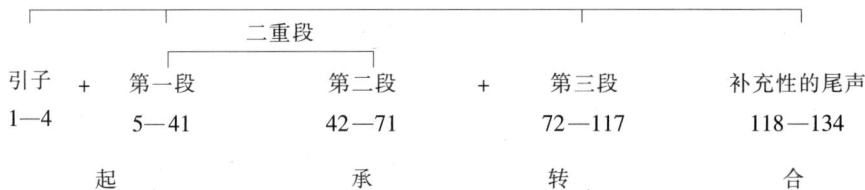

开头 5 个音是一个简洁的引子，是对人们发出呼喊，向更高山峰攀登的指令。演奏时运弓要有力量，加大揉弦的幅度，使本曲开头就给人一种振奋向上之感。

第一段的句子结构如下：

$$5 + 6 + 3 + 5 + 3 + 2 + 2 + 2 + 2 + 7$$
$$起 \quad 承 \quad 转 \quad 合$$

第一段有长句和短句，长的有 7 个小节，而短的只有 2 个小节，形成一种行云流水般的感觉。这段构成一个小的起承转合的变化。其中，"04 35 1"是乐曲的动机，节奏型都是弱拍起，它贯穿于整首乐曲，形成一体。开头第一句从第 5 小节到第 9 小节，是由"动机"经过三次加花变奏组成，是行进的步伐，走得平稳、坚实而有力，加花一句比一句密，力度一句比一句强，层层推进。第二句开头重复第一句开头，而后句派生出另一个素材，用了"留头改尾"的手法，表示为了向上攀登而做好充分的准备，这两句构成"起"。第三句开始是"承"，由 3 个小节组成，开头一句也是用了"4 351"的动机素材加花组成，接下来是一个独立的素材，即高八度低八度变化重复。这样既记住了新旋律，又不觉得单调。第 25 小节又回到前面的动机素材。第 27 小节开始是"转"，旋律开始逐级递上，给人一种螺旋上升的感觉，其中还夹杂着人们在攀登过程中的喜悦，仿佛可以听见人们每登上一个小高峰快乐的呼喊声，如那几个加了打指的"5、6、7"音及上加一点的高音"1"，这里是一个新的素材，是递进式的音阶上行，把音乐层层往上推。后面 7 个小节是"合"，3 个小节的音型下行后又用了三组重复的切分音，把乐曲推上一个小高潮后结束。

第二段的句子结构如下：

$$5+6+3+5+2+2+2+2+3$$

起 承 转 合

这是第一段的变化重复，表示向上攀登不是一蹴而就的，是有一个反复过程的，反映了攀登螺旋上升的形式，但与第一段的不同之处是，可以感觉到人们攀登的脚步越来越坚实了。这段和第一段都用了"留头改尾"的手法，"起"和第一段的一样，"承"和第一段的前面一样，拍子由2/4拍改成3/4拍，"转"和"合"与第一段相比是缩减句，第一段的长音缩成两个八分音符的音型，"转"的开头和第一段一样，而后面的几句看起来是材料更新，实际上是用动机的素材加花变化而成。结束音也在"1"音上，是完全终止。

第三段的句子结构如下：

$$8+3+4+8+3+4+8+2+6$$

起 承 转 合

第三段比前两段规整一些，看上去是一个独立的段，但里面也有很多第一段、第二段的素材，这段和前两段有很大区别，用了"改头留尾"的手法，"起"的第一句8小节和"承"的第一句8小节派生出新的材料，它们的相同之处是音型层层递减。这句虽然是新的素材，但它的拍子是弱拍起，是有动机的音型"04 35"。"起"的第二、三句共7个小节和"承"的第二、三句共7个小节完全重复。"转、合"也是用了"改头留尾"的手法，前6个小节是新的材料，而最有意思的是后面把"3"音改"4"音，自然重复了第一段的第16小节至第26小节。这段可以感觉到，人们已经攀登得很高了，空气越来越稀薄，脚步越来越沉重，有些人累了，走不动了，这时曲中出现了近乎是呼喊的旋律，意在表现人们相互鼓励、搀扶、拉扯、向上推的行为活动，从第87小节至第105小节就是这个过程。从第106小节至第三段结尾的第117小节，出现了一连串较密的音型，营造了较为紧张的氛围，为之后尾声的高潮作了铺垫。

尾声句子结构如下：

$$4 + 4 + 4 + 5$$
$$起 \quad 承 \quad 转 \quad 合$$

结尾用了补充性的尾声，是用开头动机的素材变化重复和翻高八度变奏，使乐曲完整统一，首尾呼应。连续几个"3521"，由慢到快，然后戛然而止，表现了人们在攀登顶峰时，非但没有放慢脚步，还加快了脚步。第129小节表现了人们冲上顶峰豁然开朗后突然安静。当人们实现一个目标时，是不是会忽然想起过程的艰辛而陷入沉思？原来，是刚才稳妥的每一步让人们成功攀上高峰。

《百尺竿头》的点睛之处是最后一句，当人们历尽千辛万苦达到高峰时，并没有喜形于色、忘乎所以，而是由高音慢慢趋于平缓，最后归于一片平静。笔者认为这正是作者要表达"百尺竿头"最需要平常心的艺术手法。

这首乐曲段与段之间连接严密，一环扣一环，自成一体。一般素材变化时又留有余地，用"留头改尾"或"改头留尾"的方式，使音乐既有核心又有发展，乐曲的每个段、每一句都通过"起承转合"在不断地变化。在对音乐素材进行拓展延伸时，非常注意紧扣作为乐曲音调特性的核心材料，通过重复等手法使乐思得以推进，突出主题，使乐曲富有层次感，是一首简练、明朗的广东音乐名曲。

（雷叶影/文）

锦韵月圆谱新声　培英耕心留华章
——黄锦培

　　黄锦培（1919—2009），1919 年出生于新加坡牛车水一个贫穷的华侨家庭，祖籍广东惠州。中国民主同盟盟员，历任中国音乐家协会会员，中国音乐家协会广东分会顾问，广东省政协委员，广东省文联委员，广州粤乐研究会会长。儿童时代曾先后在新加坡圣安得烈、养正等学校读书，1931 年回国，就读于惠州中学至初中毕业。1936 年，考入当时隶属南京国民政府的中央广播电台音乐组（1935 年 10 月 6 日正式成立）任播音员和演奏员，从此开始了终其一生的音乐之旅。

　　1937 年"七七事变"爆发，抗日战争全面打响，不久中央广播电台以及音乐组即奉命西迁重庆。原本电台动员黄锦培疏散回广东，但他旋即加入国民革命军参加抗战，授衔少尉，任副连长，于 1937—1938 年受命赴湖北孝感担任征兵工作，后因病在部队休养了一段时间，病愈重返重庆中央广播电台国乐组。1941 年离渝赴湘，担任位于湘西所里的湖南国立第八中学的音乐指导老师，并先后兼任国立商业专科学校音乐讲师，湖南省立第九师范学校、国立茶洞师范学校的音乐教员。1943—1946 年，他返回重庆任职中央广播电台音乐指导及作曲工作的同时，又应国立歌剧学校校长王泊生之邀任该校编撰员，并兼任中央干部学校音乐系讲师和重庆师范学校音乐教员。

抗战胜利后，中央广播电台回迁南京，而黄锦培却选择于1947年转任为湖北汉口广播电台编曲专员，1948年再经广州辗转到达香港，参加了由共产党领导的文艺宣传工作，先后在中华音乐院、永华影业公司、"丽的呼声"有线广播电台、中英交响乐团等单位任职。

1949年10月14日广州宣告解放。根据党组织安排，黄锦培于1950年2月从香港回到广州，被分配至广州军管会文教接管委员会文艺处音乐组参与入城接管工作，1951年底又调任开展土地改革运动的宣传工作。此后一段时期内，他先在新成立的广州华南歌舞团从事粤乐的搜集、整理、演奏、创编和研究工作，后再到华南文艺学院音乐部，主教二（高）胡、扬琴、秦琴、笛子，兼教小提琴、大提琴和低音提琴。1953年，短期担任广东省粤剧团音乐指导，1955年，在广州市戏曲改革委员会下设的广东音乐研究组任专职干部，1956年再转调新的专业团体——广东民间音乐团任艺术指导。1958年起，他再次从演奏和创作转型回归教学工作，任职广州音乐专科学校直至73岁离休，此期间教授扬琴、二（高）胡、琵琶、古筝、小提琴、中提琴、大提琴、低音（倍大）提琴、钢琴、作曲技术理论等专业课，开设了粤乐理论公开课和民族乐器配器课，并担任民乐系副主任、主任及音乐研究所主任等管理职务。

1986—1987年以及1990—1991年，已步入晚年的黄锦培两度应加拿大英属哥伦比亚大学及当地文化机构的邀请，前往温哥华讲授中国民族民间音乐及承担有关粤剧音乐文化的研究课题。1992年后，定居加拿大温哥华，身处异国他乡的黄锦培继续推广传授中国音乐，并不时在温哥华与中国广州之间来回穿梭，参加各种社会音乐活动。

2009年7月16日，黄锦培因病久治无效在广州逝世，享年90岁。

习艺初成

由于自幼受兄长喜爱粤乐的影响，黄锦培童年时期就酷爱音乐：4岁接触口琴，五六岁习奏扬琴和秦琴，并在兄长的指导下学唱粤曲，8岁学钢琴，10岁在新加坡精武体育会的音乐部学唱、奏粤曲、粤乐，后来又学二胡和小提琴，曾在新加坡的天演大舞台演出。1931年回国在惠州读初中时，又结识了一些广州音乐界的朋友和前辈，常跟随其外出参演粤剧。此时黄锦培尽管从内心深处热爱民族民间音乐，却未曾想过日后会因机缘巧合而走上从事音乐演奏、创作、研究和教学的道路。

1936年10月，17岁的黄锦培初入南京中央广播电台音乐组见习，是最年轻的职员，同事们都喊他"小广东"，这个昵称一直喊到重庆。那时他已经练就一身"吹拉弹打"的本领，主要负责演奏扬琴。抗战开始后不久，电台增开了一个"粤语新闻"栏目，他又被邀请兼任粤语广播员。黄锦培在南洋念小学时就学过五线谱，有一定的视唱基础，进步极快。到了1942年，内迁重庆的中央广播电台音乐组分两批开办为期半年的国乐训练班，当时他已是被同事们戏称为音乐组"四大金刚"的四位骨干和主要教师之一。在重庆，黄锦培受到当时电台音乐组组长陈济略的影响，决定学习作曲以适应新的工作需要。他不仅在图书馆埋头研究原版英文交响乐总谱、研读王光祈等人翻译的和声学著作，自学作曲、指挥，还虚心向同行专家们拜师取经，如向卫仲乐学琵琶，向陆修棠学拉二胡，向杨葆元学弹古琴，向金律声学拉中音提琴，向菲律宾友人汤美学拉低音提琴，向曾留学比利时的国立音乐学院院长吴伯超学习和声，同时，他还研习南北各地其他民间乐种，如江南丝竹等，可谓如饥似渴、样样不落空。通过这段珍贵的学习经历，黄锦培将自身积累的传统音乐演奏技巧以及对音乐的感性认识，逐步形成系统音乐理论并与西方作曲技法融会贯通，也为中央广播电台音乐组国乐队成为"我国第一支新型专业民族管弦乐队"作出了贡献。

演艺风流

自考入南京中央广播电台音乐组，黄锦培再也没有离开过演艺舞台，他用手中心爱的各式中西乐器，为观众们送上了一首首悦耳动听、优美动人的乐曲，使广大喜爱粤乐的知音们，渐渐熟悉了这位在演艺舞台上尽显风采的音乐家。

据黄锦培先生自述，他年轻时反应灵敏，记忆力好，在乐器演奏上悟性颇高，随时能熟练背奏琵琶十三大套曲与粤乐 200 多首经典曲目，即使年纪大了也丝毫不见遗忘。甚至他在加拿大侨居期间，某次有人想学一种叫"吹腔"的中国传统戏曲音乐，他现场就吹奏起这种 60 多年前所学的曲子，原汁原味，让在场的人都惊讶不已。扎实的演奏功底，自学的作曲、指挥技能，使他在各种演出舞台上如鱼得水，参加过的演出活动不胜枚举。现将他在"文革"前参演的部分重要演出列举如下。

（一）重庆中央广播电台音乐组时期

1940 年，重庆当局接待美军要人，黄锦培应邀前往演奏粤乐《三宝佛》等曲目。

1941 年，中苏文化协会主办的"中苏音乐交流"特别节目，音乐组和国乐队把整台国乐介绍给苏联人民，受到苏联各界人士的高度评价。

1941 年初夏某晚，音乐组应邀为国民党党政训练班（学员千余人）举办音乐晚会，由该团音干班和音乐组联合担任整台音乐会的节目，并专门印有节目单。本次是音乐组第一次把演奏人员名单列出。

1942 年春开办的第一期国乐训练班于 1943 年 1 月 29 日晚在广播大厦举行毕业学员表演音乐会。同年 3 月 20 日晚又举办周末特别节目——国乐演奏广播会。5 月 22 至 23 日两晚在广播大厦再次举行公开国乐演奏会。这几次演奏会的主要节目中，由黄锦培创编的作品有乐队合奏《丰湖忆别》等。

1945 年 4 月 25 日，电台主办的音乐月之"国乐演奏大会"在重庆陪都青年馆举行，当天节目单上印有音乐组国乐队和电台合唱团全体演员的姓名，共 55 人之多，黄锦培排名第三。演出的 11 个节目中由他创编的作品有：乐队合奏《华夏英雄》《丰湖忆别》以及《阳光华想曲》（甘涛独奏二胡、国乐队伴奏），女高音独唱《阳关三叠》（曾宪恩独唱、国乐队伴奏），混声四重唱《亚东掀巨浪》（曾宪恩、胡丽文、朱崇懋、陈厚适，国乐队伴奏），混声大合唱《碧血英魂》（电台合唱团演唱、国乐队伴奏、黄锦培指挥）等。

1945 年 8 月 15 日，日本宣布无条件投降，不久就举办了庆祝抗战胜利的国乐演奏大会，节目和演员大致与以上相仿。

1945 年 10 月，国共两党在重庆会晤并签订了"双十协定"，谈判期间举办多场欢迎宴会，黄锦培应邀参加其中接待中国共产党代表团的国乐演奏会。

1945 年 11 月 3 日晚，在上清寺广播大厦举办"十年国乐成绩表演"的"国乐演奏大会"，参演专职人员共 26 人，邀请中外知名人士莅临欣赏，节目单以中、英文对照各排一版。演出节目（黄锦培创编）有：乐队合奏《丰湖忆别》，主笛独奏《往事》，女高音独唱《阳关三叠》，混声四重唱《亚东掀巨浪》等。

（二）20 世纪 50 年代以后的演出活动

1953 年，黄锦培以演员和翻译员的双重身份，参加中国青年艺术团 52 人的演出队伍（胡耀邦任领队），赴罗马尼亚布加勒斯特参加第四届青年与学生联欢节。在民间音乐演奏比赛中，经他整理并与方汉、梁秋、朱海三位著名粤乐演奏家合奏的传统粤乐《双声恨》和《昭君怨》，荣获优秀表演奖。同年 10 月至 12 月，黄锦培随华南歌舞团奉调参加中央慰问团赴朝鲜以及中国旅顺、大连作慰问苏军和志愿军演出。

1955 年，在广州中山纪念堂为毛泽东演奏粤乐；同年，随中国民族乐团赴捷克斯洛伐克参加"布拉格之春"演出；12 月转赴波兰华沙参加第五届世界青年与学生和平友谊联欢节，他和梁秋、方汉、陈萍佳、苏文炳等人演奏的传统粤乐再次获奖。

1956 年 5 月，粤剧《搜书院》赴北京首演之后，黄锦培作为该剧音乐、唱腔设计者之一，因在工作和艺术上的突出成绩，在中南海勤政殿与红线女、马师曾等艺术家一起，受到周恩来总理的接见。周总理观看这次演出后，称粤剧为"南国红豆"。

1957 年，有关部门组织了 100 人的乐队，合奏演出黄锦培之前所在的广东音乐研究组搜集整理的近 200 首粤乐经典曲目，反响极大。

1958 年 5 月，广东音乐曲艺团成立，组成了 4 人粤乐演出小组（黄锦培演奏扬琴），参加北京全国曲艺会演，由于演出成功，受到全国各地的邀请，进行多场巡回演出。同年 9 月，黄锦培等人随福建前线慰问团第五分团前往福建演出。

1991 年离休之后，步入暮年的黄锦培先生从演出舞台第一线退下来，改为在台下幕后指导国内和大洋彼岸年轻一辈的音乐家们继承粤乐演艺事业。与此同时，他并没有停止拨动那些陪伴了自己大半生的乐器，而是积极参与住地举办的社会音乐活动，尽自己所能无私地帮助当地民间乐社提高音乐水平。久而久之，在海内外的广府民间音乐爱好者群体之中，有一大批都是他的"粉丝"。

创作不倦

在 20 世纪 40 年代以来成名的众多粤乐名家之中，黄锦培先生除了以擅长演奏各种中西乐器的"多面手"扬名之外，又因其创作（编）的粤乐、民乐作品具有水准高、编制大、数量多、时间快、即写即奏的特点而闻名。他的创作历程主要可分为三个阶段：1936—1937 年（南京时期）、1939—1946 年（重庆、湖南时期）以及 1947 年之后（湖北、香港、广州）。

1937 年上海胜利唱片公司来南京录制唱片，希望音乐组同仁创作新曲，黄锦培此时初入中央广播电台音乐组，尚未自学作曲，但已是"初生牛犊不怕虎"，创作了《夜曲》并灌制成唱片，这是他较早期的作品。

1939 年，黄锦培把张定和创作的《风云际会》改编成民乐合奏《雄风万里》，该曲是他尝试自学作曲后的第一首音乐习作。1940—1946 年，黄锦培作为中央广播电台国乐组的两位作曲专员之一，共创作了各种乐曲30 多首。1940—1941 年，黄锦培感动于著名爱国抗日将领张自忠为国捐躯的事迹，创作了国乐队伴奏混声合唱作品《碧血英魂》（词/曲），并参加中国共产党领导的"抗日文化协会"举办的抗日战争征曲比赛，最终获得亚军（第一、三名空缺）。也因为该曲的成功，重庆国立音乐学院教务主任陈田鹤三顾茅庐请他去当教授。当时这部作品在电台作实况演奏播出，极大地振奋了抗日军民的士气，此时任国民革命军陆军一级上将的冯玉祥将军甚至专门设宴招待黄锦培，以表感激和鼓励之情。他再接再厉又创作了歌颂抗日军民的合奏曲《华夏英雄》，二胡协奏曲《空前大捷》，小合奏曲《月圆曲》，改编自传统粤乐的民乐合奏曲《三宝佛》（上述曲目均为1941—1942 年在湖南创作）。1943—1946 年在重庆，他陆续创作了一批具

有时代气息的音乐作品，如民族管弦乐合/齐奏曲《丰湖忆别》《水仙花》
《胜利风光》《清溪晚霞》，艺术合唱歌曲《春思》，混声四重唱《亚东掀
巨浪》（陈济略词、黄锦培曲），女高音独唱《阳关三叠》（古词，黄锦培
编曲），二胡协奏曲《阳光华想曲》，胡琴独奏曲《青阳歌》，竹笛独奏曲
《往事》，笛子二重奏曲《锦缠珠》，古筝独奏曲《午夜松涛》等，并承担
了音乐剧《木兰从军》（许如辉编剧作曲）的音乐顾问一职及配器工作。
黄锦培在这一时期创编的民族器乐作品，契合当时特殊的社会现状，体现
出鲜明的时代色彩，反映了歌颂华夏民族灿烂文化，凝聚民心、反抗外敌
侵略等主题内涵，并以饱满的激情和活跃的器乐创作思维，刻画了诸多闪
耀着时代精神光辉的艺术形象。不仅如此，这些作品还跨越时空经久传
播，如《华夏英雄》《阳光华想曲》等，一度由中央广播电台国乐组带到
菲律宾演出；二胡独奏曲《青阳歌》在20世纪50年代还在中央人民广播
电台广播出；合奏曲《三宝佛》（1940）和声丰富，效果不错，灌录的唱
片现存于四川音乐学院资料室，甚至直到20世纪末90年代仍在重庆晚晴
民乐社排练演出。

（吴迪/文）

心系岭南谱粤魂
——黄德兴

生平介简

黄德兴，作曲家，原广东音乐曲艺团艺术室主任。中国曲艺家协会会员，广东音乐家协会会员，广东音乐曲艺团艺术顾问。长期从事广东音乐、广东民歌的创作和演出工作，演出足迹遍及全国各地，曾随团赴德国、波兰、奥地利、日本、新加坡等国家演出及开展艺术交流活动。他曾受邀为多所高校进行艺术指导及为音乐工作坊开展专题讲座，始终致力于岭南音乐文化的传承与发展工作，艺术修养积淀深厚，成绩斐然。

1975年，黄德兴正式从事专业文艺工作，在剧团担任乐队演奏员。其间，参与演出的剧目十余部，古装剧、现代剧皆有（每台演出三个小时以上）。在剧团老一辈艺术家的指导和培育下，他在工作期间掌握了粤曲的唱腔结构、伴奏技法以及锣鼓配套等，为今后的艺术发展打下了坚实的基础。

1978—1979年，黄德兴考入星海音乐学院全日制作曲进修班。师从音乐教育家蔡松琦、常敬仪、黄英森等。在老师们的教导下，黄德兴如饥似渴地汲取养分，学习作曲是其音乐人生中不可或缺的重要经历，毕业后的黄德兴在广东音乐的创作与研究之路上勇往直前，不断取得成果。

1981 年，黄德兴调入广州民间乐团艺术室任创作员兼二胡演奏员。乐团 60 余人，时任该团团长的为著名高胡演奏家刘天一，团内有数名名扬海内外的广东音乐演奏家，如朱海、方汉、梁秋、陈萍佳、苏文炳、屈庆、黎浩明等，还有著名粤曲星腔演唱家何丽芳、广东南音歌唱家陈丽英等。乐团每年邀请彭修文、施明新、丁家林等作曲家、指挥家前来指导工作。黄德兴沉浸于此，潜心学习，用心演奏。

1986 年，乐团顺应时代的发展组织了几支轻音乐队。黄德兴担任了"红玫瑰乐队"的队长，负责全乐队的歌曲创作工作，兼为鼓手。工作十年间，黄德兴编配的流行音乐歌曲有两百多首，并带队至上海、武汉、哈尔滨、大连、沈阳等地进行巡演，深受当地群众的欢迎。流行音乐的从业经历，不仅丰富了黄德兴对音乐素材的认知和理解，也为其日后形成丰富的创作风格奠定了基础。

1998 年，黄德兴回到总团（今合并为广东音乐曲艺团）担任艺术室主任。在任期间，他全身心投入广东音乐曲艺团的艺术策划、管理、创作和演出工作。其间，他着力于打造广东音乐、曲艺的演出基地，加强对广东音乐、曲艺的创作研究工作，创立广东音乐艺术中心，并组织编纂了《广东音乐大全》。

从艺几十年来，黄德兴每年参加演出（二胡演奏）130 多场，在每月策划的音乐会、曲艺晚会中表演自己创作的作品，持续耕耘于广东音乐创作和发展的园地中。当然，他的音乐成长历程中也离不开名师的良言教导与关怀。在星海音乐学院学习期间，蔡松琦教授曾对他说："你走出校门后，我之前给你布置的和声作业、课堂上的笔记最好三五年重做一次或重看一次。基础理论要学牢，越牢越好，这是你取得成绩的关键点。"常敬仪老师对他说："作曲家平时应多分析别人的作品，无论优秀或一般，你都要仔细分析并形成文字体会，有积淀才有爆发。当作品创作不下去时，你先收笔搁一搁，当点子来了后方可一气呵成。"彭修文老师对他说："在作曲时要学会用耳朵去听旋律，特别是针对器乐作品。当某乐段的声部结合时，要能听到现成的声响，作曲时要有强烈的音响感觉。"以上良言，黄德兴都记忆犹新、终生难忘，不断受益于其中。黄兴德还在创作中将它们融会贯通，并基于音响色彩的立意与构思，创作出了诸多如《春与荔枝湾》这样颇具当代广东音乐特色的佳作。

艺术成就

黄德兴致力于创作广东音乐及挖掘广东民歌、广东小曲、广东小调等传统音乐素材。他创作了大量粤语民歌、器乐曲等体裁形式多样的作品，这些作品无论是旋律、配器还是歌词，都紧紧围绕着岭南展开。他的主要代表作有：广东音乐合奏《珠江畅想》；三重奏《春与荔枝湾》；硬弓组合《五羊醉乐》；广东咸水歌《咸水歌·甜水歌》《满载归来饮杯胜》；男女声对唱《情醉五层楼》；独唱《门当户对》；小组唱《珠江谣》等。大量作品成为广东音乐曲艺团的专业演出保留曲目，其中《春与荔枝湾》《五羊醉乐》连续两届获广东音乐创作大赛金奖。他曾为粤曲《情醉珠江》进行音乐唱腔设计，获得第十三届全国群星奖。

在广东民歌的创作上，黄德兴以岭南音乐为根，其作品从音乐素材、音乐风格再到音乐题材，无不体现出浓郁的广东音乐特色。

（1）《咸水歌·甜水歌》。

该作品是咸水歌对唱曲目，以原生态的咸水歌为载体，赋予其新的旋律特点，以饱含浓郁乡土气息的语言描绘了珠三角劳动人民生活的巨变。该作品抒发了深厚的情感，颂唱了当代的幸福生活，憧憬着美好的未来。作品的词曲巧妙结合，旋律优美，节奏丰富，别具岭南音韵特色。

（2）《满载归来饮杯胜》。

该作品是女声二重唱曲目，描绘了千帆归港的繁荣景象，颂唱了渔民满载归来的喜悦丰收之情。该曲同样以咸水歌为原生态旋律加以发展，是黄德兴在广东民歌传承上的又一次大胆探索。

（3）《情醉五层楼》。

该作品为男女声对唱曲目，采用粤语对唱的形式，吸纳了广东童谣《月光光》的音乐素材，旋律优美动听，极具岭南音乐风格。通过借景抒情的方式抒发了改革开放背景下人民群众对生活的热爱，以及对幸福家园的憧憬。

（4）《门当户对》。

该作品为独唱曲目，大力宣扬了中华民族"以和为贵""和睦共处"的传统美德。借此倡议广大民众行动起来，从我做起、相互礼让、互帮互助，为创建美好幸福的家园共同努力。作品以小见大，以唱响和谐社会为初衷，运用粤语演唱，通俗易懂。此曲的旋律加入了大量广东音乐的旋法和语汇，并吸收了粤曲曲牌"三脚凳"一唱一小过门的板式及音调，特色鲜明。

在广东小曲的创作上，黄德兴也颇有一番自己的研究。广东小曲与粤曲不同，但都用粤语演唱，通常也称粤语歌曲（广东人一般称之为小曲）。黄德兴牢牢把握广东音乐可唱又可奏的特性，加强对新作品的宣传，其将连续两届获得广东音乐创作大赛金奖的作品创编成广东小曲《春与荔枝湾》《晚晴乐》。其中，《春与荔枝湾》来自同名广东音乐作品《春与荔枝湾》，《晚晴乐》则是一首将其硬弓组合作品《五羊醉乐》的 A 段填词而成的谐趣小曲。这些作品旋律朗朗上口、歌词通俗易懂，深受珠三角地区民众的喜爱。

创作理念

黄德兴认为："音乐演奏要有讲故事的精神，生动细致地表达作品，定受欢迎。"好听的故事必定有好的情节和文本，一首好的音乐作品也应如此，方可打动听众、传播广远。对于创作音乐作品，黄德兴有着自己的体会，主要有两点。其一即"发扬、传承岭南文化的核心精神，树立正确的写作目标"。他认为创作首先要有精神文化的支撑，长期生活于岭南的他，更是对广东音乐这样的民族民间文化有着深厚的感情。广东音乐表现的主体是岭南文化。岭南文化受多种因素的影响而形成，如广东的乡土语言、文化习俗、气候地理、社会交流等，它的核心精神是开放包容、海纳百川、与时俱进。岭南文化对中国、对世界都有着深远的影响。作为岭南人，黄德兴认为自己更有责任和义务去传承和发扬广东音乐的核心价值，这也是其毕生追求的目标。其二为"认真谋篇布局，努力写出有灵魂、灵性和灵气的作品"。在每次艺术创作前，黄德兴都力求突破自己惯性创作思维的局限，不拘泥于已创作作品的形式、题材和内容，这也体现了他对创作的深度挖掘和大胆尝试创新的理念。他在创作广东音乐的过程中秉持着"三灵"（即灵魂、灵性、灵气）理念。从构思一件作品开始，他就反复琢磨最适合的表现方案，构思需要有所创新，有所突破，要做到几者兼具是相当艰辛的。

（1）确定作品的"灵魂"。

灵魂是纲。从音乐作品的创作角度来看，纲是作品的灵魂，应先确定作品的灵魂，并选定表现作品的最佳形式（演奏形式以及演唱形式）。三重奏《春与荔枝湾》和硬弓组合《五羊醉乐》两首作品的选题均来自广州具有深厚历史沉淀的背景。这样的选题社会认识度广，听众易对作品产生共鸣。《春与荔枝湾》通过箫的宁静优雅、高胡的优美飘逸、古筝的流水潺潺及交替的横向旋律，将羊城荔枝湾的鸟语花香、小桥流水、亭台楼阁等画面一一展现。广东的广州、茂名、东莞，甚至广西都有荔枝湾，可谓多处可见，加上"春"这一元素，以景抒情，通过广东音乐的表现手法传递作者的理念，使岭南人民产生共鸣。在构思《春与荔枝湾》的过程中，黄德兴根据岭南大地一景，对"春到岭南"的生机盎然之态进行了一番思考：若是运用广东音乐大合奏的方式，无论是乐器的编制还是音响效果都过于浓重，难以表现岭南意蕴隽永、淡雅秀丽的自然风光；若采用独奏的方式，不能恰当反映"春""荔枝湾"以及"流水"等意象，还需要伴奏和配器的映衬。因此，黄德兴在演奏形式上采用了减法思维加以中和，选用了广东音乐特色乐器高胡、箫及古筝，通过三件乐器相组合来表现作品内容。在确立了这一构思方案后，黄德兴开始了新作的谱写。

高胡、箫和古筝三件乐器在同一旋律骨架上进行着流动式的旋律派生，三件乐器既发挥了各自的特色又恰到好处地衔接过渡，既不喧宾夺主而又相得益彰，既保留了传统广东音乐的旋律特质，又将颇具当代生活气息的重奏写法融入其中。古筝的巧妙运用将高胡、箫的硬朗与粗犷进行融合衬托，塑造了带有柔美音色的旋律，使得高胡和箫两声部在表达的过程中既不失本身音色的特点，又将广东音乐特有的线条特点转化为层次多样、色彩丰富的叠响效果。作品确立了题材和表现手法后，借景抒情，展现了"春城无处不飞花"——羊城春日和煦的景象，用生动的广东音乐语言抒发了人们对未来的憧憬。

　　《五羊醉乐》的选题也是借助广州别称"五羊城"及其历史故事来确立的。与《春与荔枝湾》的写意性不同的是，《五羊醉乐》融入了拟人手法，以"五羊"代表广州市民，"醉乐"展现广州市民陶醉于改革开放带来的幸福生活之中。在演奏形式上，作品回归传统，寻找广东音乐萌芽初期最传统的硬弓演奏组合，再融入一些现代化的创作手法，堪称当代立足传统、展望未来的一首广东音乐佳作。在乐曲主题确立后，黄德兴对作品中音乐形象的塑造，音乐动机、乐汇、节奏、调性色彩以及音域范围的确立进行了思考。黄德兴秉持着"要让创作像种子一样萌芽、开花直至枝繁叶茂并有着持续发展的生命力"的理念，设计了贯穿全曲且具发展性的音乐主题。这一主题不仅表现了硬弓组合的音乐语汇，还突出了硬弓乐器中的主奏乐器二弦、短筒的演奏特点。另外，主题音型也能更好地巩固乐曲的主题灵魂。作品中还有许多由主题派生出来的发展乐句和乐段。

　　（2）展现作品的"灵性"。

　　黄德兴认为，"灵性"不仅是作品的性质、特性，而且是作品的根。创作广东音乐时一定要体现出广东音乐的特性、特点，而如何抓住这些特点，将广东音乐风格的特质贯穿全曲是黄德兴创作时常常思索的问题。其对广东音乐《花开满城》这一作品的创作就牢牢抓住了广东音乐的灵性。谱例如下：

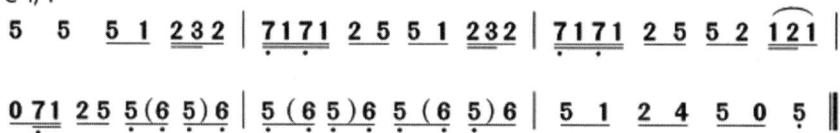

　　这段主题旋律中，两个 <u>7171</u> 均借鉴于广东音乐传统乐曲《连环扣》。《连环扣》本体现乙凡调的音乐特点，经过黄德兴的精心处理后，乐曲的调式被确立为宫调式，这样就将传统广东音乐巧妙进行了"嫁接"，使之转化为符合当代广东音乐审美的旋律音调，彰显了作品的灵性和特质。除了《花开满城》，其还在《五羊醉乐》中融入了《赛龙夺锦》旋法的特点。

《五羊醉乐》主题旋律:

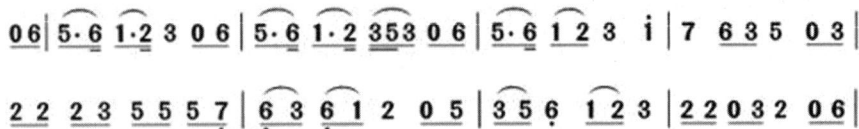

06 | 5·6 1·2 3 0 6 | 5·6 1·2 353 0 6 | 5·6 1 2 3 i | 7 635 5 03 |

22 23 5557 | 63 61 2 05 | 356 123 | 2203 2 06 |

《赛龙夺锦》主题旋律:

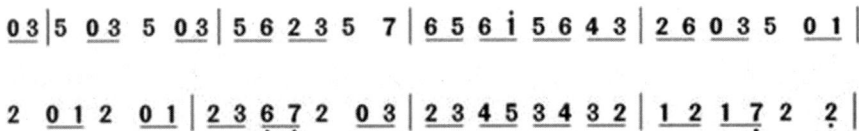

03 | 5 03 5 03 | 56 235 7 | 656i 5643 | 260 35 01 |

2 012 01 | 2367 2 03 | 2345 3432 | 12 172 2 |

由两首作品的谱例对比可知,主题的发展都由短促式带休止的乐句动机逐渐将主题旋律引出。这样的旋律发展手法将骨干音贯穿乐曲发展的始终,但黄德兴在创作时不拘泥于对动机的延伸和强调,针对乐句动机尾音的"3"这一音符进行了不同的变化处理。因此,无论是从对传统旋律的把握与继承,还是从乐句发展的过程中对某个音符进行雕琢来看,突出音乐的"灵性"都是黄德兴在音乐创作中不断强调的主要因素之一。

(3)写出作品的"灵气"。

黄德兴认为,创作除了要把握作品的"灵魂"与"灵性"之外,还要展现出作品与众不同的"灵气",这也是其作品能在粤乐创新中取得斐然成绩、令观众耳目一新的原因之一。例如《花开满城》中,其对两小节高胡与乐队对答的乐句设计:

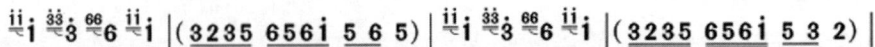

ii i 33 3 66 6 ii i (3235 656i 5 6 5) | ii i 33 3 66 6 ii i (3235 656i 5 3 2) |

在此处高胡领奏乐句的演奏设计上,黄德兴巧妙借鉴了二胡独奏曲《空山鸟语》中"同音异指"的演奏技法,要求演奏者演奏时运用三个手指快速在同一音高位置进行变换，在听觉效果上增加了乐曲的新鲜感。另外，在《春与荔枝湾》中段的快板中，其设计了三次演奏变化，同时借鉴了体现江南特色的乐器曲笛的演奏技法，以提升作品的灵动感。谱例如下：

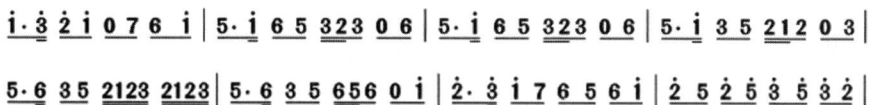

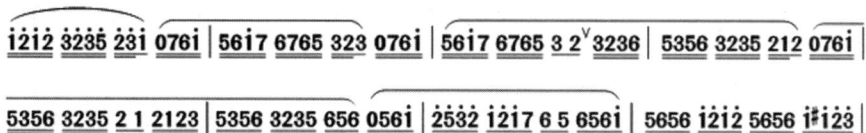

曲笛领奏部分旋律婉转而悠扬，既带有浓郁的广东音韵，又融入了江南音乐的特点，彰显了当代广东音乐的灵气。由此也体现了黄德兴对不同乐种结合本土音乐进行美化和创新的艺术修养和能力。

中央民族乐团作曲家王丹红曾说："音乐无论怎样发展都离不开传统，与传统紧密相连，进步的过程要尊重传统，从传统中来，到传统中去。"这与黄德兴的创作理念深深契合，除此之外，他认为作品必须要接地气、贴近和反映生活，要有立足于传统的根。纵观其创作，皆遵循了这样的原则。从其创作理念与作品呈现不难看出，"三灵"理念是围绕和贯穿其音乐创作的根本。

粤乐创新

广东音乐作为岭南传统民间音乐的一部分，在数千年的历史潮流中经久不衰，但在多元文化流行的今日，许多包括岭南音乐在内的传统乐种都面临着传统与创新的矛盾。而黄德兴认为，将传统与创新二者有机结合才是保护地方乐种，使广东音乐熠熠生辉的有效举措。而纵观黄德兴的音乐创作，其正是在保持传统广东音乐风格的基础之上进而探索现代粤乐风格的。

传统广东音乐绝大多数都有特定的主题，多为作曲家借景抒情而作，音乐题材大部分描写自然景观。在形式、器乐组合上，大多由三五件传统乐器组合演奏，一般以广府拉弦乐器为主奏，曲风粤韵浓郁，注重旋法的使用。而随着时代的发展，现代广东音乐的创作技法和配器手法开始吸纳一些外来的音乐元素，并将这些外来的音乐元素与传统音乐有机结合，打破了原来以民族乐器为主的乐队规格，如加入提琴、萨克斯管等西方乐器；音乐色彩上打破了以单一器乐为主奏声部的单旋律、单主题音乐风格，开始趋向重奏、协奏等多种演出形式。《春与荔枝湾》就是基于传统而又具有现代化风格的一首佳作，题材和音乐曲调风格具有岭南的传统意蕴，同时借鉴了西方提琴的演奏手法，融入了如用扬琴琴竹敲古筝琴面等新颖的演奏手法，采用了三重奏的表现形式。由此可见，黄德兴的音乐创新并非全盘推翻式革新，而是既在题材和韵味上保留了传统元素，又在形式和手法上彰显了现代风格，即从内容到形式的一次融合性转变。

除此之外，黄德兴并不拘泥于某一形式，而是针对同一主题的作品进行多样化大胆尝试。如将《春与荔枝湾》改编成同名广东小曲《春与荔枝湾》，《五羊醉乐》改编成含口白的广东小曲《晚晴乐》等。经他改编后的作品广为流传，以多维度的音乐表现形式推广和传播广东音乐。

黄德兴的音乐创作基于其在岭南大地的生活体验，也离不开其长期浸润在岭南音乐环境之中。他立足传统广东音乐根基，在保留传统元素的同时提炼和注入了自己对广东音乐创新的思考。从其所创作的各式广东音乐佳作，再到连续两届获得广东音乐创作大赛金奖的殊荣可见，其作品正是基于传统而展现当代审美，契合了广东音乐发展的审美需求。正所谓"心系岭南谱粤魂"，黄德兴将毕生在岭南大地之所行、所感、所想融入他的音乐创作，在广东音乐传承和推广的道路中续写华章。

（林欣欣/文）

潮乐篇

呕心沥血为潮乐　左揉右拉写人生
——王安明

生平简介

王安明（1918—2006），广东省揭阳市揭东县炮台镇人，潮剧二弦头手（领奏）兼唢呐演奏家。曾任中国音乐家协会会员，广东省音乐家协会副主席，广东省文联委员，汕头市音乐家协会主席，汕头市潮乐研究会会长，被授予"广东省老一辈音乐家"等称号。

王安明自幼受到民间音乐的浸润，对潮剧木偶腔产生兴趣，参加纸影班，学习演唱和伴乐，少年时期已能操弄几种乐器，先后师承潮州音乐大师林美周、马玉高。当时年仅20岁的王安明已是纸影班头手，以潮剧二弦、唢呐演奏见长。

1943年以后，王安明在潮音老一天香班、老源正兴班、老正顺香班任头手。后曾在正顺潮剧团任副团长，1958年属汕头市潮剧团，被潮剧院等单位特聘为首席乐师，多次出访缅甸、柬埔寨等国，并先后录制潮州音乐唱片、盒式磁带多种。1978年调汕头戏曲学校任音乐教师，教授潮州二弦。王安明执教严谨，桃李满门。任教期间出版了教材《潮州二弦》。1989年应邀到美国洛杉矶潮州会馆传授潮乐演奏技巧及指导排练潮州大锣鼓。

演奏风范

潮州弦诗乐是潮州民间最古老且普及最广的音乐品种，艺术价值很高，其传统风格一直保留得比较完整，在海外如东南亚国家泰国、越南、马来西亚等亦有着广泛深厚的群众基础。演奏时以富有特色的潮州二弦为领奏，以木板击节，常伴以椰胡、秦琴、三弦、琵琶、笛子等，曲调淳朴典雅、优美动听。弦诗乐演奏形式灵活多变，故演奏乐器的件数可多可少，多则十数人参加、少则三五人，演奏过程紧密合作，按照"你繁我简、你简我繁"的法则，使音乐错落有致、浑然一体，是一种健康、有益的艺术活动和自我娱乐活动，也是一种丰富人们社会交往的形式。

"溯古涵今，历史悠久；博大兼容，雅俗共赏；自然和谐，允执其中；得灵于心，寓曲于手；神、气、韵、味，尽显其中。"这是余亦文《潮乐问》一书中对潮州音乐总体形态特征的描写。书中还写道："潮州音乐的韵味，是在演奏、演唱上运用一种富有潮州方言音调因素的极为细腻、柔润、多变的演唱、演奏法，使其音乐旋律呈现波状迂回起伏而产生的一种韵味。"在近代，潮州弦诗乐分为"儒家乐派"（有闲阶层音乐演奏者）和"棚顶乐派"（潮剧音乐职业演奏者）两大流派。"儒家乐派"以蔡戊子、郭忠、丁思益为代表，他们的演奏以多变的指法和多彩的即兴加花见长；"棚顶乐派"以王安明、杨广泉、胡昭等人为代表，他们的演奏严谨典雅。

追本溯源，潮州音乐（以下或简称"潮乐"）流行于粤东潮州、汕头民间，不仅历史悠久，其在音律、乐器配置、音响、韵味等方面均有特别之处，使其在中国众多乐种之中独树一帜，而后逐渐广泛流传。因共处南粤大地，其与"广东音乐"（粤乐）、"广东汉乐"（汉乐）被并称为"广东三大乐种"。作为南方音乐的典型代表，潮乐由当地民歌、歌舞、小调发展而来，并从昆腔、秦腔、弋阳腔、道调、汉调和法曲等素材中汲取养分，其中保留了许多南音古韵。

王安明是潮州弦诗乐"棚顶乐派"中有名的头手乐师，而演奏潮乐要精通潮州唢呐与二弦方能称为"头手乐师"，他在这两方面都有很高的艺术造诣。他的唢呐演奏运气平稳自如，音色清亮，为业界所公认。其所作的最突出的贡献还是对潮州二弦演奏艺术的精研与提高。潮州二弦是潮州弦诗乐中的领奏乐器，是一族之长，声音高亢清亮，又不失秀逸甜美，富有号召力。王安明的二弦演奏弓指娴熟、技艺精湛，刚中见柔、潇洒脱俗，表演时他神态自若，形成了个性鲜明的艺术气质，以独特的演奏风格而饮誉海内外。当时香港乐评记载王安明的演奏"音色清润，洒脱明亮，苍劲激越，刚柔相济，格高调逸，情深趣远"。他还擅长潮州锣鼓——这是一种"吹打丝竹乐"，分为潮州大锣鼓、小锣鼓、苏锣鼓（又名八音）三个类别。王安明对潮州大锣鼓的"十八套"（《六国封相》《薛刚祭坟》《过五关》《牛头山》等）十分娴熟。

王安明的二弦演奏功底深厚，按指讲究发出"波动音"，清爽流畅，换弓不留痕迹，发音美感好，演奏乐曲重在音、情、神、韵融合之美。代表作有《浪淘沙》《平沙落雁》等。唢呐吹奏气息饱满，吞吐自如，按指发音清晰。灌录唱片出版发行的领奏剧目有《妙嫦追舟》《蔡伯喈认像》《急子回国》《刘明珠审玉芝兰》等。演奏录音灌制成潮州音乐唱片的曲目有《游花园》《梅花桩》等。1988年，汕头海洋音像总公司录音出版《王安明演奏专辑》。1996年，参加潮州音乐影碟《潮乐经典》录制，演奏的《浪淘沙》和《平沙落雁》给人以美感，演奏技巧已臻炉火纯青。新编演奏曲目有《关公醉宴》，神意象兼备，为潮乐佳作。

经过几十年的演艺经验积累，王安明录制出版了大量潮乐音像制品，影响极大。

音乐创作

随着人们对潮州音乐的关注，越来越多的人将目光聚焦在潮乐作品上，好的音乐艺术不应只有人欣赏，更需要人们将其发扬光大，而发扬光大除了通过流传实现外，还需要对已有作品进行加工和创作——潮州音乐创作引来了众人关注。

潮州弦诗乐作为潮州音乐中最为广泛流传的乐种之一，不少民间艺人一直致力于其创作。王安明虽是传统名艺人，但他并没有因循守旧，故步自封，而是努力将传统的潮乐与时代精神相结合。他早在20世纪50年代

就总结提炼了潮乐的演奏技巧，对传统潮乐进行整理创作。如早期创作并领奏的潮乐《游花园》，生动活泼，优美别致，令人耳目一新；由他编演的潮乐《狮子戏球》于1959年赴莫斯科演出，成功地塑造了舞狮戏球的音乐艺术形象，该曲现已成为潮乐的代表作。后来他又整理并领奏了十多首潮乐，如《七月半》《梅花桩》《平沙落雁》等，都成了潮乐演奏名曲，在民间广泛流传，有的成为潮乐经典演奏模式。

王安明的创作，一方面注重各种乐器的紧密协作和特色突出，特别是弦诗乐中最常见的演奏方法——加花，原乐谱简单，不会标注明确的轻重缓急，但是演奏者可以在基本乐谱的基础上灵活变动，演奏时还可以以木板击节，使旋律生动流畅。另一方面是其创作的乐曲板式、节奏灵活多变，传统演奏习惯是由慢到快、层层推进，采用曲速三变的变奏手法，即从头板开始，接二板、拷拍、三板直至高潮急煞告终。同时在板式变化的基础上运用约定俗成的单催、双催、双叠催以及其他变体的催奏形式，把乐曲情绪表现得淋漓尽致。尤其令人钦佩的是，他往往可以通过旋宫的微妙变化，使调性产生"似转非转"的艺术效果，赋予乐曲以特殊的韵味和情趣。

在改编古曲方面，王安明也颇有心得。《浪淘沙》是一首传统乐曲，经过王安明的进一步打磨和优化，该曲已成为弦诗乐中的名作。全曲由散板、头板、拷打三板的曲式组成，带有明显的唐、宋大曲遗风。

在半个多世纪的演艺生涯中，特别是中华人民共和国成立后，王安明带着这些作品走出国界，先后在苏联、匈牙利、缅甸、柬埔寨、中国香港等国家和地区访问演出，为传播弘扬潮州音乐文化作出了很大的贡献。

王安明有丰富的潮剧音乐舞台经验，熟谙潮剧音乐的传统程式、文武场规律及潮剧行当声腔。1949年后积极参加戏曲改革和潮剧乐队改革。首先采用西洋乐器低音大提琴，并对潮剧二弦、唢呐进行改革。学习新音乐理论，如基础乐理、小提琴演奏法等。在潮剧舞台伴奏实践中，不断总结经验，提出"扶腔正板""托腔保板"，同时注意"声腔与板式""行当与流派"的区别，把潮剧伴奏功能上升到理论层面来认识。

另外，关于潮乐"丝弦乐"成为"弦诗乐"，王安明认为："'弦诗'乃潮人对乐曲的称谓，合乎古乐之演化。潮乐中乐曲被称为'弦诗'，那是因为它与诗词歌赋一样，都有着起、承、转、合的结构。古代诗歌讲究音韵，潮乐也很重视'作韵'，以韵补声是潮乐的一大特点。"诗和乐，古时原为一体，诗中有乐，乐中有诗。如兴起于中唐，发展于晚唐的宋词，被人们视为音乐的文学，古人称其为"曲子词""曲子""琴趣"。只有词没有谱，其谱是注于词的曲牌，故能见词而歌。因此说，"古词是抒情之歌"，它以音乐为主，词服从于乐，其字句数合乎音乐之"音数"，声韵平仄合乎音乐之高低清浊，古人说"倚声填词"正是此理，这也正是潮州乐曲为何被称为"弦诗"的原因。孔子在删诗书定礼乐时，是手弹口唱鼓瑟而歌，被称为"弦歌"，后世把这种谱称为"弦歌之诗"，可把它视作古老的弦索谱，也可视作潮州音乐原称二四谱为"弦诗"的根据。元朝熊朋来的《瑟谱》，虽以律吕定声，但旁注工尺谱，以此为歌诗之据，也应将其作为弦歌之诗的"弦诗"看待。

注重传承

潮州弦诗乐是潮州音乐的母体，潮州音乐的教学方式又影响着潮乐的传承。

传统学习潮乐的方法——"口传心授"，这种师父带领学徒的形式不仅仅是从艺术实践中学习的，也是我国民间技艺传承的传统方式。学徒学习潮乐，不仅是学习一门技艺，也是学习一种生存技巧。因此拜师学艺的学徒们，和师父不仅是师生关系，甚至是父子、朋友关系，学徒除了学音乐之外，还要学生活、学服务等。经过严苛的学习生活，以及长期受到演奏实践的浸润，学徒才能得其真谛与神韵，但是这种传承方式难以确保世世代代相传，难免出现"人死曲亡"之困境。

近现代潮州音乐的传承形式，有古代的师父带学徒的形式，也有随着科技、社会变化而发展的课堂教学和综合教学形式。

师父带学徒的形式，有的是在乐社办班传授，有的是私人教学。自古至今，私人教学在潮地是非常活跃的。20世纪30年代至20世纪90年代，许多有名望的民间艺人开办传授所、潮乐学习班，每期学员多达几百人，广收门徒、传授技艺，为潮乐的传承与发展储备了不少人才。

随着人们生活水平的日益提高，学校课堂教学的开展，学习潮乐的人越来越多。潮乐也走进了中小学、高校的课堂。潮乐的教学模式从原来的师父带学徒逐渐演化为学校的课堂教学，不少民间艺人都被学校或曲艺学校聘请为教师。1978 年，王安明被调到汕头戏曲学校当音乐教师，教授潮州二弦。他以自己几十年的从艺经验，不遗余力地编写教学资料，专注于潮州二弦演奏艺术的精研与提高。1982 年，他根据演奏技术积累和教学经验，在杨礼桐的帮助下写成了《潮州二弦》一书，成为汕头戏曲学校的工具书，打破了二弦传统的"秘传"局面。

王安明的教学除了进行系统讲解和示范之外，也非常注重实践，即乐种的合奏教学，使学生既学到了乐种的合奏知识，又掌握了乐器技能。除了戏曲学校的学生之外，其入室弟子众多，慕名者众，多年来培养了不少潮乐精英。

潮乐推广

1959 年，王安明随中国文化艺术交流代表团访问苏联、匈牙利、捷克斯洛伐克等国家，参加演奏潮州大锣鼓《抛网捕鱼》、潮州弦乐小锣鼓《狮子戏球》，领奏弦诗《浪淘沙》，并参加苏联的广播电视演出，声震异邦。1960 年，随广东潮剧团到柬埔寨、缅甸、中国香港等国家和地区访问演出，任头手。1983 年，随潮州音乐团赴香港演出。

1987 年，王安明应美国洛杉矶华人社团的邀请，远赴重洋讲学并传授技艺，受到各界极高的评价，当地移民局授予其"安邦明义的文化使者"称号。美国南加州有数十万华人，其中有超过六万的潮汕人，而不少年轻人想学家乡的潮州大锣鼓、潮州弦诗乐，他们便委托南加州潮州会馆馆长曹永光、洛杉矶玄武山（小武当）负责人杨世英与国内联系，恳切邀请王安明到美国向同乡晚辈传艺。

王安明到美国后，既传授潮州弦诗乐，又传授潮州大锣鼓。洛杉矶的潮州弦诗乐演奏人员是有一定水平的，他们经常演奏潮乐名曲《寒鸦戏水》，该曲对于移居美国的潮汕人来说都是十分熟悉的，用此曲寄故土情思。王安明所训练的潮州大锣鼓队共有 600 人参加，全部乐器都是从潮州运去的，所穿服装也全部是潮绣制品。这支潮州大锣鼓吹打乐队的表演可谓是震撼人心。王安明当然高兴，他在古稀之年，竟能将中国的潮州大锣鼓"搬"到美国，岂非此生最大快事？旅美的潮汕人亦觉无限光彩，欢呼雀跃。

结　语

王安明为人谦和正直，遵道敬业，历尽艰难，矢志不渝，毕生献身于潮汕传统艺术事业，为潮乐的整理创作、传承发展作出了极大的贡献，为后辈留下了一笔宝贵的财富。因此，"呕心沥血为潮乐，左揉右拉写人生"是对王安明在潮乐事业上孜孜以求的真实写照。王安明在艺术的道路上，一步一个脚印地前行，最后成为"潮乐泰斗"。

附　记

王安明参加的音乐活动大事记：

1977年，汕头地区文化局在潮州音乐会演的基础上组织潮州音乐代表队外出录音并表演，领队陈彦、黄顺提，场务指导马飞、董峻。演奏人员有知名演奏家杨广泉、王安明、杨海林、杨祥嘉、董峻、李金浩、林木高、林嘉庭、陈镇锡，还有后起之秀黄壮茂、丁增钦、林益树、李先烈、杨应强、黄端铭、胡妮丽、赵来洲、赵漳洲、王庆苏、陈丽吟等。

录音曲目分弦乐曲、大锣鼓、小锣鼓、唢呐曲、笛套、细乐六大类。弦乐曲：《千家灯》《浪淘沙》《狮子戏球》《银球传友谊》和《红莲曲》（又名"粉红莲"）；大锣鼓：《欢庆胜利》；小锣鼓：《喜送丰收粮》；唢呐曲：《粉蝶采花》；笛套：《迎宾客》和《织春绣锦》（据汉调《迎仙客》改编）；细乐：《渔岛今昔》。

1978年，为纪念《在延安文艺座谈会上的讲话》发表36周年，广东省组织了打倒"四人帮"后的首届音乐周，汕头地区文化局组队参加了这一盛会。领队吴荣，副领队罗旭、陈美松。演奏人员有演奏名家杨广泉、王安明、杨祥嘉、董峻、黄义孝、陈美松、黄双寿、李金浩、林嘉庭、黄树权、杨秀明，以及张永通、黄壮茂、蔡建臣、赵来洲、林益树、陈文光、陈书勉、谢少红、陈培正、蔡少佳、姚传扬、罗小旭共23人，并聘请马明、周天河、姚作良、陈浩忠等人为重点乐曲配器。

参演节目有弦乐曲、古筝曲、大锣鼓、大鼓独奏、小锣鼓、唢呐曲、笛套七大类。弦乐曲：《寒鸦戏水》《平沙落雁》《红梅报春》；古筝曲：《红莲曲》《水乡春天》；大锣鼓：《欢乐的节目》；大鼓独奏：《强渡乌江》；小锣鼓：《双咬鹅》《我骑铁牛回山乡》；唢呐曲：《凯歌声里话当年》；笛套：《海滨新颜》《喜庆》。

1980年，汕头市潮乐研究会（筹备小组）成立。王安明任组长，张伯杰、林毛根、林运喜任副组长。

1983年4月，应香港潮属同乡庄世平、庄静庵、刘世仁、陈维信、李嘉诚、汤秉达、杨文波、邱士俊8位先生联函邀请，汕头市政协成立了一个由18人组成的汕头潮乐演奏团，于1983年9月6日至16日赴香港进行为期10天的访问交流演出。团长方丹；演奏人员杨广泉、王安明、林毛根、董峻、杨祥嘉、李光浩、陈礽怀、杨树才、陈致祥、余先华、赵来洲、陈诗光；演唱人员王敏、刘少慧、李丽容。

1985年5月至9月，汕头市潮州音乐研究室聘请部分潮乐名家如杨广泉、王安明、董峻、杨祥嘉、林毛根、陈美松、蔡树航，整理潮乐"十大套"名曲演奏谱，并组织演奏录音，制成一盒卡式磁带，发行国内外。同年12月，邀请音乐界专家学者郑诗敏、杨礼桐、杨卫邦、张华、黄顺提等撰写文章，连同潮乐"十大套"演奏谱［以"潮州乐曲选集（十大套专辑）"为名］印行发放至各县（市）文化馆、站和剧团，为普及潮乐名曲、推动潮乐发展作出贡献。

1985年，汕头市音乐家协会成立，王安明任协会主席。

1988年，王安明应邀赴美国玄武山福德善堂传艺。

（刘茜/文）

潮乐传承苦尽来　演艺品格铸成就
——张汉斋

生平简介

张汉斋（1885—1969），广东省潮州市潮安县人，潮州音乐大师，师从潮州乐圣洪沛臣。曾任广东省文史馆馆员，汕头地区文联副主席，中国音乐家协会会员，广东省音乐家协会理事。张汉斋1885年出生在潮州城内（今属湘桥区）的一个鞋业工人家庭，只读了两年私塾，10岁丧父，12岁到潮城利源号头盔店当童工，14岁开始学习潮州音乐。16岁到汕头市雅成鞋店当学徒，3年后鞋店倒闭，遂在悦来布店当店员。9年后又在绸庄当了10年店员。25岁时跟随潮州乐师洪沛臣学三弦、琵琶、筝。后又随汉乐前辈"外江班"头手容贞学习外江乐，执奏头弦，又参加澄海阳春乐社，结识了汉乐鼓师魏松庵、乐师李隐文。20世纪20年代与师兄弟王泽如、名鼓师魏松庵等人一起参加汕头公益国乐社。汕头公益国乐社于1909年成立，地址在汕头市衣锦坊，20世纪20年代后由张公立、李伯恒任社长，名乐师有张汉斋（头弦）、魏松庵（主鼓）、王泽如（琵琶）、李少浦（三弦）、郑南勋（扬琴）、饶淑枢（提胡）、吴欣孙（椰胡）、郑福利（小笛），被称为"音乐八王"，而张汉斋在中华人民共和国成立前便是此社的主奏乐手。

第一次国内革命战争时期,张汉斋因参加工会的演剧活动和上街宣传而被解雇。1926年,与被称为"琵琶王"的王泽如一同应香港潮州同乡会南舞乐社的邀请,合作表演琵琶、筝,轰动一时。1928年应新加坡清咏乐社特邀,与魏松庵等人合作,在新加坡录制了60张外江戏曲唱片。

1933年,张汉斋在汕头市开办岭东国乐传授所,开始招收学生,传艺项目有二弦、扬琴、月琴、三弦、琵琶、秦琴、椰胡等。4个月为一期。

1934年,在相关期刊上,张汉斋通过"弦乐谱"栏目,介绍了潮州乐曲以及筝、琵琶谱,如《一粒星》《柳青娘》《福德词》《南正宫》等。在记谱上大部分用管色、工尺谱记录,偶用潮乐弦诗的二四谱记录。所介绍曲谱虽不多,但介绍了关于潮乐的基本知识。记谱上,二四谱与工尺谱并用,有助于后世研究古谱者了解弦索谱和管色谱的定义和区别。

1935—1937年,张汉斋再次录制近百张外江乐、潮州音乐唱片,流播海内外。潮乐中第一张《寒鸦戏水》和《出水莲》唱片,就是这一时期录制的。

1953年,张汉斋任汕头市潮乐改进会主任时,与一些潮乐工作者研究、发掘传统潮州音乐,并整理了《胡笳十八拍》《浪淘沙》《月儿高》《锦上添花》《三大娘》等一批古典乐曲,使之得以传世。并与新音乐工作者郑诗敏等人整理出版了《潮州民间音乐选》等著作。

1958年,为中国唱片集团有限公司灌录细乐《月儿高》等传统名曲,还把《胡笳十八拍》传授给林毛根先生,由林毛根操筝录制成唱片。

1960年后,张汉斋兼任汕头市潮州音乐曲艺团少年班教师,悉心培育新一代。

1962年参与潮州民间音乐整理工作,近百首曲目由中央人民广播电台和中国唱片集团有限公司录音,全面反映了潮州民间音乐的面貌和演奏水平。

1969年,张汉斋因病逝世,其传人有钟奎、林毛根等。

演艺品格

潮乐艺术表演即是演奏家将潮乐作品从乐谱变为实际音响的过程。从表面来看，这项表演活动似乎只是在完成传达和再现潮乐的任务，创造性不大，然而事实并非如此，虽然潮乐表演必须以乐谱为依据，并以潮乐作曲家的创造成果作为出发点，准确、忠实地表现出作曲家的创作意图，但这并不意味着只要按照乐谱上的标记把声音原样再现就完成了音乐表演的使命。在张汉斋的潮乐表演中，最突出的就是他自己作为一个活生生的人、一个有个性的艺术家所特有的创造性。我们把张汉斋的潮乐表演视为对音乐作品的二度创造。当一部潮乐作品从只是被印在纸上的无生命的符号变为"活"的音乐时，已不再属于作曲家一人的创造，它还包含着表演者的心血，确切地说，我们所听到的任何一部潮乐作品，都是由音乐表演者直接呈现给我们的，正是从一遍又一遍的演奏实践中，我们才获得了对一件作品的印象。未经演奏的音乐作品是不完整的音乐，是没有生命的，只有经过音乐表演这种二度创造过程，作品才会真正获得生命。再加上张汉斋所处环境动荡，他在艺术上长期经历的刻苦磨炼铸就了他的人品、艺品和独特的个性。

张汉斋演奏的《寒鸦戏水》是一首著名的潮州筝曲，是潮州弦诗曲中最富诗意、最具地方音乐特色、最受群众欢迎，且流传最广、影响也最大的一首。他的演奏不仅表达了人们对大自然的无限热爱，也展示了人们对美好生活的向往。在潮汕地区，凡会演奏潮乐的人或潮乐爱好者，几乎都会演奏此曲或熟知此曲；凡有潮乐社的地方，几乎都能听到此曲。人们常把它视为潮州的"州歌"。不但如此，在全国其他地方，甚至在海外，此曲也为许多人所知和喜爱。早在20世纪30年代，《寒鸦戏水》就已被录制成唱片，此后又被录制成盒式磁带。中央人民广播电台、中央电视台也多次对其进行播送、播映和介绍。各地出版的古筝、琵琶、二胡等曲集，大多也收入此曲。由此可见其影响是甚为深远的。

1958年张汉斋为中国唱片集团有限公司灌录的细乐《月儿高》是一首古曲，通过委婉的曲调、柔美的旋律，描绘了一个皓月当空的宁静夜晚，人们尽情欣赏月儿在夜空瞬息万变的景象。此首曲谱初见于《弦索备考》嘉庆十九年（1814）抄本。该曲谱是根据孙裕德的琵琶谱改编而成的古筝独奏曲，全曲有十二段小标题，形象地描绘了在宁静深邃的夜空中，一轮熠熠生辉的明月徐徐升起，呈现美丽多姿的景象，宛如仙女在月宫的仙境中起舞，舞姿曼妙，给人以美感和遐想。该曲的旋律清丽典雅，节奏时而平缓舒展，时而急促跳跃，意境深邃含蓄。张汉斋在演奏慢板时音色清纯圆润，演奏快板时音色干净流利。这首乐曲结构严谨，段落分明，旋律古朴优美，完整地保留了古典的韵味，也体现了张汉斋的演奏技艺和魅力。

1935—1937年，张汉斋录制的唱片《出水莲》在海内外广泛流传。《出水莲》这首古筝独奏曲全曲为中州古调，采用传统的十六弦钢丝筝演奏，音调古朴，风格淡雅，表现了莲花"出淤泥而不染，濯清涟而不妖"的高尚情操。据清钱热储《清乐调谱选》所载此曲的题解："盖以红莲出水，喻乐之初奏，象征其艳嫩也。凡软线诸调，均可用此调起板。"曲调平缓，意境深邃，旋律清秀，气韵典雅，宛若一幅清新晕染的水墨画，脱俗超凡。所以听赏张汉斋的这首乐曲，让我们认识到人类的美好品德是《出水莲》一曲的深刻主题。在当今社会中，高效率快节奏的生活方式使人们越来越习惯于为了生存发展而奔波忙碌。在这个过程中，很多人放弃了自身品德的修养。古人尚且知道"三省吾身"，懂得提高自身修养的重要性，可当今不少人因受到利益的驱动而放弃了精神上的追求，这是与社会物质生活进步非常不协调的一个现象。在《出水莲》中，人们可以学会寻找迷失的自我，提高自身的道德修养。听时应用心体会，不但要感受到乐曲的优美，更要由此而展开思考，以此为桥梁探索人生的哲理。

潮乐传承

"一个流派的形成，往往要经过一段漫长的历史时期。"作为洪派筝人，张汉斋的艺术风格形成也经历了一个漫长的积累和沉淀过程。这个过程包括两个方面：一方面是乐种的形成。由人在劳动中产生的乐调，加上外来音乐文化的渗透，二者相结合所形成的特有腔调发展至成熟阶段，便被定型为乐种。另一方面是演绎乐种中不同乐调的乐器在演奏实践中所形成的风格。所以说，流派具有十分明显的地域语言、文化风俗等特征，它不可能自编自创，甚至是由某一个或几个人来下定义的。以潮州筝派为代表的南方古筝或"岭南古筝"风格的形成，也是遵循着这条规律的。

明清时期，城市发展较为繁荣，张汉斋成长的生活环境——潮汕城镇的商贸手工业也有所发展，人口增长迅速，其时，适应于市民生活的戏曲、弹词说唱、丝竹乐、鼓吹乐更为兴盛，每逢节日常请来民间乐社、艺人助兴演奏。此外，各乡镇还普遍设有半职业性的八音馆等组织，多为民众操办红白事，以吹鼓奏乐为业。业余音乐社团在潮汕地区十分普遍，每个乡村都有其组织，最早出现在清代，以奏乐为主，有时也清唱戏曲。农闲时大家聚在一起娱乐，沟通感情，互通信息，对音乐的普及和音乐技巧的提高起着十分重要的促进作用，古筝演奏水平也获得了很大的提高。这种业余音乐社团，多由富贵人家出资，成员不分贫富，人人都可参与，能者为师，既会乐又听乐。遇上节日，奏乐进行几天几夜都是常事。对于民间曲调，从长者到青年再到妇孺，无人不晓，能够随口哼上几句不是难事。正是由于民间业余音乐的普及，给许多有才华的演奏者提供了机会，他们脱颖而出，不仅将这门技艺代代相传，而且积极搜集散失在民间的音乐古谱，整理成曲，影响遐迩，最终成为流派的代表人物。潮州筝的代表人物洪沛臣、张汉斋等对古筝流派的形成和发展作出了历史性的贡献。

历史上，洪派筝人以专业或半专业居多，被视为正统地道的潮州筝派。而近代正式开馆授徒的就是洪派第二代传人张汉斋。洪派筝人在演奏潮州音乐时注重合奏，乐风整齐统一，演奏循规蹈矩、和平级进，句法整齐简练，风格古朴典雅。张汉斋得洪派严谨典雅之风，在此基础上逐步形成清丽淡雅之风格。

学习潮乐的传统方法，是在艺术实践中以师父带徒弟的方式学习的，潮州民间音乐的主要传承形式是口传心授，学徒有意愿学潮乐时便会拜师学艺。在古代，民间艺人传艺过程中并没有乐谱，弟子主要靠跟着师父模仿学习，师父奏一句，弟子跟着模仿一句，如果走调了，师父会马上进行纠正；如果没有演奏好，不论是音准还是姿势，都可以再来若干遍，师父再辅以必要的经验式的讲解。如此，使受教育者对曲目心领神会，使我们的民间音乐得以传承至今。通过潮州音乐"口传心授"的传承方式，产生了一大批音乐能人，如张汉斋、林玉波等，他们将潮乐作品与潮乐理论不断发扬光大。传统的师父带徒弟的形式有的是在乐社办班传授，也有的是私人教学。自古至今，私人教学在潮地非常活跃。这两种方式张汉斋都有所尝试，较好地将传统潮州音乐传承了下去。可以毫不夸张地说：没有模

仿就没有民间音乐的传承，也就不可能有辉煌的潮州音乐文化。较正宗的潮州音乐是从四个脉络发展而来的，其中之一就是张汉斋一派的传承。他的弟子系统中大陆就只有林毛根了，黄宗识到台湾去了，台湾视他为大师。此外，还有李贡奎，他善琵琶，在台湾很出名，已经去世了。

潮州古筝大师林毛根是广东揭阳人，1929年出生。他自幼习书画，并随张汉斋学筝。作为张汉斋的直系弟子及潮州筝艺的当代传人，林毛根20世纪50年代初便对潮州音乐各方面进行涉猎，分别于1958年、1962年与张汉斋、何天佑等合作，为中国唱片社录制《月儿高》《深闺怨》《睢阳恨》等曲目。

同样作为张汉斋直系弟子的黄宗识，曾创办汕头南薰丝竹社。细乐技艺授之于堂兄黄如钧和张汉斋先生，1949年到台湾，创办潮声国乐社，传授潮州南派筝艺，辛勤耕耘，弟子学生有一万多人，先后担任台湾大学、台湾师范大学、东吴大学等学校的古筝教授，并与当地知名人士高子铭、何名忠、梁在平等创立中华国乐学会。1966年，台湾举行全岛音乐赛，黄宗识荣获个人组冠军。1953年，黄宗识率潮州国乐团在台湾进行巡回演出，还到泰国、新加坡、马来西亚及中国香港等国家及地区演出。荣获台湾当局所颁发的"薪传奖"。著有《古筝弹奏法》，多次再版，此书对于在台湾推广潮州音乐有较大的促进作用。

笔者以为，潮州音乐的传承与发展是和人类社会以及中国传统文化紧密相连的。根据我国古代文献的记载，潮州音乐作为一种精神力量的需要、表达情感和娱乐的需要，它直接来自劳动生产过程。在潮州音乐史中，涌现出了张汉斋等大批优秀的乐人，他们为潮州音乐以及中国传统音乐的发展起到了不可磨灭的作用。传统文化对于人类来讲具有十分重要的意义，传统之于他们就是生命的本质。乐人是继承音乐技艺、传承传统音乐文化的主体。

潮州民间音乐表演大多出现在庙会以及年节祭庆等重要场合，并且反映了（或大都伴随着）丰富多彩的民俗，是真正具有潮州民间特色的音乐。不论是国家还是民间，要发展和继承音乐文化仅仅依靠个体是不可能实现的，因此，在民间各类乐社相继发展起来，如张汉斋参加和工作过的澄海阳春乐社、汕头公益国乐社等。乐社是与官方教坊机构和职业戏曲班社（或称"戏班"）相区别的，它以民众参与和自我娱乐为活动主旨，以剧情清唱、歌舞表演以及器乐演奏为基本内容，是主要生存于民众社会文化生活中的音乐会社组织。这些乐社将传统儒家思想、佛道精神等融入其中，以农民阶层为主体，形成了特有的"乡村声音"。潮州民间乐社的发展生机勃勃，不仅仅代表着农民阶层对于艺术的渴望与追求，其能够延续至今也从另一个角度说明了潮州乐社的存在和发展有着自身独特的"生存之道"。乐社对以张汉斋为代表的一批潮乐艺术家有着独特的价值与作用，主要起到了保存潮乐文化和推动潮乐发展的作用。民间乐社所演奏的大部分曲目都来自这些优秀潮乐艺术家的口传心授和抄谱，且有着深刻的传统习俗的烙印。是那些渴望改变自身社会地位的乐人们小心翼翼地将这脉香火传给后人，是那些岌岌可危的民间乐社不顾一切地保护着潮州音乐的"血肉之本"。张汉斋通过参与大量音乐演出与教学实践，也为潮州音乐的可持续发展创造了条件。

艺术贡献

张汉斋对潮州音乐的贡献不仅体现在师徒的传承上，也表现在对乐谱的记录与整理上。我们目前可见到的最早公开发行的乐谱则是于1935年由汕头公益国乐社出版发行的《乐剧月刊》，其中由张汉斋发表的弦乐谱、筝谱、潮调谱、汉调谱、琵琶谱有几十首，他发表乐谱时对不同器乐谱进行了分类。中华人民共和国成立后，由张汉斋、林玉波、何天佑及新音乐工作者张伯杰、郑诗敏等合作记录、整理出版的有《潮州民间音乐选》《新潮乐》（活页），使用的是工尺谱和简谱。其中《潮州民间音乐选》于1958年由广东人民出版社出版发行，为音乐界所欢迎。作为洪派嫡系传人，张汉斋的传谱仍恪守潮筝传统的演奏方式，句法齐整、简练，配以左手技法润色弦音，大套曲《寒鸦戏水》也都遵循这一演奏形式。张汉斋先生传谱深得洪派之精髓，虽是独奏曲谱，稍作变化，可与弦诗乐合奏，更可在以和谐柔润著称的细乐中与三弦、琵琶等结合，形成混响乐音，别具风韵。

笔者以为，潮州民间音乐得以生存和传播的空间很大。潮州民间音乐

整理、改编、创作的成功经验之一便是名乐师组合，它由各流派的代表人物真诚合作，通过众多名师授艺和登坛讲学，打破门户之见，共同为潮州民间音乐的繁荣而努力，才有像《寒鸦戏水》这样的经典之作，这些都是在深厚的传统音乐中衍化出来的，具有很高的审美品格。

结　语

作为潮州音乐大师，张汉斋一生灌制了近50首乐曲和汉剧伴乐；作为潮州乐圣洪派臣的学生，张汉斋勤奋钻研，经过长期的努力成为一位名副其实、具有影响力的洪派筝人。

（黄颖仪　廖建高/文）

兼收并蓄 "三歌"绕梁
——杨广泉

生平简介

　　杨广泉（1915—1987），广东澄海人，著名潮剧作曲家、二弦演奏家。曾任中国音乐家协会会员、汕头市音乐家协会副会长。少好潮乐，并钻研其中，天赋过人。其住所近存心善堂和南薰丝竹社，故长期受到音乐熏陶。8岁在其兄长的指导下学习吹笛，后又得善堂乐师之悉心指点，很快打下了潮乐基础。17岁受聘出任澄海国乐研究社音乐指导，后又拜名家郑映梅为师，研习古筝和琵琶。此后，在汕头扬风乐社挂牌授徒，自此崭露头角。

　　中华人民共和国成立初期，鉴于当时潮乐界存在因循守旧的不振现象，杨广泉倡议成立潮乐改进会并担任主任。1952年，受聘于粤东实验潮剧团，担任作曲和二弦领奏。1956年，参加中华人民共和国第一届音乐周，领奏《柳青娘》《粉蝶采花》《寒鸦戏水》。1956年，与黄秋葵先生合作，为名剧《春香传》作曲，一举成名。1959年，随广东潮剧院到北京参加国庆10周年献礼演出。之后，调汕头戏曲学校任音乐教研组组长，擅长演奏二弦和古筝。1987年逝世。他的突然亡故，成为潮乐界的一大损失。他的代表性作曲剧目有《春香传》《芦林会》《包公赔情》，以及现代剧《江姐》《红娘》《双教子》等。

艺境人生

杨广泉少家贫，自幼当童工，16 岁当汽车司机。他小时候想学拉弦，曾向一位艺人要乐谱，那艺人看了他的手说："手指又短又粗，学什么弦?"他感到十分惭愧，从此发愤图强，下定决心一定要学好，并且要超过他。杨广泉此后天天在乐馆门口偷听偷看，刻苦自学。他长期以司机为业，终日走南闯北，他所驾驶的车，时刻放有一个特制的箱子，里面装有一套乐器，车开到哪里他就练到哪里。功夫不负有心人，21 岁就蜚声潮乐界。

杨广泉聪颖，善于钻研，敢于苦练，故能自学椰胡、扬琴、三弦、二弦等乐器，并很快成为演奏高手。但古筝却不能无师自通。当时当地有一位古筝名家叫郑映梅，是潮乐细乐大师洪沛臣的高足。杨氏为求筝艺，诚心诚意登门拜师，不料遭到郑映梅的断然拒绝，说："你这'杜龙'仔，怎可学古筝，回去!"郑映梅一语击中杨广泉的"要害"。因他性格好动，被人称为"杜龙"，而郑映梅认为古筝乃仁智之器，向来为儒者所习，技艺高深，要有素养的人方可授之，故而拒绝收杨广泉为徒。经郑映梅的严词拒绝，杨广泉自知毛病所在，为了改变自己好动的性格，回家后即学习和尚念经时的打坐姿势，盘起双腿坐禅，经过一段时间的苦练，能够静坐四个小时，遂再次登门拜师。郑映梅见其有心想学，便欣然收他为徒，尽心施教，既传古筝、琵琶演奏之法，又讲解乐理知识。经过三年的苦学苦练，杨广泉成为郑映梅的三个得意门生之一，故有了"坐禅拜师"的美谈。

年轻气盛又有一定名望的杨广泉，常常寻找有名望的乐师会乐。有一次，得知擅长三弦、筝、琵琶的名师一同聚乐，杨广泉便上门与他们会乐。三位前辈见他如此傲慢，有意要"教训"他。当杨广泉执二弦领奏《昭君怨》时，三位前辈有意把乐曲的节奏拖慢，节奏速度之"慢"，为杨广泉前所未遇，按平时行弓的速度逢全音符时，送弓常出现弓使满而音符未了，需回弓补足时值。这是弓弦乐器的避忌，杨广泉慢弓的功夫未到家，心慌意乱，急得直冒汗。打了"败仗"，他找出原因，知晓自己慢弓功夫未到家，因此下苦功训练慢弓，奏慢曲，练至一弓能奏出 22 拍十六分音符（即88个音），然后再次上门找他们会乐。几位前辈说："你还敢来？"杨广泉说："再试试看。"言毕执二弦领奏潮乐十大套名曲之一《凤求凰》。演奏形式是由领奏者起句，然后伴奏者跟随。《凤求凰》开头的两个小节只有两个全音符，杨广泉用慢弓拉奏，速度比上次会乐要慢得多。因节奏特别慢，乐曲开始了几个小节后，前辈们方知是演奏《凤求凰》，深感后生可畏，称赞他短短时间便能练出慢弓功夫，很了不起，将来定能成才。这是"慢《凤求凰》"的故事。

还有一个体现杨广泉高超技艺的故事。20世纪50年代初，杨广泉随潮剧团去北京演出。演奏会间发生了一个小插曲：当时正值在怀仁堂为中央首长演奏，杨广泉领奏的二弦突然断弦，按一般情况，必须停下来接上弦，校准音阶后再继续。可是他为了不影响演奏效果，迅速拉下一根备用弦搭上，没有校音阶而接着演奏下去，靠左手按弦来调节音准。他应急的灵性，快速熟练的动作和高超的艺术技巧，博得全场观众一片热烈的掌声。演奏成功后，同行们无不交口称赞。

教学成果

1945年，杨广泉在珠浦松石友乐社通过较艺收了第一个弟子郑森耀。郑森耀人称"土爷"，生于1922年，7岁读书，喜爱潮乐。其父郑业是当地潮乐能手，擅长二弦和吹笛。见郑森耀爱乐，便亲自教他椰胡、竹弦、二弦等乐器，苦练三年，业有所成，珠浦知名。1939年，郑森耀在珠浦发起组织松石友乐社，自认社长兼领奏，乐社除演奏潮乐外还演出潮剧，颇有影响。1945年偶遇杨广泉，郑森耀平时听说杨广泉好二弦，但不知技艺高低，有意要与他比试一下，便邀杨广泉到松石友乐社，并当着众社友之面宣布："我与广泉比赛拉弦，若是我输，我愿拜他为师；若是他输，他拜我为师，请大家作证。"言毕执二弦演奏了几首拿手乐曲，然后等待杨广泉"出手"。当时松石友乐社有不少潮乐能手，兼有"鼓王"郑金河（沙浦人）掌板，杨广泉执器上座，开弓如行云，走指如流水，现场的观众无不折服。郑森耀言出必行，请杨祥加作为介绍人，写帖开席，举行隆重的拜师仪式。

杨广泉先生收郑森耀为徒之后，针对郑森耀运弓指力薄弱、乐曲造句华而不实等缺点，无私地予以指导。郑森耀经过三年苦练，乐艺突飞猛进。1956 年，郑森耀任澄海怡香潮剧团领奏。之后，杨广泉还培养了连声立、黄德文、黄壮茂等技艺高超的学生。

精彩出品

潮剧戏曲音乐作为潮州传统音乐的一部分，在当时对加强社会和市民的文化意识产生了很大的影响，其能够汲取诸多外来剧种的音乐精华，兼收并蓄，融合、演变、发展而臻于完善。潮剧戏曲音乐的发展使潮剧音乐在社会生活中的地位日益提升，使潮州传统音乐的结构更趋于多元化，是潮州音乐丰富而独特的艺术体系中不可或缺的一部分。

《春香传》是著名潮剧作曲家杨广泉、黄秋葵合作的潮曲精品。《春香传》是来自朝鲜的歌剧，1956 年由剧作家王菲、宋升拱改编为潮剧，同年由怡梨潮剧团演出。剧中有"爱歌""别歌""狱中歌"三个主要场面，唱段集中，很适合潮剧音乐唱腔的充分发挥。《春香传》用典型的朝鲜音乐曲式开场，既交代了作品的地理背景，又在轻快的乐曲中展现了春游的画卷。"爱歌"的浓情蜜意、"别歌"的缠绵惆怅和"狱中歌"的如泣如诉，淋漓尽致、余音绕梁。杨、黄两位先生的合作可谓珠联璧合。这"三歌"好比唐诗中的"白诗"，正如有井水的地方就有白诗一样，有潮人的地方就能听到"爱歌""别歌"和"狱中歌"。

1957 年，潮剧首批港灌唱片面世，《春香传》是首选曲目。在舞台演出时已是家喻户晓，多人学唱；唱片一经流通，海内外爱上它的人就更多了。潮剧优秀剧目《芦林会》的音乐唱腔设计和《孟丽君》的一些主要唱段等，都是杨广泉的传世之曲，流传广、影响大，深入人心。1987 年，杨广泉拟邀同行和学生协助，录制个人演奏专辑，同年不幸因病辞世。后由其学生郑志伟将他生前录音灌片的曲目收集编辑成《潮州音乐演奏家杨广泉二弦演奏专辑》出版发行。

突破创新

杨广泉在演奏技艺上一直保持着精益求精的态度。"疏弓密指"原是潮乐提胡在催奏中使用的弓指技法，即右手行一弓，左手可配按三至十个音，杨广泉将提胡这一弓指技法用于二弦，在"三点一"催奏中或"来一去三"（即拉弓一弓一个音，推弓一弓三个音），或"来二去二""来四去四"，将催奏的旋律按设定的弓法演奏，其难度比提胡大，成为一种技巧弓法。此弓法在演奏中具有一定张力，给伴奏者一种催促感，把催奏推向高潮。旋律反复变奏多次，速度逐渐加快，在高潮中结束全曲。杨广泉的连弓快速催奏绝招，就是从弹拨乐的连弹等手法援引过来的，他借鉴汉乐中明快、利索的手法和粤乐旋律中的大跳旋法，改变潮乐某些纤弱素质，使自己的演奏风格具有排山倒海的气势，富有感情色彩，自成一家。杨广泉在艺术活动中敢破敢立，敢做前人不敢做的事。如果说，第一个把广东二胡带进潮汕的是姚淑枢，那么第一个把粤乐引进潮剧界的就是杨广泉了。别人演奏《寒鸦戏水》都用"重六"调，他首创用"乙凡"调，不仅不怕人非议，还大胆带到香港的舞台上去演奏。潮州的二弦声音尖硬刺耳，向来定F调，他将弦筒刨薄，筒口改大，把频率降下来，用别的调拉奏。在他领奏的弦乐曲中，常有奇峰突起的"险句"，像《粉红莲》中的八度大跳乐句，大胆突破了潮乐中的级进规范。这种突破性演奏使潮乐进入了一个新的境界。

结　语

纵观潮州音乐的演变、发展，可发现其是由一个简单的雏形发展至丰富成熟，且保留了很多南音古韵。潮乐的曲式结构具有民族特点，符合民族审美习惯。主要特点是古朴典雅、优美抒情。色彩变奏的体现极富表情意义，使调式加强对比变化，又巧妙运用了综合调式性的表现手法，故形成了独特的风格。林毛根先生说："潮州音乐跟潮州菜一样，清淡、细腻、多样化，带有海的味道。"音乐的产生与它的人文背景和地理环境是分不开的。潮汕地区四季如春，生活节奏慢，表现在音乐上则是旋律进行得比较缓慢，以级进为特点，故细腻成为潮州音乐的风格。细腻是潮汕艺术的共同特点，如潮州的木雕和潮绣。

二十世纪五六十年代是潮州音乐最辉煌的时代，由于历史和经济原因，潮州音乐已走向衰落。历史资料散佚、艺术人才老去等因素，无不制约着潮州音乐的传承和发展。因此，有关部门需要进一步加大保护力度，不断地对潮州音乐进行改革和发展。

潮州音乐的继承和发展可以分为三种状态。一是全部保留，如潮阳笛套古乐和细乐，这是一份优秀的传统音乐遗产。二是随大流，潮州民间音乐是大众的音乐，它在侨乡还是乡音乡情的重要纽带，有一个相当大的生存空间，且富有生机，当然，弦诗乐的创作与演奏、普及和提高，仍是一个常谈常新的课题。三是新辟潮流。要有大手笔、大创作，如古筝与管弦乐队配合、二弦与乐队合作，还可与舞美等结合，走出具有特色的道路，开辟更广阔的一片新天地。

国家非常重视对非物质文化遗产的保护，2006 年 5 月 20 日，潮州音乐经国务院批准被列入第一批国家级非物质文化遗产名录。

杨广泉的一曲"活五调"《柳青娘》，使听者为之倾倒，潮州音乐自此更加引起了国内外音乐界的关注。他长期从事潮乐和地方戏曲事业，先后为海内外唱片公司录制了一批潮乐传统曲目，为汕头戏曲学校音乐班培养了一批新秀，为广东潮剧院若干个大小剧目谱曲，在继承和发展潮州音乐这一方面作出了卓越的贡献。"读万卷书，行万里路。"音乐家何尝不需要有广阔的知识面和丰厚的生活积累。杨广泉早年常行车到四川、云南、江苏、浙江等地，往返不止万里。他虽然读书少，但学乐是多方面的。他学习三弦、琵琶、古筝、笛子、唢呐，还学笛套、汉乐、粤乐等。正是视野宽阔，看得多、学得多，才使得杨广泉有机会多方面地汲取"营养"，不断地提升弦艺。他既重视继承传统，又勇于开拓创新，注重培养新生一代。

杨广泉艺术的一生，是充满传奇色彩的一生，是对潮乐贡献的一生。他在潮艺界留下了很多广为人知的成功轶事。他的高尚乐德，以及勤奋向上、敢于创新、勇于开拓的精神，值得所有艺术工作者学习和推崇。

（吴斯梦　黄颖仪/文）

演艺人生多磨难　精益求精传四方
——苏文贤

【生平简介】

苏文贤（1907—1971），祖籍广东省潮州市，系潮乐泰斗、南派古筝大师。曾为中国音乐家协会会员、广东省音乐家协会会员，有"琴圣"之称。苏文贤从小家境贫寒，父母以卖蔬菜为生。7岁进潮州耕道小学读书，小学四年级时，因父亲亡故，无力读书，不得不到一家银饰工艺店当学徒，母亲则为人家洗衣服以赚取零用。

1926年苏文贤与一位农村姑娘结婚后，远涉重洋到泰国谋生，在曼谷一家金铺首饰店当工人。该金铺首饰店少东家是潮州人，姓谢名少圃（土名"番仔"），是潮州音乐名家洪沛臣的学生，琵琶弹得好。洪沛臣是当时潮州有名的音乐家，会弹琵琶及多种潮州乐器，也是现在能追溯到的南派潮州琵琶的师祖。因苏文贤聪颖过人，在店中随少东家听学，不久尽得其技。苏文贤尚嫌不足，于是勤俭节约以留出路费，每年都回潮州一两个月找高手学习音乐。当时潮州有洪沛臣的高足王泽如，弹得一手好琵琶，人称"琵琶王"。苏文贤曾跟王泽如学习，由于苏文贤天资好又勤奋，他熟背弦诗（乐谱），艺事猛进，不久技艺甚高，琵琶也弹得出神入化，很快尽得洪沛臣先生的真传，成为潮州又一琵琶名手，潮人称其为"琵琶苏"。

洪沛臣传有一套琵琶曲，共十段，成为一体，其中包含了琵琶的各种演奏技法，是南派潮州琵琶的守门套曲。苏文贤尽得其传，弹得出神入化。郑映梅当年也为洪沛臣之乐友，与当时名家三弦手陈子栗合称"三友"。他们常一起合乐，三弦、琵琶、古筝，合奏劲套、软套和潮州弦诗，各人自由发挥，有分有合，配合得十分默契，深得其趣，遂形成潮州室内细乐形式。苏文贤还跟郑映梅学习古筝，习得其独创的"鸡啄粟"的演奏技法。苏文贤当时在东南亚地区已颇负盛名，传有不少弟子。

苏文贤因夫人早已亡故，家中母亲有病无人照顾，于1933年自曼谷回潮州照顾病中的母亲，同年9月，母亲病逝，苏文贤孑然一身，但因眷恋潮州音乐，故没再赴泰，屈于潮州一家银饰店当金银首饰工人。此时苏文贤的音乐技艺在潮州已颇负盛名，是继洪沛臣、王泽如之后潮州又一名师。在潮州，他常与当时一代名手合乐，互相切磋技艺，如二弦蔡戊子、三弦林云波等。苏文贤善于吸收众家之长，兼收并蓄，于是诸般乐器，如琵琶、扬琴、古筝、三弦、二弦、椰胡、洞箫等，无不精通。其间，苏文贤除了合乐之外，也大量传授技艺，潮中许多好乐之士都拜他为师。

1937年，苏文贤续婚许婵鸾女士。1939年，潮州为日寇所陷，苏文贤夫妇弃家逃难，到涧溪岳母家避难。当时家中别无长物，唯一把心爱的琵琶随身。在乡下，苏文贤无以为生，只好出卖苦力，替人家挑盐入山，又从山内挑柴炭出来，得点脚力工钱勉强度日。1941年沦陷区稍为安定，但当时苏文贤在潮州城内的房子已被日寇烧毁，只好托人另租得潮州庵巷头一间小店面，夫妻从口中撬下以前镶的金牙，卖作资本，在店面前摆卖蔬菜。不久连微薄的本钱也吃光了，只好利用打金银首饰的手艺，改为修理面盆、铁桶等家用杂物，靠手工艺谋生。苏文贤的生活穷窘，时常缺粮断炊，但他一味好乐，经常乐而忘饿，乐而忘忧。凡有请他去合乐或是登门求教的，无不应允并悉心指导。此时他在潮州教有学生多人，又经常被请到附近县镇去合乐和教乐。苏文贤教学从不保守，学生能学什么他就教什么，也从不计较报酬，只要愿意学，他都尽心教。

早在20世纪30年代苏文贤就开始在曼谷教学传人，及后在潮州也多弟子，及至沈阳、广州任教，学生更多。1958年，广州音乐专科学校（今星海音乐学院）成立，苏文贤被聘去任教。他开设了潮州二弦和古筝两门主科，还开设了琵琶和潮州弦诗乐合奏等课，为潮州音乐进入高等学府开了先河。苏文贤在广州音专任教期间，培养了一批专业人才，这批学生大部分已经成为国内外知名的教授专家。

苏文贤共育有四女二男。其中，苏巧筝及长子苏章鸿都跟苏文贤学古筝，次女苏妙筝随苏文贤学琵琶。他们自小在父亲的音乐熏陶中长大，朝夕润泽，且受父亲悉心栽培和严加管训，一个个都步入了音乐人生，得其真传，成为苏文贤之传人。时至今日，每逢节日、喜庆之事，继承传统，苏氏家庭乐队都会奏乐玩乐，用音乐缅怀苏文贤。

1964年底，苏文贤患高血压住院，医院建议其暂回家养病，征得学校领导同意后，苏文贤即回潮州。当时学校也都停课下乡。1965年9月，苏文贤受到不公正对待而被强行退职，只领了几百元退职金。一家八口，生活没有来源，苏文贤贫病交加，愤忧并袭，最终中风，在穷困潦倒之中，于1971年8月11日去世，终年64岁，所传筝曲被整理为《苏文贤先生潮州筝曲集》。

苏文贤一生醉心于祖国的音乐事业，从乐近50年，所教学生百人以上，所传播潮州乐谱几百首，所留下的录音资料和相关唱片也很多。他为潮州音乐北传、北方筝乐南传以及潮州音乐的继承和发展作出了突出贡献。

演艺人生

尽管苏文贤一生经历了许多的坎坷、挫折和磨难，晚年又惨遭不幸，但他具有很高的音乐天资，爱乐如命，以学乐、研乐、传乐度过了一生，用音乐打磨自己的生命，永远活在音乐声情之中。

苏文贤的潮乐演奏艺术在他敬师好学、勤奋刻苦、博采众长和勇于探索中形成了自己独特的风格。他的演奏运弓刚劲有力，音色明丽悠扬。他为潮州音乐赢得了荣誉，为潮州音乐走出国门，走向世界起了重要的推动作用。

1948年应香港同仁的邀请，苏文贤一行几人到香港演出，获得好评和奖励。

1949 年 10 月，潮州解放。中华人民共和国成立后，潮州音乐的发展迎来了春天。为适应广泛的文化交流和频繁的音乐艺术活动，人民政府有组织地将音乐艺术人才集中起来，对潮州音乐进行更加系统的发掘、整理、演奏，以便国内各地音乐界专家学者到潮州进行音乐采风。1953 年，由潮州民间音乐家林云波先生发起，在政府主管部门组织之下成立了潮州民间音乐研究组。苏文贤任音乐创作组组长，对潮州音乐进行收集、整理、演奏，并积极参加本地的音乐活动及各级政府举办的音乐艺术演出、比赛等。潮州音乐研究组人才济济、生机勃勃。此后，在地区、省及至全国的会演中，苏文贤参加研究、创编及演奏节目，如大锣鼓《抛网捕鱼》、唢呐曲《粉蝶采花》（后来苏文贤又将此曲创编为古筝独奏曲）、弦诗乐《寒鸦戏水》和《昭君怨》等。

1956 年全国音乐周，由潮州民间音乐团选派林云波、苏文贤、周才、傅振尧与汕头潮乐改进会音乐艺人组成潮州音乐演奏队，参加国家级的音乐盛会，演奏潮州大锣鼓《庆丰收》、弦诗乐《狮子戏球》和《柳青娘》、唢呐曲《粉蝶采花》。他们采用潮州民间弦诗小曲、牌子曲，配以轻松活泼的锣鼓点创编而成的《庆丰收》，表现了农民翻身当家作主，勤劳耕作、欢庆丰年的热闹场面。该曲的创作符合当时国家一派繁荣升平，国泰民安的新景象，是表现新时代、新社会的音乐新作品。演出时，潮州音乐优美悠扬，气势磅礴、震撼人心的潮州大锣鼓在北京擂响，轰动京华，好评如潮。《寒鸦戏水》《粉蝶采花》与大锣鼓《抛网捕鱼》获得了优秀奖。由苏文贤一行所组成的潮州音乐演奏队还被选去中南海为中央首长演出。演出结束后，中央首长亲切接见他们并合影留念。周恩来总理赞扬潮州音乐演奏队的精彩表演，这使他们深受鼓舞。这些荣誉使苏文贤更加热爱音乐工作，如痴如醉地投入潮州音乐活动。

自苏文贤等一行于 1956 年参加全国第一届音乐周的演出获奖后，载誉归来的潮州音乐演奏队被派到华东地区各主要城市作巡回演出。笔者曾听作为演奏人员之一的林云波先生讲述，他们一行在上海及周边城市演出，演奏队高超的演奏技艺引起了当地民众的轰动，盛况空前，好评如潮。1956 年 9 月 2 日，上海市《解放日报》发表了谷苇撰写的文章《此音南国来》。上海有一大批潮州人，潮州音乐演奏队演出时，人山人海，场面十分火爆，身居异乡的潮州人听到了久违的乡音，更感到乡音感人，乡情亲切，来自家乡的潮州音乐演奏队的精彩演出，给大家留下了难以忘怀的印象。巡回演出结束后，潮州音乐在全国各地更加广泛地流传着。

1957年4月，潮州方面把苏文贤一行召回，苏文贤又参加了当地民间音乐团的活动。同年大锣鼓《抛网捕鱼》被选派参加在莫斯科举行的第六届世界青年联欢节并获金质奖，这使潮州的锣鼓音乐从此蜚声中外。

1958年苏文贤到广州之后，便经常出席一些重要的演出场合。当时，他除弹奏自己的名曲《寒鸦戏水》《粉蝶采花》等外，还经常弹奏新曲《庆丰年》《欢乐的日子》《瑶族舞曲》，山东筝曲《高山流水》《汉宫秋月》《鸿雁捎书》以及河南筝曲《山坡羊》《上楼》《下楼》等，给人们带来了北方的筝曲，把双手弹筝的技术带到了广东地区，落地生根，开花结果。

苏文贤经常有演出任务，随时登台，挥洒自如。有一次演出，开幕前，他在弹奏琵琶的轮指，没想到舞台上正在试音，竟把这个轮指播了出去，其发音坚实清亮，清晰均匀，四座专家为之震惊，当时在场的琵琶名家林石城先生说："一听就知道苏先生的功底深厚、扎实，真了不起。"

苏文贤对艺术精益求精，一丝不苟，年过半百时，仍每天坚持早起练琴，弹琵琶、练古筝、拉二弦，南曲北曲从不间断。除练习潮州曲之外，苏文贤还练《庆丰收》《瑶族舞曲》《欢乐的日子》等双手弹的乐曲，并用双手弹改编了潮州乐曲《上天梯变奏曲》。他是把双手抓的筝技从北方带到南方的第一人。在艺术上，他既继承和传播传统的音乐艺术，又努力学习、追求创新和发展，这种兼顾的精神是难能可贵的。苏文贤还创造性地将一首三板或拷打（相当于1/4拍）板式的乐曲，按同宫系统和咬尾法的连接法则，连接于一首头板（相当于4/4拍），反复后催奏（相当于2/4拍）乐曲的首尾，打破了潮州传统音乐"头板—二板—催板—拷打—三板—催板""慢速—渐快—快速"的套曲板式。如他将《川山龙》连接在《平沙落雁》的首尾，将《飞凤含书》夹于《千家灯》的首尾，这种新的板式连接法现已成为潮州弦诗乐广为流传的演奏曲式，苏文贤的革新对弦诗乐有划时代的意义，影响深远。

苏文贤在演出之余，还为中央和省电台录音《小桃红》《寒鸦戏水》

《粉蝶采花》《贺新春》《昭君怨》《浪淘沙》等几十首古筝独奏曲和弦乐合奏曲，这些技艺精湛而又富有地方色彩的乐曲现在还经常播放。在广州音乐专科学校任教期间，苏文贤还组织并亲自参加多场公演及一些重要的演出。还有许多南洋音乐家慕名前来，登门求教，苏文贤无不热情接待，悉心指导。

回顾苏文贤的乐艺人生，他善于吸收众家之长，兼收并蓄，既融会贯通，又触类旁通，创新发展。除了琵琶、古筝以外，他还兼擅其他乐器，如二弦、扬琴、椰胡、三弦、洞箫等，无不精通。他是潮乐界极少有的既博且精的音乐家。虽然他20多岁时在乐界已颇负盛名，但他学习音乐、创新发展的精神始终如初。

艺术修养

潮乐虽是以感性的形式出现的，但有着深厚的文化内涵。苏文贤的潮乐艺术表演也绝不是一种纯技术性的活动，其演奏潮乐的使命在于传达潮乐丰富的精神内涵。因此，一个真正的潮乐表演艺术家不仅要具有高超的表演技巧，而且要有深刻的思想、丰富的人生体验和广博的文化艺术修养。苏文贤一生历尽苦难、饱经沧桑。由于其灵敏好学，各种民族乐器几乎无所不能、无所不精，深得潮州民间筝乐、潮剧戏曲音乐、锣鼓乐之妙。当我们纵观苏文贤的潮乐音乐艺术时，无论是其作品的内蕴、音乐语言的个性、乐思的深刻性，还是其对演奏艺术的探索，都具有深刻的潮州民间音乐文化内涵。每一部潮乐作品都产生于特定的时代、特定的环境，旋律和谐悦耳，具有南派音乐的韵味，这同创作者与演奏家的世界观、人生观、美学观有着密不可分的关系。虽然一些作品并不表现具体的生活场景或人物形象，但其所具有的情感内涵也是以人的生活为基础的，潮乐艺术表演若要准确地传达这种音乐的内涵，就必须从感性到理性全面地对生活进行感受和理解。要做到这一点，没有丰富的生活体验是不行的。广博的文化修养对于音乐表演同样具有非常重要的作用。苏文贤自小家境贫寒，他当过学徒、工人、卖过苦力，摆过地摊卖蔬菜，也修理过面盆等，靠手工艺谋生。曲折的一生让他对社会、对人生、对事物有着较深的认识和领悟。他不仅技艺精湛，而且把潮乐艺术作为一种文化现象来接受。体验人生、丰富人的精神世界，这是一切人类音乐艺术活动共同的追求。苏文贤深知潮乐艺术的真正价值，即不能把音乐艺术的灵魂舍弃而固守在技艺的躯壳中。正因为如此，苏文贤把潮乐深深根植于潮州这一特定的文化土壤之中，他基于对家乡潮州文化土壤的了解，真正生长于其中，将内在的精神融入自己的潮乐艺术表演，使得潮州音乐得以推广和传播。

笔者认为，潮州音乐表演是一项充满创造性的艺术活动，对于听众也有很重要的意义。潮州人的欣赏趣味与潮乐表演的审美追求是相辅相成的。成功的潮乐演奏者善于了解听众的喜好，乐于听取来自听众的意见并不断地改进和调整自己的表演，同时，杰出的音乐表演大师也总是以自己高品位的审美情趣积极地影响和引导听众。苏文贤通过出色的表演来提高潮乐听众的音乐鉴赏能力，增加听众的欣赏乐趣。潮乐艺人们绝不等同于"复制机器"，他们不仅传达着作曲家的情感，而且在作曲家创造成果的基础上进行着审美的再创造。正如美国钢琴家兼音乐评论家约瑟夫·巴诺威茨所指出的那样："成功的演奏必定是演奏者的个性与作曲家的个性融为一体，而不是任何一方受到压抑。"这两种个性之间永远需要一种微妙的平衡。

乐谱传播

在潮州音乐的传播活动中，潮乐曲谱作为一种音乐传播媒介，其作用是不可低估的。如今潮州音乐文化能够得到蓬勃发展，各种形式的乐谱都功不可没，乐谱在音乐传播的过程中起到了举足轻重的作用。

（一）曲谱传承

苏文贤是比较系统地向北方介绍和传播潮州筝艺的领先人物，1956年9月，他应邀到东北音乐专科学校（今沈阳音乐学院）任教，传授潮州筝艺。苏文贤当时虽已年过半百，但仍努力学习新的筝艺，向赵玉斋学习双手弹筝及右手轮指的技术，掌握了《庆丰年》等双手演奏的乐曲。他把南派潮州筝艺带到北方，无私提供手头上的几百首传统乐谱，同时耐心教学并参与演奏录音。苏文贤精湛的技艺以及无私传授的精神，获得赵玉斋的

衷心赞赏，两人成为莫逆之交，这在赵玉斋为纪念苏文贤逝世十五周年的缅怀文章《寒鸦戏水传北国，高山流水结友情》中表露无遗。苏文贤还有十二首潮州筝曲与赵玉斋的乐曲同辑一集，由人民音乐出版社出版。他在东北音乐专科学校任教的一年多时间里，对该学院的古筝教材建设作出了贡献。

1961年7月，苏文贤本来已经买定车票准备回家，突然接到通知，8月15日将在西安召开全国古筝会议，要求苏文贤参与并准备资料。时间紧迫，好在苏文贤平时都将一两百首乐曲记在心里，随时可以演奏，故也不觉为难。从7月27日起，由苏文贤弹奏，陈天国记谱，至8月4日，终于将常用和较为精彩的几十首潮州筝曲用简谱记录了下来，整理成《潮州古筝教材》，交学校油印，由苏文贤带赴西安参加会议。苏文贤在会上分发了此教材，还在现场演奏，使潮州筝艺得以被各地音乐爱好者获知，从而远播全国各地。现在沈阳、西安、北京、天津的许多院校还保留有苏文贤的演奏录音，是珍贵的音响资料。

1962年，苏文贤将珍藏多年、颇为罕见的潮乐古谱"弦诗谱"（二四谱）借给曹正，并允诺转录，和赵玉斋的筝曲合编成册，交由人民音乐出版社出版，这为研究和探讨民间古代"弦索谱"提供了可靠的资料。这份古谱现已成为引起国人重视古谱研究的依据，苏文贤功不可没。

20世纪80年代以来，苏文贤的后人即在广州星海音乐学院任教的苏巧筝、陈天国，与市鼓手陈镇锡合作，出版了《潮州大锣鼓》一书。该书首次用五线谱记录，并创立各种锣鼓乐记录符号，将潮州大锣鼓传播至海内外。

此后《潮州筝艺》《潮州禅和板佛乐》相继出版发行，这其中也包含对潮州弦诗乐和潮州二四谱的研究论文。苏文贤的一生，可谓薪火相传，世代不灭，他为潮州音乐的继承、传播和发展作出了不可磨灭的贡献。

（二）传播媒介

实用的潮州乐谱是用文字、符号或其他方式模拟、代表音乐创作中音的高低、长短等来记录乐曲的一种技术手段。苏文贤对潮州筝曲乐谱、潮乐古谱"弦诗谱"（二四谱）以及潮州大锣鼓谱的收集、整理与传承，使流动着的潮州音乐可以以乐谱的形式固定下来。由于这种固定，潮州音乐可以较完整地被"储存"和较精确地在时空中流动。从严格意义上来讲，在潮州音乐的传播历史中，潮州乐谱是最早出现的音乐传播媒介，它的本质是音乐音响信息各要素及其组合的音乐运动过程以符号或模拟的形式被描绘下来。如 A 创造的音乐形态，通过乐谱可以较清晰地传播给 B、C、D。苏文贤的《潮州古筝教材》，促使潮州筝曲教材和教法向科学化与系统化迈进，这样一来，潮州音乐曲谱在潮乐传播原始形态的模糊性方面已有了很大的改进。

苏文贤对潮州音乐曲谱媒介的传承，给潮乐传播的原始形态性质带来了变化并增加了新的品质，主要有四个方面。其一，克服了曲作者在创作构思中的遗忘性难题，而使创作过程进入清晰化、条理化和有序化状态。潮乐曲作者在思考、酝酿、琢磨的过程中，通过比较和选择，增加了最佳成果出现的可能性。其二，潮州乐谱媒介的加入，使传播过程的接力性消失了，并解决了传播效果模糊性的问题。潮乐借助于创作者成熟的艺术构思并以符号的形式较精确地被固定下来，从而使其走向更广阔的时空领域：无论何时何地，人们可以用相同的符号理解原则解读乐谱，从而还原与原创者创作成果基本相似的音乐。例如，陈天国作为苏文贤的弟子，他在音乐的成长道路上离不开苏文贤的精心培养，深受其影响。他致力于音乐理论研究和潮乐的收集整理工作，除了将潮乐出版成系列书外，还创造了一套比较形象的记谱方法。陈天国编有《三弦演全法》3 册以及《广东民间三弦曲选》《潮州二弦曲选》《广东民间乐谱》等教材。其三，潮州乐谱媒介对潮乐传播的参与，促进和巩固了潮乐艺术传播活动的专门分工。在潮乐传播的原始形态中，接力性的传播使创作与演奏表演必然联系在一起，并以个体的综合性艺术行为表现出来，即"创奏合一"。潮乐老一辈艺术家们如潮州音乐一代宗师洪沛臣，潮州二弦演奏家、潮乐名师林玉波等，他们在当时潮乐曲谱传播的原始形态中，都进行过创作、创编与整理工作。而潮州乐谱教材的出现与逐步完善，必然会使人们潮乐创作思维专门化与个性化。创作与表演两种活动以乐谱为媒介出现的分化，满足了潮乐在表演艺术上的需要，促使潮州音乐进一步发展。除了潮乐创作与表演两个主导环节的出现外，还出现了潮州乐谱的复制、表演的组织、宣传等环节。在创作与表演两个主导环节中，伴随着潮州音乐艺术的发展和丰富，乐谱的存在，有可能使表演的专门化分工更加细微。其四，潮乐曲

谱媒介的加入对于潮州音乐的传播，避免了传播效果的模糊性，使潮州音乐可以在较大时空距离之外被"还原"，这就为传统音乐的继承奠定了可靠的技术基础。从这个意义来讲，潮州音乐曲谱传播媒介的出现，促进了潮州音乐艺术的继承发展全面而有效，也促进了各地音乐文化的相互交流和发展。

苏文贤是中华人民共和国成立后第一个把潮州筝艺传播到北方的潮乐大师，是第一个把潮州民间音乐带入学校课堂，后又开设潮州音乐的古筝、二弦、琵琶、三弦等专业及合奏课的音乐家。他为更多的人认识潮州音乐和潮州古筝作出了很大的贡献。苏文贤作为潮州人，为家乡的乡亲父老们赢得了荣誉。他演奏的潮州音乐，经常在各地播放，影响深远。苏文贤先生传授的潮州音乐将更好地流传下去。

结　语

苏文贤的一生，是为潮州音乐的继承、传播与发展作出贡献的一生，无论在教学、演奏艺术还是潮乐传承上，苏文贤都不遗余力地推动着潮州音乐向前发展，使美妙音韵传播四方。

（黄颖仪　廖建高/文）

孜孜不倦　硕果累累
——陈天国

生平简介

　　陈天国，1938 年出生于广东省潮州市。当时正值抗战时期，日本的飞机经常在潮州地区轰炸，陈天国出生两个月之时，其父亲为了躲避战争去越南谋生，他从小跟着祖母和母亲生活。七八岁时，陈天国拿着父亲留下的秦琴当玩具玩；11 岁时父亲回来，受到父亲的启蒙，他开始学习秦琴和椰胡。1953 年进入中学读初中。1954 年潮州成立民间音乐研究室，1956 年更名为"潮州音乐民乐团"，此时陈天国便常到乐团里跟着乐团老师学习，其间，还向蔡戊子学习二弦。同年入读高中，其间积极参加学校的文工团排练和演奏，1959 年毕业后考入广州音乐专科学校，师从潮州音乐名家苏文贤，一直跟其学习二弦。1962 年毕业并留校任教。在这期间，他经常下乡，与老百姓零距离接触，为其以后的音乐研究奠定了扎实的民间基础。陈天国从事音乐教育和研究工作 50 余年。在国内外学术刊物如《人民音乐》《中国音乐》《星海音乐学院学报》等发表论文百余篇，多次参加国内外重大学术会议及外出讲学。专事抢救、搜集、研究潮州音乐及佛教音乐，已出版专著多部。学生众多，活跃于国内外音乐界和教育界。

艺术成就

陈天国在潮州音乐的土地上勤勤恳恳地耕耘了五十余年，为潮州音乐的传承和发展作出了不可磨灭的贡献，书写着一名潮州音乐人的历史篇章。

在教学和艺术实践方面，陈天国任教的课程有秦琴、三弦、二弦、椰胡等专业技术课和潮州音乐、古谱、佛乐等理论课。2004 年国内开设了潮州音乐文化研究方向的研究生课程，陈天国为该专业全国首位、唯一的硕士生导师。他教导学生时，总是让学生先进行基本乐谱的背诵，再讲解演奏时"加花"所需要的技巧和规律，而并非让学生一味地按谱练习。陈天国认为这样可以更好地锻炼学生的逻辑思维，学生按照"加花"规律进行自我尝试，能促进其反应灵敏，避免思想僵化。由于"加花"的灵活性，每一位演奏者都可能有一种演奏版本，这样使得潮州音乐的演奏不是单一枯燥的模仿活动，而是百花齐放，充满生命力。除此之外，他还教习失传已久的中国传统古乐。在科研方面，陈天国根据自己的艺术实践积累和多年在海内外各地进行调研的经验，总结并出版了多本专著，例如，《潮州大锣鼓》（与苏巧筝、陈镇锡合著，人民音乐出版社 1987 年版）；《潮州音乐研究》（花城出版社 1998 年版，获第六届广东省鲁迅文学艺术奖）；《潮州禅和板佛乐》（与苏妙筝、释慧原合著，广东人民出版社 1995 年版，获第二届广东高教人文社科成果三等奖）；《潮州弦诗全集》（与苏妙筝、陈宏合著，花城出版社 2001 年版）；《潮州古谱研究》（与苏妙筝合著，花城出版社 2002 年版）；《潮州音乐》（与苏妙筝合著，广东人民出版社 2004 年版）；《潮阳笛套古乐》（与苏妙筝合著，广东人民出版社 2006 年版）；《中国梵呗·香花板》（与苏妙筝合著，花城出版社 2006 年版）；《中国古乐·潮州细乐》（与苏妙筝、陈宏合著，广东人民出版社 2001 年版）。其中，陈天国与其夫人苏妙筝所著的《潮州音乐》入编了《岭南文库》。

岭南文化源远流长，独树一帜。它以其特有的地理环境和人文环境，自成体系，为华夏文明的历史文化增添了绚丽多彩的篇章。潮州音乐，是岭南音乐重要的部分，是中国传统音乐文化的积淀和历代潮州人民努力的结晶。潮州音乐文化历史悠久，有许多方面可以证明。例如潮汕话中，将

"眼睛"称为"目",又如将"吃饭""喝茶"都称为"食饭""食茶";再如潮州人把"拉弦"称为"锯弦",考古我国最早的弓弦乐器叫作"轧筝",正是用竹片来锯琴弦而发音的。可见潮州音乐文化中都有明显的古代迹象或直接原样保留。《潮州音乐》对潮州音乐的整个历史概况、类别、谱式、音律、板式、花音等方面进行了系统梳理,书中还印刷了二四谱、工尺谱和其他类别的潮州音乐乐谱,为学习潮州音乐的理论和实践都作了详尽的介绍和整理。

正如《潮州音乐》所记载,潮州音乐十分丰富,这在目前流传下来的民间音乐中极少见。它主要分为:潮州弦诗乐(丝弦乐合奏形式)、潮州锣鼓乐(打击乐与管弦乐合奏形式)、潮州细乐(三弦、琵琶、古筝的合奏或独奏形式)、潮州佛道乐(有清唱、唱加伴奏和纯器乐演奏形式)、潮阳笛套古乐(中国古代宫廷乐,此后发展有多种形式)以及潮州外江乐。这些都是中国传统音乐,在潮州地区流传积淀下来。

潮州弦诗乐是潮州最古老的一种音乐形式。它保留有许多的古代音乐的痕迹,唐代乐器的镶螺花技术也在潮州弦诗乐的领奏乐器二弦的制作中被保存下来。弦诗乐由二弦领奏,与其他乐器互相配合,二弦的声音高亢清亮、秀逸甜美,与其他的乐器群构成和谐的音响效果,互相衬托,配合默契,整体上形成了雍容典雅的风韵。弦诗乐是发展其他潮州音乐形式的基础,也成为潮州一项突出的文化形式。

潮州锣鼓乐是潮州人创造的。锣鼓脱胎于戏剧音乐,开始时使用大型乐器,后来演变成小乐器,后增加了大型的管弦乐合奏形式。它是以大鼓为指挥的管弦鼓乐。原先的潮州大锣鼓的曲目,鼓师们都是通过口传心授的方式,自立门户传教。后因政府作为,组织民间艺人集中排演,才用锣鼓经和工尺谱予以整理记录了一些套曲。由于复杂的演奏技法无法记录下来,导致锣鼓曲目不是失传、变样就是被删节。因此,陈天国为了解决这个难题,研究出了一套潮州大锣鼓详订谱的记谱技术,将鼓曲的演奏如实记录下来,以便准确地推广流传。

潮州细乐在潮州保存得比较好。从宋朝到明朝,细乐为自弹自唱形式,后来慢慢去掉演唱部分,变为纯器乐形式。现专指三弦、琵琶、筝相结合在室内演奏,有时也可加一把椰胡或洞箫等音色比较幽静、清淡的乐器以相互映衬。

关于潮州佛道乐，潮州的道乐基本不存在了，但有好几个道观，基本上采用的是北京白云观的音乐，不是潮州本土的。佛乐包含禅和板、香花板、广府板和客家板。其中禅和板发源于广州地区，极具浓烈的广东地方音乐风韵，又因在潮州地区生根成长，同时极富潮州特色；香花板则是在潮汕及闽南一带流传的佛乐唱腔。

潮阳笛套古乐是从宋代流传下来的中国宫廷古乐，现在只有潮汕地区依然保存着。笛套乐由不同板式的若干首乐曲组成一套，其中每首乐曲都不反复演奏。

潮州外江乐，为当时潮州府的富有人家去江浙一带做生意，觉得那里的戏剧和音乐好听，就把当地的乐师请到潮汕地区教习音乐，由此把江浙一带的乐种引进了潮州地区。将戏剧称为"外江戏"，音乐称为"外江音乐"，佛乐唱腔称为"外江板"。当时这些乐种流行于潮州地区，后来客家人将其结合本土的文化，便演变成为今天的"汉戏"和"汉乐"，汉乐中的领奏乐器为头弦。

潮州音乐独有的、最神奇的是"二四谱"。陈天国认为二四谱是弓弦乐器谱。此谱以"二三四五六七八"七个数字为谱字，其中"三""六"两音可以有轻重变化，加上"五"音可以活奏，这就使一首二四曲谱可以演绎出四种不同调体的音乐，即"轻三轻六""轻三重六""重三重六""活五"。由于此谱是用潮州方言唱念的，在别的地方未发现类似曲谱，因此陈天国认为它应是潮州的本土文化结晶。

在陈天国的著作中，我们可以学习到很多关于潮州音乐的知识。他也没有停止手头的工作，目前正在整理《苏文贤先生——潮州筝曲150首》和《中国梵呗·广府板》。在不久的将来，相信它们会成为弥足珍贵的资料文献。

艺术观点

久闻陈天国教授大名，怀着敬仰的心情，笔者有幸拜访他并向他了解、学习潮州音乐。拜访之时，陈天国正在广州花都的华严寺讲学，并整理佛乐乐谱。陈天国表示，所有的民间乐种包括佛乐在内，都已快失传，故通过整理古乐谱例，改进记谱的标记，保持谱面整洁，注明弹奏方式，这在不同程度上改善了以前只靠口传心授的教习方法，以使乐种能更好更广地流传。

对目前潮州音乐的发展，陈天国有自己的见解，他认为：首先，中国音乐院校的办学思路完全偏向西欧国家的教学模式，都在注重培养乐器演奏专家，拼命发展高精尖的演奏技巧，离开了传统乐种的组织。因为民间音乐不是某一种乐器的独奏，如潮州音乐的头架二弦，如果离开了其他乐器的配合就无法单独代表和表现潮州音乐。陈天国一再强调，音乐院校一定要深研乐种，而不仅仅是教学生演奏乐器。民间乐种在音乐院校中已面临失传，几乎没有乐种的概念了，音乐工作者应不断探索和了解人民群众真正所需要的音乐，若脱离老百姓，不发扬我们的民族意识，不保留我们的民族文化，中国的音乐将变成无源之水、无本之木。

"活"，是陈天国认为的中国音乐文化的最大特点。中国的民间传统文化要贴近人民群众的生活，深入到群众中去，参与本地群众的音乐活动，我们要真正从民间乐种的本体中研究总结出其自身的规律，这样传统文化才不会失去民间根基，来自民间的新鲜氧气不断地注入其中，保持音乐鲜活的气息，正所谓"艺术来源于生活"。陈天国认为目前还能较好利用音乐活动的是潮州音乐。因为潮州地区至今还保留着举办极具地方特色的大型活动的习惯，活动中常会表演具有潮州音乐特色的节目，并且老百姓们都可以参与其中。但正如各种民间音乐形式一样，潮州音乐也面临着断层的局面和困境。在潮州地区的各乐团里，多数都是老年人在演奏，中年人多忙碌于工作、生活，而年轻人亦缺乏指引，没有学习本土音乐文化的意识。因此，陈天国一直毫无保留地奉献着自己的力量，著书记谱，使潮州音乐可以更广地流传下去。

陈天国谈起在一次讲学中，他对在座的老师和同学们提了这样一个问题："我们都是搞音乐工作的，请问有多少人是真正享受音乐的？"这个问题发人深省。他说："音乐本身就是一种文化工具，可以改变人的心态，陶冶人的情操，培养人的审美观等，这是音乐原本最好的作用。而现在，音乐工作者们似乎都忽视了学习音乐的真正目的，许多小孩也是为了考级

和比赛而学，或者是被强迫所学，音乐的学习被戴上了'极具功利性'的帽子。这让很多学习者失去了学习音乐的兴趣，无形之中也失去了学习音乐的真正意义。"所以陈天国强调在教导学生时，一定要注重引导学习者真正地去了解音乐、学习音乐，从而使他们能够真正地达到享受音乐的境界，回归到学习音乐的初心。

结　语

潮州音乐发源于潮汕地区，也伴随着潮州人的开拓、谋生的足迹流传到国内外，凡有潮人聚居的地方或有潮州会馆组织的国家和地区，几乎都有潮州音乐社团。潮州音乐继承着中国音乐的优良传统，如优美的旋律、有序的节奏、典雅的音韵等，陶冶人们的性情，修炼人们的品德，净化人们的心灵。在拜访陈天国教授时，笔者注意到一个细节，当陈天国向笔者讲解、示范二四谱如何唱念时，他发现了书上的错漏，并马上认真修改乐谱，再教笔者学唱二四谱的音阶。一位潮乐大师级人物对待乐谱和音乐的态度如此细致严谨，深深感动着笔者，如此兢兢业业的学者精神值得我们敬仰和学习。历史的前进和发展，总是离不开名家大师们的付出和奉献，陈天国教授虽已年事已高，谈起潮州音乐仍是激情澎湃，眼神里流淌着追求艺术的热情，让笔者备受感动。

陈天国把毕生的精力都投入在对潮州音乐的搜集、整理和研究工作中。在民间，音乐活动非常普遍，人民群众用音乐来为自己的生活服务，民间音乐也无时无刻不反映着人民群众的生活现象，我们的音乐只有不断汲取新鲜的养分，才能焕发旺盛的生命力。作为新一代音乐工作者，我们必须担负起这个伟大而艰巨的责任，扎根于自己的土壤，真正做到贴近民间生活，把民间音乐活动办起来，扶植民间音乐的发展，真正发挥作为一个音乐人的积极作用，继承传统，发展创新。

（吴斯梦　黄颖仪/文）

德情不渝奠定岭南筝派 仁智至和升华筝人培育
——陈安华

陈安华（1940—2016），当代岭南古筝流派的优秀传人和杰出代表，曾任广州星海音乐学院教授、学院重点学科"岭南音乐器乐表演艺术与理论研究"学术带头人，曾为中国音乐家协会、中国传统音乐学会会员等。陈安华以毕生心血在古筝艺术的道路上孜孜不倦地探索和前进，为推动古筝这一民族音乐进一步发展和壮大作出了极大的贡献。

陈安华自幼受到书香世家的严格家教和原汁原味的民间音乐的熏陶，民间音乐技艺的功底深厚，对于古筝艺术有着独特的理解。1958年，陈安华入潮安庵埠业余汉剧团学习汉剧演唱和扬琴演奏，受到吴思明的点拨和启发，对古筝产生了浓厚的兴趣。1960年结束了汉剧团的学习之后，陈安华受教于潮筝大师陈海吾，并考入广州音乐专科学校进行深造。其间，陈安华师从客家古筝大师罗九香，又向当代古筝宗师曹正学习《渔舟唱晚》《高山流水》《天下同》等著名曲目，在古筝音乐道路上迈出了坚实的一步。1963年毕业后留校任教，历任广州音乐专科学校、广东艺术专科学校助教。留校期间，陈安华记录整理岭南筝曲，并向潮筝大师苏文贤学习潮州筝艺。此外，还受教于潮筝大师萧韵阁、徐涤生，受益匪浅。1964年，

陈安华赴沈阳音乐学院进修，师从赵玉斋，又向任清志、曹东扶学习豫派筝乐，集南北派筝艺于一身。其间，陈安华以一名青年古筝音乐家的身份活跃在各个舞台，多次代表国家在重要音乐会上担任独奏，曾受到周恩来总理的接见。1974年，陈安华的独奏节目被翻拍成电影，之后多次受邀为电影、电视剧配乐。1986年，陈安华受邀在香港演艺学院演出和讲学。1988年是陈安华收获丰硕、成绩斐然的一年，他应邀在香港大会堂与林毛根等人参加首次"中国南派古筝演奏会"，后又出版了其首张古筝CD唱片《中国筝乐》，受到《羊城晚报》《广州日报》和《南方都市报》等知名媒体的关注，陈安华也因此被誉为"南国筝界第一人"。此后出版有《中国岭南筝谱》、潮州筝曲选《锦上添花》，同时发表了多篇专业论文。1975—1980年，陈安华与汕头乐器厂合作，共同研制出36弦七声音节变调筝，为古筝的发展开拓了新的空间和市场。1986—1996年，陈安华任全国第一、第二、第三次古筝学术交流会筹委、组委和学委会委员，1995年在上海任中央文化部主办的"东方杯"全国古筝专业比赛评委会副主任。此外还在全国性的古筝比赛中担任评委，以及1995—1997年连续三年任广东省高级技术职称音乐学科组评委。

回顾自己的艺术人生，陈安华曾总结影响其一生的因素有以下几点：首先是出身于书香世家所受到的严格家教，其次是少年时代所受的原汁原味的民间音乐熏陶，再是专业学习后的广泛学习以及勤奋刻苦的品质。正是这些因素，为他奠定了扎实且深厚的传统民间音乐基础，民间艺术的韵与味融入他的演奏、教学和思想之中，也正是在这样的传统基础之上，他才能够倡导、创立"岭南古筝学派"并为此而努力奋斗。

海纳百川

1960年，陈安华考入广州音乐专科学校，原本打算报考扬琴专业的他却被系主任黄锦培教授选中进入古筝专业，之后又幸运地成为客家古筝大师罗九香的学生，学习筝艺，记录并整理古筝曲，将工尺谱整理成简谱。陈安华在接受系统的音乐教育之余，还学习二胡、手风琴、小提琴等，曾担任小提琴首席。除此之外，其在作曲方面颇有建树，会用复调写作并进行古筝曲目的改编。在此学习基础上，陈安华整理出版了包括潮乐、汉乐、粤乐三个部分大量民间筝曲在内的《中国岭南筝谱》。在此书中，陈安华正式向广大音乐爱好者以及音乐界的专业人士提出建立岭南古筝学派的设想，此后，他在1996年的全国音乐研究所工作会议上于"关于建设中国岭南古筝学派的思考"的发言中比较系统地阐述了建立岭南古筝学派的思路。在之前的岭南古筝派系中，潮州筝、客家筝已根深叶茂，而粤乐筝却鲜为人知。潮州筝、客家筝的历史悠久，粤乐筝则属于后起之秀。以潮州筝、客家筝为例，这两个古筝流派在历史的发展过程中，从历史渊源、曲体结构、调式特点、演奏程式、音乐风格以及记谱法等方面均不断孕育着自己的理论元素且形成了独特的体系，但因为地域性与文化性差异致使它们之间难以相互依存、相互促进发展，因而呈现出了各自为政的现象。因此，陈安华联手原广州民族乐器厂制筝师傅，制作出带有浓郁的"岭南派"工艺特色的古筝，无论是潮州筝、客家筝还是粤乐筝，其形制均出自同一模式，其玲珑精致的风格与北方的"唐制筝"有着明显的不同，因而被北方筝友统称为"粤筝"。在陈安华看来，若要更好地传承和发展广东潮、客、粤三大古筝流派，就必须从岭南音乐文化这个更宽广的视角出发，才能更好地将其推向世界并成为世界音乐文化的一部分。将三个流派概括为"岭南筝派"，并上升到学派，不仅能够很好地将这些理论元素进行升华，成为学派最重要、最关键、最坚实的理论基础，而且能使三者相互融合、相互依存、相互发展，创造出新的岭南音乐形式。《中国岭南筝谱》的出版，让岭南古筝所具有的鲜明的地方色彩越来越受到人们的关注，陈安华建立"岭南古筝学派"的思想也受到了人们的肯定。

陈安华最初提出建立"岭南古筝学派"这一想法时，并没有完全被人们所接纳。但凭借着他深厚的艺术功底和严谨的治学理念，对古筝学派的分类作了深入研究，尤其是把古筝学派和流派的概念详细、清晰地作了区分。陈安华认为，学派和流派属于两个不同的概念范畴，两者具有不同的条件。陈安华在一次采访中提到，流派应具备四个条件：第一，有大量的民间乐曲遗存和深厚的文化土壤；第二，有广泛的群众文化基础和自发的、自娱自乐的活动形式；第三，有浓郁的地方特色与风格；第四，有突出的代表人物。而学派是在流派的基础上建立起来的概念分支，是流派的

文化自觉，学派具备以下四个条件：第一，有较高的理论建树和成体系的研究成果；第二，有一批新创作的作品，这些作品能融岭南地区各家筝乐于一体，既能保留各家筝乐原有风格，又能相互融通，反映时代精神；第三，无论创作还是演奏，要能体现传统的审美理念、风格形式与现代技术的完美结合；第四，有一批训练有素的研究和演奏人才，他们中的代表人物能够薪火相传。陈安华对流派和学派作出了详细具体的分析，使人们对于建立"岭南古筝学派"的态度从反对转变为逐渐接纳，对于"岭南古筝学派"有了更为客观、清晰的理解。陈安华全身心投入"岭南古筝学派"的建立，通过合理而又详尽的规划将这一学派推向繁荣鼎盛。首先，陈安华将岭南音乐三大乐种在民间流传的名曲整理出来；其次，研究名曲的演奏风格，既做到继承又做到创新和发展；最后，借助年轻力量开展整合性的研究。

陈安华师从罗九香，继承了罗九香的演奏风格，并受到著名古筝演奏家曹正等人的好评和赞赏。与此同时，陈安华又对罗九香的演奏风格有所创新，发展了其平稳的风格，在强弱、速度的处理上加强对比。陈安华不仅对传统的古筝艺术有着深刻的理解，也对当今中国古筝的发展趋向有着自己的真知灼见，培养了一代又一代优秀的青年古筝演奏家。其学生任飞，13岁就在北京音乐厅举办"任飞古筝独奏音乐会"，成为有史以来在北京音乐厅演奏的年龄最小的音乐家。陈安华桃李满天下，个个出类拔萃，活跃在全国各地的各大音乐舞台上。陈安华对古筝艺术的影响，不仅仅体现在对传统古筝民乐的继承上，也体现在对现代古筝音乐的创新和发展以及对新生代古筝演奏家的教育和培养上。正是在陈安华的带领下，"岭南古筝学派"经历了从无到有、从理论到实践、从青涩到成熟的过程，陈安华也发展成为影响力极大的古筝学派代表人物。

仁智育人

陈安华主张在气神凝聚的演奏中造就高格音乐，并将儒家学说中的"仁""智"理念运用于古筝艺术当中，在继承前人优秀成果的基础上另辟蹊径，为古筝的发展开辟了一条新的光辉道路。

陈安华在古筝教学中最突出的贡献,是将"仁"与"智"的思想运用于教学中。音乐艺术对于任何一名音乐家来说,绝不仅仅是一项技艺、一种本领,或者说一份工作,音乐是能够打动人的,是能够引起人们的共鸣的。要做到与听众之间在心灵上的相互沟通,演奏家仅熟练地弹奏乐曲是远远不够的,还需要将乐曲背后所隐藏的情感和韵味传递给听者,而要做到这一点,不仅要求演奏家对乐曲有深刻的理解,还要求演奏家自身具有深厚的文化底蕴,这一文化底蕴的核心就是"仁"与"智"。陈安华2006年于星海音乐厅交响乐厅以"星海宿斗"为主题举办了一场讲座,讲座中,他引用了西晋傅玄在《筝赋》中对"筝"的解释:"今观其器,上崇似天,下平似地,中空准六合,弦柱拟十二月,设之则四象在,鼓之则五音发。斯乃仁智之器。"可见,仁智之器是容天地和四象万物为一体的,那么仁智之人就是融"仁、义、礼、智、信"为一体的。陈安华认为,"弹筝可使人宽厚温和、从容宁静、睿智聪敏",弹筝能让人从心性根处发生变质,产生这一影响的力量便来自中国传统文化的深邃的思想精华,陈安华敏锐地捕捉到了这一点并将其运用于教学中,将"仁智"思想发扬光大,世代相传,生生不息。陈安华提出的"仁"与"智"理念,是儒家思想"仁、义、礼、智、信"的核心,源于"天人合一"的理念,"天人合一"则体现在"气"。在中国传统的观念里,特别讲究"气"这个概念,不仅在文学中讲究"文气",也在音乐艺术中讲究"乐气",而音乐中的"气"是无法耳闻和眼观的,而是通过音乐的节奏,尤其是演奏家对于乐曲的整体感知来传递的,换句话说,是通过演奏家指尖对于乐器的细腻感受来传递的,听者只能用心去悟。不同的演奏家所具有的音乐气质是不同的,音乐家如何表达自身的音乐气质以及将其与乐器更好地融合,这就需要以"仁"与"智"作为桥梁,将二者紧密有机地融合在一起。

古筝属于中国传统文人之乐器,古代哲学家把古筝看作"仁智之器",它所要表达的是一种文化精神,突出的便是仁与智,仁是道德,智是智慧。中华民族是一个非常看重道德的民族,充满着博大的智慧,这种道德和智慧中渗透着一种人格精神,渗透着儒家圣贤及大丈夫人格。此外,古人云:"形而上者谓之道,形而下者谓之器。"古人在这里实际上讲了道、形、器三者之间的关系。就筝乐而言,仁智精神是"道"或"神"的层面，古筝是"器"的层面，而介入两者之间的演奏风格是"形"的层面，演奏风格就是仁智精神和器的统一，演奏者借助筝器表现仁智精神。陈安华认为这就是"仁"与"智"人文精神的体现。

陈安华将"仁"与"智"的理念引入古筝教学，从传统的教学观念中跳出来，从关注学生的演奏技巧上升到关注学生个人音乐气质和音乐素质的培养，注重学生综合性知识和技能的掌握以及文化底蕴的积累。在当今这样一个物欲横流的社会，陈安华带领他的学生们在精神世界中闯出了一条非物质化的道路，用古筝音乐教育人、感化人、改造人，创造了"江湖浪子变良材"的奇迹。"仁"与"智"理念强调的是习乐者从理论的修炼上升到人格以及智慧的修炼，最终达到人琴和谐的境界，实现人与人的和谐，人与社会的和谐，以至和之境为最高目标。

"仁"与"智"的教学理念是陈安华的创新，在注重学生智力开发、传授知识、技能训练的同时，更要注重对学生品德的培养，并且根据学生的实际情况不断调整仁与智教学的侧重点，进而使得学生能够保证仁与智的平衡发展，只有这样才能够为古筝艺术领域培养更多高智力、高素质的，能够不断开拓创新的古筝人才。"仁"与"智"的教学理念将带领"岭南古筝学派"驰骋于中国民族乐坛，并在中国的音乐舞台上大显身手，冲出亚洲，走向国际，为世界乐坛添上浓墨重彩的一笔。

结 语

陈安华作为当代著名的古筝演奏家和教育家，一直坚持以发展古筝艺术为己任，致力于建立"岭南古筝学派"，不断在古筝艺术道路上进行着艰苦而又伟大的探索。可以说，陈安华将其一生的心血都倾注到了古筝艺术的发展中，学习琴艺，独创风格，著书立说，建立学派，培养学生，创新教学。由此可以看到，陈安华辉煌的艺术人生以及其对古筝艺术所作出的贡献。作为古筝艺术界一颗璀璨的明星，他用自己的光明照亮了世界，而且将会继续照耀下去，光芒四射！

（陈蔚旻/文）

德艺双馨勇创新　奋发进取促传承
——林玉波

【生平简介】

林玉波（1901—1965），潮州二弦演奏家、潮乐名师。林玉波1901年出生于广东省汕头市，其父亲林作洲为航务公司职员，好潮乐，长于奏筝，林玉波小时候受父亲影响也爱好音乐，7岁时得二弦名师黄聪俊启蒙，先学椰胡、扬琴，继而以习二弦为主，15岁就已拉得一手好弦。

1926年，林玉波在汕头先后创办"南方乐社""南薰丝竹社"，历任主任。在林玉波的主持下，潮州弦诗乐演奏的器乐化程度大大提高，达到了较高水平。林玉波的演奏技艺以情深意切，抑扬适度，运弓稳健、雄劲，指法流畅为特点。主要演奏曲目有《千家灯》《平沙落雁》《凤求凰》等。1936年，南薰丝竹社应上海百代唱片公司邀请，录灌了潮乐唱片《昭君怨》《莲花落》，并传播海内外。唱片主奏为林玉波，主唱为杨海林。日寇侵华后，乐社活动停止，林氏生计亦难。

1950年上半年，汕头市成立"潮乐改进会筹备组"，成员有杨广泉、杨朱嘉、黄进忠、徐涤笙、二坎5人。杨影将原汕头市"南薰丝竹社""公余乐社""友余乐社""业余乐社""商余乐社""乐谊乐社"等民间乐社在汕人员组织起来，并得到当时各潮剧团音乐组的赞助，正式成立了"汕头潮乐改进会"，主任为杨广泉，副主任为杨影，理事有杨朱嘉、黄进忠、徐涤笙、二坎、林玉波、何天佑6人，会员100多人，会址定在小公园打锡巷。

1951年5月1日，潮乐改进会在汕头庆"五一"活动中表演了《我们

工人有力量》《中苏友好》《雄赳赳、气昂昂》3 首歌曲，其规模之大，气魄之足，在潮乐史上可谓史无前例。

1951 年 9 月 18 日，潮乐改进会与汕头公益社合并，改名为"汕头潮乐改进会国乐组"，统称仍是"汕头潮乐改进会"。

1952 年，林玉波担任汕头潮乐改进会副主任。他潜心搜集整理潮乐，并灌录唱片，出版潮乐曲集。

1952 年底，汕头潮乐改进会主任杨广泉调怡梨潮剧团工作，由林玉波接替主任一职。与此同时，林玉波全面搜集、整理、研究相关资料，组织演出活动，并与新音乐工作者郑诗敏、张伯杰等紧密合作，合作编印了《新音乐》和《潮州乐曲选》等小册子，着手潮乐改革。

1956 年 8 月，由汕头潮乐改进会和潮州民间音乐研究组的部分成员组成的演奏队伍，参加在京举办的全国首届音乐周活动。由吴藏石领队，演奏人员有杨广泉、林玉波、周才、傅振尧、苏文贤、林运喜、杨海林、吴锡有等。演出曲目有《柳青娘》《粉蝶采花》《庆丰收》《狮子戏球》，其中《柳青娘》《粉蝶采花》两曲获优秀节目奖。

1958 年，在汕头潮乐改进会的基础上，成立了"汕头市民间音乐曲艺团"，潮州音乐开始走上了专业化的道路，林玉波与何天佑、陈桐等潮乐前辈成为该团骨干，并亲自任教，培养人才。在后辈中，唯一仍继续演奏竹弦的林吉衡为林玉波高足。

1959 年，汕头市成立"潮乐研究组"，林玉波与郑诗敏等人深入寺庙、佛堂及善堂大量搜集弦诗乐乐谱等，其个人所珍藏亦少有人可比拟。然而，潮州弦诗乐的发展并不是一帆风顺的。"文革"时，潮州弦诗乐同其他艺术品种一样在劫难逃。"文革"初期，潮州弦诗乐受到严重摧残，乐器被砸烂，音乐社团被解散，艺人被遣散，音乐活动一度被禁绝。连林玉波所珍藏的大量资料也被毁于"文革"时期。

1960 年，广东汕头戏曲学校开办青少年音乐班，学生共 45 名。乐界名师杨广泉、胡昭、杨海林、林炳和任教。这标志着音乐人才培养走上了专业化的道路。同年，汕头民间音乐曲艺团聘请张汉斋、林玉波、何天佑、李良沐、孙陈居等人任教，招收 24 名学员进行培训，成才者有蔡文亮、林吉衡等。

多年来，林玉波整理改编了《将军令》《思凡》及《凤求凰》等大量潮乐。1961年中央人民广播电台和中国唱片集团有限公司为汕头民间音乐曲艺团录制了83首潮州民间音乐，亦受益于林玉波的整理与改编工作，其在演奏中的"抑指"技法，更为圈内乐人赞叹不已。他执二弦领奏的乐曲有《七月半》《西江月》《千家灯》《玉壶买春》《思凡》《粉红莲》等。

1965年冬，林玉波病逝于汕头。

潮乐创演

潮州音乐创作是潮州社会音乐形成过程中具有主导性、核心性的创作活动。潮州音乐创作充分体现着潮州社会音乐的本质，即潮州社会音乐对社会精神需求的适应性和音乐本身的创造性，首先由潮州音乐家的音乐创作动机和创作行为体现出来。有了创作，潮州音乐这一门艺术的出现才成为可能，没有创作就没有音乐。没有潮州音乐家对潮州社会现实有所思考，也就没有潮州音乐。没有潮州音乐创作，也绝不可能有潮州音乐演奏、潮州音乐传播等一系列音乐推广活动。

（一）创编不倦

二弦，是潮州音乐中地方色彩较强的拉弦乐器，因其居于领奏的首席，也被称为"头弦"。在潮乐队之中，拉二弦者被称为"头手"，备受敬重。作为一名潮州二弦演奏艺术家，林玉波在汕头南薰丝竹社时曾对《平沙落雁》和《千家灯》两首乐曲的演奏进行了新的处理。《平沙落雁》原本是一首古琴曲，又名"雁落平沙"，有多种流派的传谱，此曲意在借大雁之远志，写逸士之心胸。《古音正宗》中说此曲："盖取其秋高气爽，风静沙平，云程万里，天际飞鸣。借鸿鹄之远志，写逸士之心胸也……通体节奏凡三起三落。初弹似鸿雁来宾，极云霄之缥缈，序雁行以和鸣，倏隐倏显，若往若来。其欲落也，回环顾盼，空际盘旋；其将落也，息声斜掠，绕洲三匝；其既落也，此呼彼应，三五成群，飞鸣宿食，得所适情；子母随而雌雄让，亦能品焉。"这段题解对雁的描写极其深刻生动，全曲委婉流畅，隽永清新。《千家灯》这首乐曲风格生动活泼，如万千灯火在眼前。林玉波采用洗练流利的《穿山龙》乐曲连奏两次之后，再接上《平沙落雁》原调，后用《飞凤衔书》的拷拍融入《千家灯》原调的首段，而后用《飞凤衔书》的三板作为收尾，进行乐曲的创新。如今民间演奏的《平沙落雁》和《千家灯》，就是林玉波创新的成果。

由此可见，林玉波的创作十分有价值，如果不对乐曲加工、组织和艺术升华，其流传是十分困难的。他的创作实践充分证明，社会生活中产生的意识对他起着吸引和激励的作用，促使他主动发掘人的存在、人的生活意义以及这些事物的价值和美，并进行艺术创作。为了丰富潮州音乐的演奏曲目，使潮州音乐得到传承和发展，一方面林玉波要进行潮州音乐曲目的演奏，另一方面要进行音乐的改编与创作，这是一种创造性的成果，体现在所表达情感的普遍性上。潮州音乐的情感，具有"更高、更强烈、更有集中性、更典型和更理想"的特点。音乐整体上呈现出的特点是古朴典雅、优美抒情。使用的主要乐器有二弦、二胡、扬琴以及锣鼓等，保留了很多南音古韵，日益为世界所关注。林玉波对潮州音乐成果的再创造，体现了音乐创作的重要本质——创造性。如果没有创作生产的创造性，就体现不出音乐生产的创造性本质，更会模糊了音乐精神生产与物质商品生产的区别。他对潮州音乐创作成果的再创造，将调动整个潮州音乐生产的积极性以及提高潮州音乐的创造性，为潮剧的普及和人才的培养起了积极的作用。汕头公益社在20世纪30年代由上海百代唱片公司录制了潮剧《二进宫》《白虎堂》《捉放曹》《哭街》等，及潮州民间小曲《叹五更》《螃蟹歌》等，至今还保存于上海图书馆音响资料室。

林玉波的潮乐创作整理实践表明，他不仅是一位卓有成就的作曲家、二弦演奏家，而且是一位杰出的社会活动家。他值得后人学习的地方很多，尤其是他作为潮州音乐家，十分热爱并熟悉潮州民间音乐，重视对民间音乐的搜集、整理和研究，同时善于学习和汲取其他音乐文化中的养分，将二者有机结合。他从现实生活中发现题材，将自己的作品创作整理工作与家乡的民间音乐、祖国的命运相联系，谱写出了符合人民和时代需要的乐章，这亦是林玉波先生以及同时代潮州音乐先辈在艺术实践中形成的优良传统。

（二）艺术品格

在众多优秀的潮州乐曲中，《平沙落雁》《凤求凰》与《昭君怨》这三首是林玉波灌制和演奏的潮州音乐中最具代表性的作品，被列为"潮乐十大套"曲目。林玉波演奏的音乐内涵丰富，既能表现小桥流水式的趣味，又能演绎出气壮山河之感，充分强调"加花"等技法。林玉波演奏的《平沙落雁》一开始用急促的三板描写雁落平沙时的场景；当乐曲上板后，清澈悠远的旋律给人以"云程万里，天际飞鸣"之感。继而演奏者用多种变奏催法给人以"翔而后集之象，惊而复起之神"之感。乐曲心声，音乐家寄情于曲，以"借鸿鹄之远志，写逸士之心胸也"。而《昭君怨》这首乐曲叙述了"昭君和番"的悲剧故事，全曲结构完整，层次分明，尤为可贵的是全曲似怨非怨，似悲非悲，十分大气，这种"乐而不淫，哀而不伤"的格调，正是唐宋大曲的本色。又如1961年林玉波为汕头民间音乐曲艺团录制的乐曲《西江月》，此曲原为词牌名，摘自宋词名家辛弃疾《西江月·夜行黄沙道中》一节："明月别枝惊鹊，清风半夜鸣蝉。稻花香里说丰年，听取蛙声一片。"它保留了较多南音古韵，具有潮乐古雅之遗风。

林玉波通过对大量乐曲进行改良，对社会活动和市民音乐文化意识产生了很大的影响。改良的乐曲汲取了诸多外来剧种音乐的精华，兼收并蓄，融合、演变、发展而臻于完善，从而使潮剧音乐在社会生活中的地位日益上升，使潮州传统音乐结构更趋于多元化，由此构成了潮州音乐丰富而独特的艺术体系。

笔者认为，林玉波演奏、整理和改良的潮州乐曲古朴典雅、优美抒情、轻柔细腻，这与当地的自然环境也有一定关系。正所谓"一方水土养一方人"，文化也一样，一个地域的文化之所以呈现出特性，或者形成各具特色的风格，都离不开助其产生和生长的一方水土。文化是音乐的土壤，任何优美的音乐作品，都有一定的文化底蕴。潮汕平原四季如春，抒情的音乐与人的生活节奏十分协调，所以是环境赋予了它江南丝竹的秀丽，以及海风般特有的轻柔。

艺术成就

通过了解林玉波全部的音乐活动，可以看到他所发挥的社会功能。像

林玉波这样的潮州音乐人是潮州音乐创造活动的主体，他们对潮州音乐的创造，使音乐有可能实现相应的社会功能。而潮州音乐人身处于潮州社会之中，他们通过演奏潮乐作品对社会产生影响，使潮乐实现其功能。潮乐实现社会功能的过程也代表了潮州音乐人社会功能的实现。

（一）音乐贡献

林玉波对潮州音乐的贡献从社会学的角度来看其实是一种社会责任感的体现，即期盼社会音乐进步的情感和意志的高度浓缩，并变为行为。林玉波作为音乐家的社会责任感表现在不同时期，他用自己的力量推动社会历史的进程，使潮州音乐更好地向前发展，通过自己的音乐表达对祖国河山的一往情深。抗日战争期间，战争的残酷对乐社产生了极大的影响；"文革"时期，音乐社团被解散，艺人被遣散，音乐活动一度被禁绝，连林玉波所珍藏的大量资料也被毁于一旦，但这些并没有使他放弃自己的责任使命。林玉波对潮州音乐的热爱，体现出了他高度的社会责任感和对潮州音乐的坚持，而音乐艺术所表现出的社会性功能，也就是林玉波作为一名潮乐大师社会责任感最集中的体现。

音乐家是否具有社会责任感，首先在于他本人是否意识到了自己的职业责任。"真正的艺术家，不知道自己在做什么，这是一个错误的想法"，从这个意义来理解音乐家的社会责任感，对当代、对未来都有深刻的意义。只要是音乐家，都应当带着自己的职业自尊心和永恒的社会责任感从事其职业活动。就是在生活、精神的多种磨难中及其他困苦复杂的条件下，也不会改变音乐家刚踏上从艺之路的初衷，不会丧失在艺海中奋斗和追求的精神。正是基于对潮乐的热爱，才能使林玉波永远保持着艺术家高尚的情操和良好的个人品质，从而成为一名促进社会进步、促进潮乐传承和发展的潮乐大师。

（二）德艺双馨

音乐艺术道德即人们常说的"艺德"。它是指音乐从职人员在具有社会责任感的前提条件下，在具体的音乐职业活动中具体遵循的行为规范、原则和准则。这些规范、原则和准则是在一定的信念、习惯和传统中形成的，并用来评价和约束音乐从职人员的行为，从而协调音乐从职者与社会的关系。

古筝演奏家林毛根在回忆他的音乐生涯时提到，他在文化馆工作期间便开始向林玉波学习。新音乐工作者林毛根深入到传统音乐的学习中，向乐师艺人林玉波学习，虚心求教，以提高音乐理论修养。新音乐工作者和乐师艺人合作所创作的音乐作品既有传统的韵味又有新时代的气息，如林玉波的传谱仍恪守潮筝传统的演奏方式，句法齐整、简练，配以左手技法润色弦音，无论是被誉为"潮州国际歌"的大套曲《寒鸦戏水》，还是民间小调乐曲《倒骑驴》，都遵循了一定规律的演奏形式，但独奏曲谱稍作变化，亦别具风韵。

林玉波就是这样一位艺术家，他在新时代和社会环境的影响下，从各个环节中所表现出来的音乐艺德，都是后辈学习的典范。他在各种艰难困苦的条件下仍对自己的本职工作精益求精，不停地探索艺术规律并实践，从不满足于已取得的成绩，而是不断地学习与创造。

什么是音乐艺术道德？就是以林玉波为代表的中国音乐家在丰富的艺术实践中所遵循、所表现出来的规范、原则和准则。林玉波以他宽广的胸怀、惊人的毅力以及对生活和社会的深刻观察从事着潮乐活动，并推动潮州社会音乐事业向前发展。因此，笔者可以进一步认为，音乐职业道德是音乐从职人员的立身之本和音乐从职人员的人格力量与精神品格的具体表现。职业道德，是他们的灵魂。

潮艺传承

潮州音乐作为中国传统民间音乐中的一个重要的乐种，为劳动人民自发的口头创作，乐曲旋律并非固定不变，而是在流传的过程中不断发展；不借助于记谱法或其他手段，而主要依靠人民群众口耳相传，具有鲜明的民间风格和地方特色。清末至中华人民共和国成立前是潮州弦诗乐的发展时期。这期间国内外音乐社团星罗棋布，如潮州扬风国乐社、新加坡余娱儒乐社、汕头南薰丝竹社、香港淘适儒乐研究社、上海汉乐组等，这些社团多数以演奏汉调为主，潮乐为副。这些民间音乐社团成为潮州弦诗乐乐人的培训基地。从潮州弦诗乐的创作生产与传承看，潮州弦诗乐进入了"办班设点、讲授技艺"的时期。这时期，在演奏技艺和传教方面的突出者有潮州的蔡戊子、丁思益，汕头的林玉波、杨广泉等。他们不仅广收门徒，而且在潮州弦诗乐的演奏技巧、音乐内涵、理论研究等方面也作出了贡献，使得这一时期潮州弦诗乐演奏的器乐化程度大大提高，达到较高水平。林玉波早在 1936 年就应上海百代唱片公司邀请，录灌了潮乐唱片《昭君怨》。正是林玉波等老一辈潮乐音乐家们的努力，改变了潮州音乐的传播方式，使其由口传心授向乐谱传播以及大众传播转变。林玉波除了录灌潮乐唱片，积极参与乐社以及乐团举办的演出交流活动，在中华人民共和国成立后还参与了广播电台与唱片公司的多首潮乐录制。大众媒介的发展缩短了人们进行潮乐交流的距离，同时延长了音乐信息保存的时间。包括林玉波在内的潮州音乐艺术家们对音乐进行科学建设，提升了社会的文明程度，并对未来的潮州音乐文化发展产生了深刻积极的影响。

结　语

林玉波在其音乐生涯中，孜孜不倦、奋发进取，潜心搜集、整理潮乐，并灌录唱片，为推动潮州音乐的发展作出了极大的贡献。

（黄颖仪　廖建高/文）

汉乐篇

钟情汉乐　笔耕不辍
——张高徊

张高徊，20世纪40年代出生于广东省梅州市大埔县。广东汉乐专家，音乐理论家、演奏家，大埔县广东汉乐研究会创始人及永久名誉会长，梅州市广东汉乐协会特邀艺术顾问。曾任大埔县文化局局长、大埔县文联常务副主席、大埔县政协第八届和第九届委员。自20世纪80年代起，张高徊一直致力于研究、传播广东汉乐，其著作《广东汉乐基本知识百问》《大埔汉乐》为广东汉乐曲谱和理论研究的集大成之作。负责《广东汉乐曲库》第一卷中"广东汉乐综述"部分的撰写，其提胡演奏部分收录于《广东汉乐曲库》第五卷"广东汉乐名家演奏欣赏专辑"曲碟中。张高徊不断推动广东汉乐的传承和发展，其专题研究"广东汉乐传承遇生机"等为广东汉乐在新时代新环境下的发展和创新提供了指引，明晰了趋势与方向。张高徊业精艺高，成果斐然，其事迹被收入《中国专家大辞典·广东卷》和《中国当代文艺家辞典》。

艺术人生

张高徊出身书香门第。曾祖父张薇，字省卿，号星曹，大埔县西河漳北人，清代三朝为官二十多年，光绪十八年（1892）病逝家中。在其退隐后将所作诗词自编为《且庵吟草》，该书是一定历史时代下的产物和缩影，反映了张薇的文人情怀，具有很高的思想价值和艺术价值。张高徊的父亲张丰生也倾心于广东汉乐文化。家中浓郁的文艺氛围对张高徊影响颇大。

张高徊的家乡大埔县，地处闽粤边陲，是历代客家人南迁流播的必经之地。翻开史志，可以感受到大埔的历史悠久、文化风气盛行，当地的广东汉乐文化爱好者众多，如此种种都影响着年幼的张高徊。

张高徊十二岁开始学习演奏汉乐，师从父兄和本地头弦名师张湘基，先后学习秦琴、头弦、椰胡、提胡和扬琴等。稍通琴韵，常与朋友一起"和乐"（玩音乐）。其后广泛接触和学习民间音乐，十四岁时便随村里的舞鲤队参加县文艺调演，任提胡伴奏。孩提时代对民间音乐的接触和学习，使张高徊奠定了扎实的艺术功底，同时引导他走上了绵延一生的广东汉乐探索之路。

（一）第一时期：1959—1969 年

张高徊 1959 年参加工作后，经常与高陂、湖寮、茶阳等地的乐师、乐友共同探讨汉乐，锤炼技艺。在高陂华侨瓷厂工作的十年间，多次参加县文艺调演。

随着沟通交流的增多，视野的开阔，不断学习和钻研，使得张高徊在头弦、提胡和扬琴演奏技艺方面获得了很大的提升，逐步形成了自己独特的演奏风格。这一时期，是张高徊艺术生涯的铺垫期，赢得圈中好友的广泛赞誉，在汉乐领域的拓展开始步入正轨。

（二）第二时期：1969 年 5 月—1980 年

1969 年 5 月，由于在音乐方面的优异表现，张高徊被正式调入专业的大埔县毛泽东思想文艺宣传队，不久被转调到大埔县汉剧团，担任提胡、扬琴、头弦伴奏员兼编剧，负责整理创编传统曲目、剧目等工作。广东汉剧已有两百多年的历史，汉剧的形成和发展，与汉乐相辅相成。广东汉剧的发展历史，也在一定程度上折射出了广东汉乐的衍变轨迹。在汉剧团的演奏与编剧工作的经验，为张高徊打下了扎实的基础，不断丰富和积累广东汉乐文化知识，为其后续从事专门的广东汉乐研究工作起到了很大的作用。

（三）第三时期：1980 年 5 月—1989 年

1980 年 5 月，张高徊被调入大埔县广东汉乐研究会，负责组织和参与对广东汉乐的挖掘、整理工作。他与数位老艺人、专家一起，以汉乐研究组的形式，展开了对传统民间音乐的抢救、挖掘和整理工作。经过两年的辛勤努力，研究组完成编辑《广东汉乐三百首》（内部），并全程负责印刷、出版和发行业务。大埔县文化局两次邀请中国唱片社广州分社前往大埔为研究组成员录音，共录制出版多盒汉乐、汉剧和小调录音磁带。张高徊负责该工作项目的组织策划工作，并承担扬琴演奏任务。乐谱和磁带的发行，是广东汉乐研究领域的大事件，在广东音乐界轰动一时。广东汉乐在经历了20世纪80年代之前中国特殊历史时期的低迷之后，又逐渐复苏并得以传播。这一时期，张高徊进入对广东汉乐的专门研究领域中。

（四）第四时期：1989年—2013年

张高徊于1989年任大埔县文联常务副主席后，积极筹划，组织成立了"广东汉乐研究会"。作为领导者，为了广东汉乐的传承与发展，他开办音乐会、主编出版相关书籍、审校并筹资出版《广东汉乐新三百首》。

1996年，他撰写了《关于大埔县评称"汉乐之乡"的推荐意见》，作为大埔县文化局的研究成果上报广东省文化厅。同年，按照广东省文联、广东省音乐家协会的要求，他与李德礼共同为《中国民族民间音乐集成·广东汉乐》和《广东省音乐志》撰文，历时一年多，完成文稿逾三万字。

1998年，张高徊代表大埔县文联组织了一支"大埔县文艺庆贺团"，赴新加坡为茶阳会馆140周年大庆演出数场，深受侨胞欢迎和好评。

2000年，张高徊任大埔县文化局局长。2001年退休后定居广州，仍然十分关心并积极参与汉乐事业。携文《关于遗产的思考》赴京参加"振兴汉乐"系列活动，撰写《大埔汉乐》；参加星海音乐学院举办的"汉乐高端论坛"，登台演说，并被学院评为"岭南音乐理论家"，张高徊的身影始终没有离开汉乐舞台。

2013年3月，在梅州市出版发行的具有里程碑意义的《广东汉乐曲库》中，张高徊撰写的"广东汉乐综述"部分占了重要篇幅。他的提胡演奏也被刻录在"广东汉乐名家演奏欣赏专辑"曲碟中，为汉乐研究者提供了宝贵的文献资料，也为学习者提供了珍贵的音像资料。

张高徊的艺术生涯，与广东汉乐的发掘、研究与发展息息相关，成果丰硕，成就卓著。《广东汉乐新三首》至今被大家在"和弦子"时广泛使用。张高徊在推进广东汉乐传承与发展中作出了巨大的贡献，荣获"岭南音乐理论家"的美称，实至名归。

诸般琴艺

音乐的各种形态、结构、语汇等的产生、形成和发展都不能脱离人类行为而独立存在,从"音乐随人"的事实来看,广东汉乐在粤东已有一千五百多年的历史,即使从宋亡前后大规模南迁时期算起,亦已有七百多年的历史。所以,明嘉靖九年(1530),广东省大埔县有县志称"埔之在潮,弦诵媲邹鲁",以后各时期的县志亦同样载述大埔之风俗,即"家弦户诵",悠久的历史使广东汉乐成为粤东地区一种广为流传的音乐形式。张高徊的家乡大埔风景秀美、民风朴实,从古至今都是音乐之乡,民间音乐底蕴深厚。

张高徊能演奏多种汉乐乐器,尤其是提胡、扬琴、头弦。他演奏提胡讲求庄重而典雅、清晰而悠扬。他说,汉乐的提胡要有"典雅优美、朴实大方"的汉乐韵味,它既不同于现代二胡的豪放飘逸,刚柔多变,又有别于广东音乐高胡的华丽娇柔。已故提胡演奏家饶淑枢、罗琏两位先生已为我们树立了典范。关于扬琴演奏,他认为重在节奏稳准,以简为主。双挝发音要均匀,使它在合奏中起调和各种乐器的作用。他还认为,汉乐扬琴不需要追求"扬琴独奏曲"的复杂多变手法,"朴实大方、节奏分明"就好。头弦方面,张高徊认为它是汉乐特色乐器,应"发音清亮、乐句分明、运弓平顺、刚柔并济",起到领奏的功能。

在《广东汉乐"千里缘"——张高徊提胡主奏专辑》中,收录有《小扬州》《东进宫》《柳叶金三反》《怀古》《玉连环》《琵琶词》《千里缘》等。其中第四首《单点头·乱插花》,古筝演奏者为饶宁新,洞箫演奏者为余旋文,椰胡演奏者为张高徊。第九首《熏风曲》,头弦演奏者为张高徊,扬琴演奏者为庄长江,椰胡演奏者为罗邦龙。笔者对张高徊提胡演奏的《玉连环》印象尤为深刻。该曲是一首广东汉乐传统丝弦乐曲,音乐描绘了解环的方法,循环往复,工细而纤巧。此曲为68板曲式结构,属大调类,宫调式。全曲分八个段落,乐句连贯紧扣,旋律优美流畅、华丽悠扬。此乐曲突出提胡和笛子音色,扬琴、琵琶、三弦、椰胡等乐器配合得当,整体给人一种明朗活泼、生动有趣的感受。张高徊的运弓极为娴熟,每一段都进行加花变奏,依然可听清楚旋律音。不似广东音乐,如果同一首乐曲奏三遍以上，加花也逐渐变得丰富。张高徊在提胡演奏技法上与前辈饶淑枢有很多相似的地方，他们演奏时，没有太多的指压揉，运弓极少有音头，演奏时多以连弓为主，使音乐听起来乐韵悠扬，同时配以提胡独特的音色，两代人的演奏方式都表现出了广东汉乐的精髓——古朴典雅。我们至今仍能在广东汉乐丝弦乐中听到"中原遗音"的原因，正是他们骨子里的客家文化传统、民族意识的表现，使广东汉乐丝弦乐在发展与传承中延续了"崇儒尚古"的风格。

张高徊的演奏风格传承了广东汉乐古朴典雅的音乐风格，他的演奏能将人带入意境，感受中原古韵的音乐之美。

20 世纪 80 年代初，中国唱片社广州分社为大埔县文化局汉乐研究组录音，由张高徊担任扬琴演奏。张高徊还和汉乐演奏家罗邦龙、杨培柳、庄长江、饶宁新等人录制有《丝竹轩汉乐演奏集》《汉乐缘》等曲碟。《广东汉乐曲库》中还收录了他提胡主奏的《琵琶词》。

作为一位艺术家，张高徊的治学和钻研精神是十分突出的，他所擅长和爱好的文艺形式也是多种多样的。他在诗词写作、戏剧创作等方面的成就已不小，中国画、中国书法也是他的爱好。

汉乐传承

改革开放后的中国，各行各业，百花齐放，广东汉乐由此也进入了一个新的发展时期。张高徊是这一时期广东汉乐传播与发展的杰出代表之一。他作为领导者牵头组织了一个广东汉乐研究团队，与诸多老艺人一起，沥尽心血、不遗余力地传承、发展与传播广东汉乐，使得广东汉乐的发展欣欣向荣。

（一）负责广东汉乐曲目整理与出版

1981 年 12 月，由张高徊为主要负责人，与罗德栽、李德礼、余敦昌和罗琏等人成立了"广东汉乐研究组"，编辑整理出版了《广东汉乐三百首》，分为"丝弦音乐"和"中军班音乐"两部分。其中，丝弦乐曲 264首，中军班乐曲 39 首，共计 303 首。该书收录了大部分常用的丝弦曲和中军班乐曲，也收有大量较为少见的曲调，并录制了相应的磁带。1995 年，

由张高徊审校、李德礼收集整理，出版的《广东汉乐新三百首》（内部），收录丝弦乐曲 101 首、中军班乐曲 39 首、唢呐曲牌 126 首。

《广东汉乐三百首》和《广东汉乐新三百首》这两本乐谱集，采用单旋律简谱记谱，以适应各种乐器根据实际情况进行组合演奏。把常用的"花指"记入谱中，突破了过去手抄工尺谱或印行本只记调骨的记谱方式，且每首乐曲根据广东汉乐的慢中紧板的曲式结构记谱。乐曲按旧有习惯注明"板"数（如 2/4 拍称"一板一眼"），每首乐曲均有速度标记。大部分乐曲没有调号标记，只有小部分丝线乐曲标有软线、硬线以及正指（即正线，如 1 = F Sol – Re）调式和反指（即反线，如 1 = C Re – La）调式。在这两本乐谱里，收录的广东汉乐都是有标题的曲牌类民间音乐。有的标题已诠释出乐曲的意境和情感，反映了一定的思想内容和情趣；有的标题以乐曲的用途和演出形式命名；有的则用戏曲剧目命名；还有的用声乐词曲牌命名。《广东汉乐新三百首》中对丝弦乐曲或曲牌之曲义均有简单介绍，如借景生情的《小桃红》、表现欣欣向荣景象的《百家春》、表现爱情生活的《卷珠帘》等。

如果说《广东汉乐三百首》在当年起到了抢救遗产、继承传统的作用，那么，《广东汉乐新三百首》则因具有"丰富宝库""充实遗产"的功能，受到民族音乐工作者、汉乐爱好者的欢迎和喜爱。此书相对《广东汉乐三百首》，大大充实了汉乐资料宝库。从乐曲来源可见其弥足珍贵：如清光绪壬午（1882）大埔茶阳饶君谷手抄工尺谱《消遣集》，属丝弦乐曲；清光绪年间大埔双溪李扬乔手抄工尺谱，包括中军班音乐、唢呐曲牌、小调和丝弦乐曲；还有民国时期湖寮何育斋手抄散存的丝弦乐曲等。

《广东汉乐三百首》和《广东汉乐新三百首》在客家地区广泛流传，成为民间社团和专业社团"和弦子"时的必备书籍。张高徊为这两本乐谱的主要负责人。在此基础上，2012 年 4 月，梅州广东汉乐协会编印出版了《新收集整理广东汉乐两百首》；2013 年 3 月，在梅州出版发行了具有里程碑意义的《广东汉乐曲库》，最新收集整理了 817 首广东汉乐乐曲，门类齐全，包括丝弦音乐、唢呐曲牌（含军乐、礼乐、宴乐、喜乐、舞乐、哀乐、神乐）、中军班音乐、民间小调。正如张高徊在《广东汉乐新三百首》的序中所说："作为一名汉乐工作者，我由衷感到高兴，因为在广东汉乐这个宝库里又增添了丰富而重要的内容，它们为我们继承弘扬传统汉乐打下了更深的基础，提供了更良好的条件，广东汉乐振兴有望！"通过对汉乐乐谱的传承，我们能更进一步感受到广东汉乐的古朴典雅之美。

（二）撰写"广东汉乐综述"

为响应国家《中共中央关于深化文化体制改革、推动社会主义文化大发展大繁荣若干重大问题的决定》和《中华人民共和国国民经济和社会发展第十二个五年规划纲要》，大埔县汉乐研究会和广东嘉应音像出版有限公司联手，历时三年，于2013年3月，在广东梅州出版发行了具有里程碑意义的《广东汉乐曲库》，其中张高徊撰写的"广东汉乐综述"占了重要篇幅。

在"综述"中，张高徊对广东汉乐的称谓、类别、乐器及演奏风格等进行了最新最全面的论述，指出广东汉乐是广东省三大乐种之一。它历史悠久，源远流长，乐曲丰富，演奏形式多种多样，形成了完整的体系和艺术风格。"广东汉乐"此前曾被称为"国乐""中州音乐""中州古韵""中州元音""外江弦"或"客家音乐""汉调音乐""汉剧音乐""民间音乐"。广东汉乐门类齐全，包括丝弦音乐、中军班音乐、民间大锣鼓、八音和庙堂音乐五大类。汉乐乐器分为文乐类、武乐类、锣鼓经。"综述"详细阐述了广东汉乐的演奏风格及特征，记录了从20世纪20年代起成立的乐社弦馆，以及相关的汉乐曲谱、理论著作、汉乐人物和音像资料。张高徊撰写的"广东汉乐综述"，具有很高的理论价值，其学术价值不可估量，为研究者和汉乐爱好者们提供了权威的理论文献参考资料和依据。

结 语

张高徊一生心系汉乐，以传承和发展广东汉乐为己任，通过毕生的努力，为广东汉乐列入国家级非物质文化遗产，为大埔县被评为"汉乐之乡"，为广东汉乐事业的继承、弘扬和发展作出了重大贡献。笔者于2014年8月中下旬，在广州先后两次采访了张高徊先生。张老先生已是古稀之年，每次近两小时的采访，老先生都聚精会神，有问必答。临别还赠予笔者相关资料，表达了对笔者研究广东汉乐的殷殷期盼之情。

（黄颖仪 单丽莎/文）

革故鼎新　锐意进取

——杨培柳

生平简介

　　杨培柳，祖籍广东省梅州市大埔县。自幼喜爱文学艺术。20世纪60年代报考了广州音乐专科学校，最终因家庭出身关系没有被录取，但他并不气馁。后拜汉乐民间艺人余敦昌为师，学拉头弦。先后结业于中央戏剧学院、上海戏剧学院戏文系。擅长头弦、唢呐、提胡等多种乐器。1962年起在专业艺术表演团内从事音乐、编剧工作。创作有汉剧《翁万达》《悲风》《风筝缘》等。1991年参加汉乐录音工作，并担任唢呐、头弦主奏，后灌录成汉乐唱片《喜迎龙》《闹八音》等，发行国内外。事迹已被收入《中国当代文艺家辞典》《中国当代戏剧通典》《中华人民共和国英模大辞典》《共和国的辉煌·中华骄子卷》等。

　　当时，杨培柳与张高徊一同组建广东汉乐研究会，并亲任广东汉乐研究会秘书长，该会会员有400余人。杨培柳曾历任广东汉乐研究会秘书长，为广东省音乐家协会会员、广东省戏剧家协会会员、梅州市政协委员、大埔县广东汉乐研究会永久名誉会长等。杨培柳活跃在乐坛，取得了许多杰出的艺术成果，为广东汉乐的传承发展作出了无私的奉献。

2014 年 8 月，笔者对居住在深圳的杨培柳先生就广东汉乐历史及汉乐传承等问题进行了专访，他就汉乐的起源、分类、表现形式、乐曲传统演奏、锐意革新等方面进行了详细解说，使笔者对汉乐有了一个新的认识。

汉乐溯源

广东汉乐历史悠久，源远流长。自魏晋时代以来，汉民族为躲避连绵战乱和中原地区的自然灾害而进行了多次大规模的南徙。从晋安帝义熙九年（413）至宋亡时，尤以 13 世纪宋亡前后，南徙规模最大。主要迁徙自中原地带（今河南及周边地区）和汉水流域。南迁的汉民族，居住在粤东、闽西和赣南，当地人称他们为"客家人"。南徙先民以"乐随人行"之方式带来中原地区、汉水流域的音乐，较完整地保持至今。同时带来了古代的中原音乐文化，如"中州古调""汉皋旧谱"就是世代相传的旧有乐谱。广东汉乐不仅传承了宋元明清以来的古韵遗风，还融入了浓郁的南国情调，有着深厚的客家历史文化积淀，是客家传统文化的瑰宝。

此外，在历史进程中，时有被贬至此的朝廷命官，数量虽不算太多，但因其拥有较高的社会地位和深厚的文化功底，他们对客家音乐的保存与发展也起到了非常重要的作用。如《尚友录》中记载："隋协律郎（即最高音乐官）陈政晚年，于唐初入闽垦植，其子陈元光精通音乐，素以乐、武治化潮泉二州著称。"另唐宪宗元和年间，韩愈受贬至潮州，不仅他本人酷爱音乐，其侄孙韩湘也甚精音律。

在长期的传播过程中，汉乐有过很多种称谓。广东汉乐主要分布于中国广东东部客家地区及粤北韶关地区的部分县，并以此为中心辐射到赣南、闽西、台湾等客家地区以及海外华侨客家聚集区。

乐种分类

广东汉乐的地位在数百年间的传承过程中鲜有变化，有"中州古乐的活化石"之称。2004 年，大埔县获得了省文化厅授予的"汉乐之乡"称号；2006 年，被文化部列入国家级非物质文化遗产第一批保护名录，同年，大埔广东汉乐被正式列为国家非物质文化遗产；2008 年，大埔县被国

家文化部命名为"中国民间文化艺术之乡——广东汉乐之乡"。而大埔独特的历史人文环境与汉乐传统氛围造就了许多汉乐名家，唢呐、头弦名家杨培柳先生就是其中的佼佼者。

2014年8月，笔者对杨培柳进行了采访，他非常热情地就汉乐乐种及其艺术特征等作了详细介绍，他认为：广东汉乐的分类依据曲目内容和音乐表现风格可分为典礼音乐、牌子曲、风俗小品、戏曲音乐四大类。而按其源流、内容和特点则主要分为三大音乐品类，即"儒乐""中军班音乐"和"粤东民间音乐"。其中"儒乐"亦可谓"丝弦乐""国乐"；"中军班音乐"主要分为"大调""串调""小调"；"粤东民间音乐"原不属于汉乐，是汉乐流传到粤东后在漫长历史中与当地的本土音乐逐渐融合形成的，包括"小调""佛曲"及"汉剧吹唱"。

杨培柳还介绍了广东汉乐的领奏乐器：头弦、唢呐及笛子。他认为广东汉乐传统乐器有文乐和武乐（打击乐）之分：

文乐类的特色乐器有头弦和琴筒等。采用钢丝弦，里粗外细，用普通马尾弓。弓平拉，一般只用一个把位。在组合演奏中属领奏乐器，是客家汉乐特征之一。提胡，外形与广东高胡相似，筒稍大，杆稍长。用钢丝弦，G调定弦，夹在膝间平拉。还有椰胡、低音胡、笛子、洞箫、唢呐、笙、月弦、三弦、扬琴、琵琶和筝等。

武乐类的特色乐器有大锣、碗锣。还有正板、副板、小鼓、大鼓、堂赫、戥子、小钹、马锣、小锣、铜锣等。

广东汉乐曲目丰富，形式活泼、地方色彩浓郁，世代相传，对于研究中国民间音乐发展史、民俗学、宗教学具有极高的价值，是研究古代音乐的重要历史资料。广东汉乐流传至今仍盛行不衰，李德礼曾撰文《传统乐曲曲目总览》，整理出广东汉乐存世曲谱总数为602首（套），其中包括：丝弦乐（包括小调）有《怀古》《翡翠登潭》《平湖》等430首；清乐有《出水莲》《蕉窗夜雨》《挑帘》《高山流水》等56首；大锣鼓有《闹元宵》《迎宾客》《得胜令》《贺太平》等23首；中军班音乐有《拜托堂》《玉美人》《赏花》《花鼓调》等62首；庙堂音乐有《朝天子》《五更佛》《佛曲》《菩庵咒》等31首。

在采访中，杨培柳说广东汉乐最著名的曲目有《翡翠登潭》《出水莲》

《怀古》等。其中部分乐曲来自中原宫廷音乐、古代音乐，保留了唐代宫廷乐律，如中军班乐曲《大乐》、丝弦音乐《南进宫》等。广东汉乐广纳百家之长，如《渔樵问答》是由古琴曲演变或模仿而来的，《剪剪花》是由民歌小调转化的，《得胜令》原属戏剧曲牌类。

汉乐属曲牌体音乐，是套曲结构或曲牌连缀体结构。在传统演奏中，有的乐曲慢板转快板变奏是同一首乐曲，而有的乐曲慢板转快板是另一首乐曲的联奏，即为套曲形式。此外还有由同宫系统的若干音乐曲组成套曲联奏的形式，构成联套式结构。演奏时按照慢板、中板、快板依次演奏，但均严格保持"同宫到底"，以求得调式调性上的统一。按照传统的演奏习惯一般"软线"接"软线"乐曲，"硬线"接"硬线"乐曲。如《出水莲》后面多接《昭君怨》联为套曲，《玉连环》后面多接《落地金钱》联为套曲等。由于汉乐来自民间，多有即兴变奏的特点，演奏者常根据调骨和不同乐器的特点自由发挥，从而形成不同的风格。在"丝弦乐"和"清乐"中，历来有"大调"和"串调"之分。"大调"是指乐曲长度在六十八板并属于六十八板系统的乐曲；"串调"是指在戏曲音乐中（汉剧）用以配合剧情和舞台表演，以及渲染、烘托舞台气氛的开场和过场音乐。串调乐曲长短不一，多则数十板、少则十余板。

演奏形式

杨培柳认为，广东汉乐的演出形式灵活多样，可以一个人独奏，如古筝、椰胡、琵琶独奏，可以丝弦乐合奏，还可以大乐队演奏。他还认为，客家汉乐基本上属于有标题的曲牌类民间乐曲，在不少"大调"乐曲中，通过标题揭示乐曲的意境和情感，反映一定的思想内容和情趣，如《出水莲》《昭君怨》《崖山哀》《怀古》等。但也有乐曲虽有标题，却难以表现特定的意境与形象，如《南进宫》等。有的只表明乐曲的来历和出处，或略示其音乐的某些特点和用途，如《单点头》等。有些乐曲虽然标有曲名，但乐曲所表达的情感与曲名并无必然的联系。

在汉乐的各种演出形式中，杨培柳这样跟笔者介绍：汉乐的演奏形式和演奏技巧具有多样性。演奏可一人独奏，两人或三人合奏，但更多为三人以上合奏的形式。可将客家汉乐按照传统的演奏形式、演奏习惯等分成五个类别：

一是丝弦乐，俗称"和弦索"。它是广东汉乐中最普及、最为大众化的演奏形式。演奏时，以头弦或提胡领奏，配以丝竹乐形式，由头弦领奏，搭配月琴、琵琶、椰胡、角胡、三弦、笛子等乐器。

二是清乐，又称"儒乐"。它追求比较高雅的演奏形式，因曲调古雅优美，为文人雅士所钟爱。合奏乐器较少，常见的有由筝、琵琶、椰胡三种乐器组成的合奏，又称"三件头"。另外，还有古筝、琵琶、椰胡、洞箫的合奏形式。

三是汉乐大锣鼓，又称"八音"，为锣鼓乐形式。它主要出现于民间迎神赛会或闹元宵等客家传统节日中。演奏时以唢呐为主奏，打击乐有大鼓、苏锣、大小钹、碗锣、铜金、小锣、乳锣、梆子、摇板、马锣（八音用）等。

四是中军班音乐，是一种活跃在兴宁、梅县、大埔和福建西部的职业乐班，其演出内容包括古曲大乐、民间小调，以及用唢呐吹奏广东汉剧等。历史上，由职业或半职业的民间音乐班、社，作为仪仗性质的乐队，主要在民间举办婚丧喜庆活动时演出。演奏时以唢呐为主奏乐器，配以打击乐和若干丝弦乐。中军班音乐演奏比较讲究形式和场合，因此，它又细分为礼乐如《闹花堂》，喜乐如《嫁好郎》，小调吹奏如《卖杂货》。

五是庙堂音乐，它是举行宗教法事时演奏的吹打音乐，演奏时以唢呐为主奏乐器，配以打击乐和若干丝弦乐。庙堂音乐的演奏讲究做法事的对象。杨培柳称赞汉乐多样化的演奏形式，并称广东汉乐是黄河文化、长江文化、岭南文化相互融合的产物，而古代雅乐、燕乐，特别是宋元明三代的曲牌音乐对其影响深远。此后，受清代徽剧和汉剧戏曲音乐以及岭南本土音乐元素的滋养，形成了广东汉乐今天丰富多样的音乐品类，其更是古今客家人兼收并蓄的大气胸怀的生动写照。

我们从现今留存的广东汉乐作品来看，其调式、旋法、形式仍可追寻到古老中原音乐、汉水流域之风格。广东客家人与岭南文化、语言、生活习俗进行了交融，故此在今日的"广东汉乐"中又渗透了大量的"潮州音乐"和"广东音乐"的因素，形成独具一格的"广东汉乐"。广东汉乐不仅具有太古遗音的古朴与典雅，而且历久弥新，历经了时代的积淀，从而形成了淳朴与含蓄的艺术风格。在杨培柳的帮助下，笔者对客家汉乐音韵特征及音阶调式进行了如下梳理：

以徵、羽、宫、商、角五声为骨干音，增加清角、变宫两个偏音作为装饰性辅助音，构成七声徵调式。在客家汉乐中常被称为"硬套"或"硬线"乐曲，与潮乐中的"轻三六"调及粤曲中的"正线"调基本相似，是客家汉乐音阶的基础。

以徵、变宫、宫、商、清角五声为骨干音，增加羽、角两个偏音作为装饰性辅助音，构成带有特性音的七声徵调式。其中变宫、清角两音在羽、变宫、宫和角、清角、徵的三音列中，其音高近似一个中间音，音律学称为"中立音"或"三度间音"。在客家音乐中常被称为"软套"或"软线"乐曲。与潮乐中的"重三六"调及粤曲中的"乙凡调"基本相似。

广东汉乐存在两种不同的音阶组合方式，即"软线"和"硬线"。"软线"乐曲风格深沉、哀怨，"硬线"乐曲风格明快、活跃。在长期的艺术实践中，"软线"与"硬线"乐曲之间可以相互转换。即将"硬线"乐曲中的羽、角分别转换为变宫、清角，即为"软线"乐曲。反之，将"软线"乐曲中的变宫、清角分别转换为羽和角，即为"硬线"乐曲。这种通过五声骨干音相互转换，与潮乐中"轻六"与"重六"曲调的转换，以及陕西秦腔音乐中"欢音"与"苦音"转换的原理是相似的。由此不难看出，广东汉乐在调式音阶及特性音等方面与中原传统音乐的亲缘关系。

广东汉乐的音律至今还保留着中国古代民间"雅乐音阶"的特点，尤其"凡""乙"两音的游移性很强，构成广东汉乐的最大特点，如果失去这一属性，便失去了汉乐的含义。张培柳谈到这点时甚感担忧：目前受十二平均律的影响，汉乐音律的特性正在消失，如用十二平均律演奏汉乐曲调，汉乐的特点与韵味丧失殆尽，这要引起汉乐工作者的重视。

综上所述，可知广东汉乐在调式音阶、特性音等方面与中原传统音乐存在亲缘关系。广东汉乐的拉弦乐器有头弦、提胡和椰胡。由于乐器的音区和音域不同，在演奏时虽然定调相同，但是定弦不同。主奏乐器用"正指"演奏，而其他拉弦乐器则用"反指"配合，形成不同的曲调变化。由于乐器特点不同和演奏手法上的差异，不但在音色上形成对比，而且在曲调走向和节奏音型的运用上富有变化，从而具有"支声"复调因素的变奏特点。

艺术实践

杨培柳主要艺术实践和成就有：

20世纪70年代，参加"羊城音乐花会"，在中山纪念堂演出，并由广州音像出版社出版发行相关音像产品。

20世纪80年代，在新加坡嘉龙大剧院演出，十分成功，后在广州友谊剧院演出。

20世纪90年代，在香港多次举办民俗音乐会。

2001年1月广东汉乐团赴京演出，杨培柳以唢呐领奏汉乐经典曲目《迎宾客》，演出地点在中央音乐学院音乐厅；2008年广东汉乐团赴京演出，杨培柳以头弦领奏汉乐经典曲目《怀古》，演出地点在中央音乐学院音乐厅。

以上两场音乐会在中国最高音乐学府之一中央音乐学院的音乐厅举行，中央、北京文艺界及中央音乐学院有关领导出席。演出十分成功，由中央电视台录像并以视频的方式向全球播放。这两场音乐会中杨培柳均担任领奏，这是他的殊荣，也是广东汉乐界的殊荣。

2014年7月21日在广州星海音乐学院举办"'诗词古韵'九九元宵汉乐欣赏会"。由杨培柳以头弦领奏《怀古》及以唢呐领奏《拜花堂》。

由杨培柳任编剧的主要获奖项目有：

大埔汉剧团大型新编汉剧《悲风》获梅州市首届艺术节剧本创作二等奖；大埔县汉剧团《风筝颂》（取材于李渔同名传奇）获梅州市第二届剧本创作二等奖。此外，广东省音乐家协会官网2008年1月14日为表彰为广东汉乐事业贡献毕生力量的老艺术家，授予杨培柳、李德礼等人荣誉奖。

演艺著作

杨培柳撰有《浅谈广东汉乐》一文，文中认为广东汉乐包括丝弦乐、清乐、锣鼓吹、中军班音乐和庙堂乐五大类。这是根据传统广东汉乐沿用的演奏形式和长期形成的演奏习惯，以及各类音乐不同的用途而进行分类的。当时杨培柳呼吁，主管部门和从事民乐工作的艺术家们要制定出加强中、小学的民族音乐教育的发展战略，使广东汉乐承前启后地发展。

大埔县的汉乐活动曾蓬勃一时，各地成立以汉乐为主的俱乐部，规模较大的有大埔县中军班艺人工会、大埔县民间音乐研究会。乐谱的整理、出版计有《汉曲集》《唢呐曲牌》《锣鼓经》等。大埔籍一批汉乐高手如饶淑枢、饶从举、罗九香、余敦昌、罗琏、李德礼等，曾赴西安、北京、广州、梅州等地进行演出和录音灌片活动。"文革"时期，汉乐活动被迫停止。改革开放以后，大埔的汉乐活动重现生机。1989 年 11 月，大埔县广东汉乐研究会成立，各地汉乐演奏班子恢复活动。大埔县文联、县汉乐研究会整理出版《广东汉乐三百首》《广东汉乐新三百首》，为抢救遗产、继承传统作出了重大贡献。20 世纪 90 年代以来，汉乐艺术对外交流活动开始活跃，大埔县的汉乐团体多次接待了英国、美国、菲律宾等国的音乐学者；多次组团组队到新加坡、中国香港等国家和地区表演，且多次接受中央人民广播电台、中央电视台、台湾电视台等媒体的录音录像活动。在2012 年 10 月 24 日中央电视台民族器乐电视大赛总决赛中，由梅州广东汉剧院选送的《翡翠登潭》，以优异成绩夺得所在组第一名，这是梅州市文艺团体参加全国性大赛首次获此殊荣。

为普及群众性汉乐活动，大埔县多次举行了汉乐会演、专题晚会、大型音乐会。后来还举办了暑期青少年汉乐培训班。2004 年，大埔县由于客家汉乐的广泛流传和普及，被广东省文化厅命名为"广东省民族民间艺术之乡"。

而广东汉乐的现状是怎样的呢？据了解，20 世纪 20 年代初，粤东大城镇都有固定的组织机构，如汕头的"以成社""公益社"，广州的"潮梅音乐社"，新加坡的"星州客属总会儒乐部"等，其中尤以"汉乐之乡"大埔极为盛行，群众基础深厚。

仅大埔一县就有近百间弦馆（乐社合奏汉乐的场所），许多乡镇村落演奏汉乐、演出汉剧的活动十分普遍，这个传统一直延续至今。过去，几乎村村有弦馆。其中，著名的有大埔"茶阳同益国乐社"，湖寮"同艺国乐社"，西河黄堂"保定国乐社"，百侯"儒乐轩"等。

汉乐传承清晰，名家辈出，各个时期的代表人物众多。如明清时期有罗渤予、杨缵烈、杨天培、张振南、饶君谷、钱热储等；民国时期有何育斋、饶托生、饶渤枢、饶淑枢、饶从举、饶碧初、李蓝田、李芝田、罗九香、罗娘德等；中华人民共和国成立后有李德礼、罗琏、余敦昌、饶宁新、罗德裁、张高徊、罗曾良、罗曾优、罗邦龙、杨培柳、范胜华、庄长江等；后有饶宝优、温梓琴、廖东雄、刘川与等。他们活跃在乐坛上，为广东汉乐的传承与发展作出了无私奉献，取得了杰出的艺术成果。

德养价值

对于广东汉乐的德养价值，杨培柳以自身的成长、习琴经历等给予了后学很好的启示：

儒家思想一贯提倡德与养。"德音"，在《诗经》和《礼记·乐记》中多有所标榜和推崇。古今都有不少诗礼家族与民间乐社在标榜推崇着"德音嗜乐"，并取名"德音社"之类的雅号。"德音"一词起源于《礼记·乐记》，其中提倡"德音"的同时说"德者得也"，又说"乐者，所以像德也"。在《孟子》中，"德"与"得"二字是通用的。古人亦曾有"富润屋、德润身"的说法，而且还说"积于中，发于外"。在《乐记》中则说"合生气之和，道五常之行，使之阳而不散，阴而不密，刚气不怒，柔气不慑，四畅交于中，而发作于外"，并能够促进社会和谐。可见，高品位的音乐与音乐家的演绎是可以使人"养德""致和"的，也就是能够使人身心健康、容光焕发，从音乐方面来说，养生性的音乐主要包括娱乐性（自娱、娱人）、休闲性、技艺性、艺术性的诸多曲目及其演绎实践，其主要作用是为了使人们获得精神的寄托和情绪的释放。而养德性的音乐则是为了净化和积累。如汉乐中的《出水莲》《蕉窗夜雨》；古琴曲中则有《流水》《普庵咒》等，而广东粤乐中的《雨打芭蕉》《平湖秋月》亦属此类。广东汉乐是我国宋元以来，明清两代所盛行的俗乐文化中的一个品位甚高的养生、养德、养性乐种。

广东汉乐历经几百年的传承发展，对其的发掘、抢救、保护工程意义重大，刻不容缓，其价值主要有以下两点：

一是学术价值，广东汉乐在几百年的传承发展中，既保留了我国中原地区宫廷音乐、民间音乐的精华，又汲取了客家地区传统民间音乐的养分，同时还吸收了潮乐大锣鼓的一些特点，形成了独特、完整的音乐体系，在中国民间音乐史上极具研究价值。

二是民俗学价值，广东汉乐既保留了"中州古韵"，又富有本地民俗风情的特色，特别是在反映大埔民间习俗方面有相当数量的乐曲，且具有较高的民俗学价值。例如，反映季节的《到春来》《到夏来》《到秋来》《到冬来》等；反映民间传统节日的《闹元宵》《迎春曲》等；反映民间小买卖的《卖杂货》等；反映民间婚丧喜庆如结婚的《拜花堂》《庆团圆》，反映热闹喜庆场面的《大开门》，办丧事演奏的《哭皇天》，祭祀音乐《大乐》和宴乐《摆酒》。此外，还有具有鲜明宗教色彩的，如《菩庵咒》等。

汉乐传承

由于时代的变迁，广东汉乐的生存及继承面临重大危机：

一是广东汉乐赖以生存、发展的社会基础发生了变革。一些传统民间习俗日益淡化，广东汉乐中的庙堂音乐和中军班音乐的主要活动范围逐渐缩小。二是由于现代文化娱乐形式的多元化，学习汉乐之人变少。加上老一辈汉乐艺人由于年事已高，有些绝技难以传承下去，如头弦、司鼓、击乐等技艺，后继无人。三是政府有关部门未能建立起一个较为完整的汉乐资料库，大部分资料都散落民间和个人手中，对汉乐的研究缺乏系统的资料。

产生于农业社会的广东汉乐，若要在现代工业社会中获得进一步发展，需要采取切实可行、有效的保护措施。笔者认为，"传承发展"是广东汉乐保护工作的重中之重，传承人是广东汉乐传承发展的核心，并在保护工作中将"传承发展"的方针贯彻始终，是掌握广东汉乐命运的关键。

广东汉乐成为国家非物质文化遗产，标志着这个乐种的发展进入了一个新的历史阶段。建立完善的活态传承机制，是保护广东汉乐的一项至关重要的措施，而保护传承人又是保护工作的重中之重。杨培柳便是广东汉乐众多传承人之一。"良宵古韵绕梁音，春夜新声入岫云。妙曲原供帝王赏，如今万川处处闻。"这是杨培柳颂赞广东汉乐的诗句。

2007年11月3日，大埔县音乐家协会官网隆重推出"汉乐之乡"大埔广东汉乐杨培柳专栏。为了汉乐的传承，杨培柳以身作则，主持并参与各种教学、研讨活动。他非常重视汉乐"传帮带"，积极培养下一代接班人，早年在家乡大埔县音乐家协会主办的女子汉乐培训班任课，晚年在深圳民乐培训班任课，为深圳女子汉乐团排练广东汉乐《挑帘》，带领深圳女子汉乐团在深圳布吉广场演出，并由电视台以视频的形式播出。杨培柳每年都会在家乡举办汉乐演奏会，常邀请广州市歌舞团到大埔县进行演出。演出需要大量的资金运作，杨培柳及其好友一起为汉乐的传承出钱出力，培养了大批汉乐演奏人才，仅为汉乐的传播与传承。

杨培柳为人谦虚、热情。他将一生奉献给了广东汉乐事业，虽年事已高，仍默默耕耘，为广东汉乐的传承与发展无私奉献，取得了杰出的艺术成果。

结　语

广东汉乐是中国古代中原音乐文化的"活化石"，是我国非物质文化遗产中传统音乐的代表性乐种。千百年来，广东汉乐的传承都是以人为载体，由传承人口头传授而得以世代传递、延续和发展。口传心授、代代相传是其独特的传播、延续方式。传承人是非物质文化遗产的重要承载者和传递者。杰出的传承人在非物质文化遗产的传承和延续中起着重要的作用，对传承人的保护制度是非物质文化遗产管理的核心内容之一。围绕非物质文化遗产的传承人保护制度建设，应该坚持认定制度与申报制度相结合，注意关注传承人队伍中的特殊群体，支持其对民间信仰及习俗的传承，并重视传承环境的建设，以此促进非物质文化遗产的有效保护和民族文化事业的健康发展。

通过对汉乐传承人杨培柳的评介，笔者对广东汉乐的传承工作总结为以下三点：

第一，对广东汉乐代表性传承人的保护与培养必须以制度构建为前提，要及时发现并关注传承人队伍这个特殊群体，只有重视传承人的培养机制，才能实现对广东汉乐的"活态"保护，使广东汉乐这脉"活水"永远流播。

第二，传承人是广东汉乐传承发展的核心，是广东汉乐保护工作的重中之重，关注、重视传承人队伍的权益保障，建立激励、考核机制，将"传承发展"的方针贯彻始终。

第三，结合非物质文化遗产传承人保护制度的建设，坚持认定制度与申报制度相结合，关注并重视传承环境的建设，以此促进非物质文化遗产的有效保护和民族文化事业的健康发展。

（蔡幸子/文）

集神韵之博采　创客筝之新篇
——罗九香

生平简介

罗九香（1902—1978），广东大埔人，古筝演奏家，为客家筝派最重要的典型代表之一。罗九香从小受到家庭的影响，尤其是父亲罗告蒙对他的精心栽培，使得他接受了新知识、新思想，这与他之后在古筝方面的成就有着密切的关系。

大埔是客家人聚居之地，流行中原汉乐，有"汉乐之乡"之誉，故罗九香自小就受到汉乐熏陶。20世纪20年代初，罗九香师从族兄、古筝好手罗仙畴，又常参加乡间音乐人的合奏聚会，打下了良好的汉乐基础。1921年，罗九香毕业于潮州金山中学，随后在家乡日新学校和广德学校先后任教。任教期间，他将自己从父亲那里学到的新思想应用于教学当中，形成了博采众长的治学作风，这一作风也沿袭到他之后的古筝演奏和教学当中。1923年，罗九香在父亲的安排下，到广州学习，后又到复旦大学进行预科学习。其间，罗九香曾被一位肩背古筝走街串巷的盲人先生所演奏的古筝曲打动，他拜此人为师，这是他步入音乐事业道路的开始和人生的第一个转折点。1925年，罗九香听从父命回到广州，在政府部门当小职员。他对汉乐情有独钟，恰逢有"乐圣"之称的汉乐宗师何育斋到广州，罗九香便拜他为师。除此之外，罗九香又与何育斋门生饶托生、饶碧初、饶从举、饶淑枢、罗及时、饶竞雄、何少卿、何九成等人交往密切，共同举办"和弦子"演奏活动。1930年，何育斋在广州成立"潮梅音乐社"，对古筝在广州的推广颇有影响。罗九香常参加国乐社的演奏活动，在经过长时间的音乐训练和熏陶之后，精通中州古调、汉皋旧谱，成为何育斋客家筝派的继承人。从20世纪30年代开始，罗九香无论生活条件有多困难都从不间断音乐活动，无论身在何处都与乐为伴，不放弃"和弦子"活动。正是由于罗九香对古筝音乐的热爱和执着，他结识了更多的朋友，并且受到罗拔元的邀请在其别墅里进行"和弦子"活动。

1954年，经著名戏剧家欧阳予倩的推荐，罗九香进入大埔县民声汉剧团，任古筝、三弦演奏员，这是他从事音乐事业的第二个转折点。1956年是令罗九香最难忘的一年，他被选为广东省音乐代表团成员，到北京参加全国首届音乐周演出，他与饶从举、饶淑枢合奏《单点头·乱插花》等曲，这是客家汉乐第一次公开向全国音乐界演出，使人了解到广东仍保存了中州汉皋古乐这一优秀乐种。接着在古筝观摩交流会上，他以古筝弹奏《出水莲》《将军令》，其古朴典雅、韵味隽永的鲜明风格，使同行赞叹不已。欧阳予倩赞道："神功至极，匠心独具，堪称岭南一绝。"古琴家查阜西、民族音乐家杨荫浏则说："其中奥妙，须言传身教方得要领。"这令他在全国古筝界中享有盛誉。参加音乐周演出时，他受到毛泽东、周恩来等国家领导人接见，大受鼓舞。与此同时，他的思想境界也得到升华，改变了原来"自我陶醉"的音乐观，树立起了把客家汉乐传之后世的历史使命感。罗九香被选为中国音乐家协会广东分会常务理事，后来又被选为中国音乐家协会理事，确立了其在客家音乐中的地位。1959年，罗九香进入天津音乐学院教客家古筝，走上专业教学的道路。1960年，罗九香调任广州音乐专科学校古筝教师，并于次年同潮州古筝名师苏文贤一同代表广州音乐专科学校参加了第一届全国古筝教材会议，探讨古筝的教学问题，由罗九香演奏的客家筝曲、广东汉乐乐曲被收入高等音乐艺术院校古筝教材，其中39首客家筝曲被定为全国音乐艺术院校古筝专业学生的必修和选修曲目，罗九香也因此被誉为促使客家古筝从民间走入高等学府的第一人。罗九香在广州音乐专科学校从事古筝音乐教学直至1978年逝世。

罗九香的一生极为坎坷，多逢劫难，却又彰显出他矢志不渝弘扬汉乐的精神。罗九香一生钟情于汉皋古韵，以"儒家乐派正统"自诩，其古筝艺术独树一帜。他的演奏淳朴大方，不落俗套，矫健遒劲，着力于韵度、行调用句，尤以双指弹弦、左手重按之法为特点，可称神奇妙绝。他反对"形似"，提倡"神似"，认为音乐应随情而发，以情带声，方可表现出神韵。他善于集众家所长充实自己，对古琴艺术理论也很推崇，曾将古琴家徐青山客居广州时所著的《溪山琴况》凝其精髓缩写成《琴况廿四则警句》，显出其深邃高远的艺术境界。可以说，作为一个古筝表演艺术家，罗九香一生的音乐活动对广东汉乐及汉剧音乐的发展产生了积极深远的影响。在音乐演奏风格上，他与其他流派的表演家不同，他不着重强调形式创新。他的音乐演奏，更多保留着中国音乐的传统风格。他的古筝演奏录音，除成为音像制品发行外，还被收藏于国家级音乐研究机构及各高等艺术学府中。

博采众长

2002年，罗九香被星海音乐学院授予"客家筝一代宗师"的称号，其艺术造诣在古筝界中是首屈一指的。20世纪30年代，罗九香同来自全国各地的文艺音乐界的名人名师进行交流，在交往过程中吸收其他筝派和乐种的特色来丰富自己的演奏，如他运用山东筝派中的大指小关节快速劈托来丰富自己的八度轮音指法，吸收北派古筝连托两弦再辅以滑音的弹法，增强了力度和气氛。其演奏落点果断，运气自如，音韵委婉，气势雄浑，正所谓"轻而不浮，急而不乱，怒而不燥，哀而不伤"，形成了自己特有的风格。他强调古筝技艺主要用左手，而不是右手。他使用的"玳瑁"义甲长而厚，用小关节弹弦，音色纯真圆润。其按颤功夫一触即发，滑音技巧变化莫测，演奏气度随情而发，发音功底铿锵有力，音乐表现细腻含蓄，情感表达出神入化。罗九香对于古琴艺术的欣赏和推崇，使得其演奏风格中又融入了古雅、淳朴的风韵。罗九香藏有《隋唐燕乐调研究》和《今虞》，前者由林谦三著、郭沫若作序，于1936年出版，是一本关于古琴的书；后者是1937年今虞琴社编印的研究古琴的专刊。此外，他与古琴界众多大师级名家如招学庵、杨新伦等交往密切，相互切磋琴艺，借鉴古琴演奏时左手的点、揉、搓、抹等手法，融于古筝演奏当中，两者相得益彰、相辅相成，提升了其古筝的演奏技巧。1952 年，罗九香将古琴家徐青山关于琴的美学理论经典著作《溪山琴况》加工精缩为琴筝通用的《琴况廿四则警句》，意义重大，文风高妙，艺术境界深邃高远，正如罗九香在附录中所说："总言之，鼓琴则求和静清远，古淡恬逸，雅丽亮采，洁润圆坚，宏细溜健，轻重迟速也。"

对于罗九香来说，他首先是一位客家音乐名家，其次才是客家古筝大师、客家三弦大师。换言之，罗九香对音乐的贡献，主要在于他塑造了客家音乐的神韵。所谓"神"，就是生命、灵魂；所谓"韵"，就是风格、味道。他把客家人乃至中华民族的优良美德融入音乐之中，通过古筝、三弦等乐器塑造出感人至深的神韵来。表面看来，罗九香培养了许多古筝专业的学生，其实不然，凡是与罗九香合作，听他奏乐的人，无不从其古筝或三弦的演奏中感受到了他所传达的客家音乐的神韵。直到现在，一提起罗九香，人们都很自然地联想到客家音乐典雅、古朴、神韵精妙的音乐形象。神韵是音乐的生命，是能够触及人们心灵深处的善根本性的东西，它振动人的心弦，使人产生共鸣，调动人们心灵深处的真善美，启迪人的良知和智慧。听到美妙的音乐，我们经常会产生一种美妙的生理反应，在一刹那，整个人从头到脚，好像全身的细胞都受到了一次有序的调整，感受到一种不可名状的舒适，这就是罗九香所追求的音乐神韵的作用。

罗九香对于乐曲的选择有其独特的喜好，即根据心境来决定演奏曲目。例如，当见到污浊现象，情绪低落时，罗九香常通过弹奏《出水莲》来倾吐"君子"之气。对于《出水莲》这一曲目的认识，民间演奏者或只是将其作为软线调谱的起板副调，认为其本身不具有独立意义；或将其解释为"忧国忧民""孤芳自赏""睹物伤情"等。而罗九香却有独特的理解，他从周敦颐的《爱莲说》中受益，认为莲花是花中之君子，"可远观而不可亵玩焉"，其"出淤泥而不染，濯清涟而不妖"的高尚情操是乐曲的中心思想，给人以洁身自好、自强不息的哲理性启示。对于起句的处理，罗九香一反传统的委婉缠绵、优柔动听风格的弹法，代之以动感强烈的连续切分节奏，并辅以一按即颤的密颤弹奏，以激昂的情绪表现出莲花对污泥浊水的"不满",显现出绝强的气质,突出主题。正是由于罗九香赋予传统乐曲以新的艺术内涵,才使乐曲拥有强大的生命力而长盛不衰。

罗九香不仅在演奏客家古筝上技艺超群,而且精通其他乐器,尤其是三弦、椰胡等,对于古琴的研究也颇有心得。广泛的涉猎使得罗九香的古筝演奏别具一格,同时留下了一大批珍贵的音响资料,如古筝独奏《出水莲》,古筝、琵琶、扬琴合奏《单点头·乱插花》《玉连环》《昭君怨》等。近十年来,罗九香的古筝演奏乐谱、传谱由其学生整理出版,客家筝乐曲也由其学生演奏、刻录成录音带以及密纹、激光唱片等流传国内外,影响甚广。罗九香在古筝上的造诣,使他在推动古筝音乐艺术发展的道路上迈出了坚实的一步。

守正出新

罗九香在《琴况廿四则警句》中说:"习琴者,劝意研求,得其旨趣,操仿之道,思过半矣。"他在教育中善用启发式教学,常用三弦、椰胡为学生领奏,帮助学生掌握音乐风格,体会乐曲的韵味。他把客家筝的演奏要领归纳为"缓而不怠,紧则有序,古朴淡雅,重在写意","重在写意"即罗九香所提倡的以神似代替形似的教学观念,认为只有在"神"字上下功夫,才能体现出乐曲的情感和内涵。他要求学生学琴应学会运用气息,才能处理好起承转合、抑扬顿挫的关系,使乐曲的情感得以深化。罗九香认为,演奏古筝艺出于手,情蕴于心,弹筝是人的情感的抒发,乐音也应当随情而发,摒弃追求表面相似以及僵硬模仿,讲求音乐的感染力和人琴和谐。音乐是有感情的,不同时期、不同心境的演奏者所表现的乐思不尽相同,因此罗九香强调读谱的重要性,但不主张死记演奏谱。熟读乐谱宛如朗读诗词,有板有眼,有句有节,有轻有重,有缓有急,张口即来,脱口可唱,由情带声,循环反复,神韵自悟。他还提倡学生多读古典文学作品和历史书籍来充实自己,从而更好地理解筝曲的时代背景、创作主旨等,提高音乐修养。

罗九香不仅身体力行,多方面融合各家学派的特点和演奏技巧,还鼓励学生吸收其他筝派和乐种,包括西洋音乐的优点,支持学生学习现代乐曲及其演奏技巧，对传统乐曲进行改编。他还将不同领域的技能整合到古筝学习当中，如将太极拳、气功的运气规律应用到古筝演奏当中。罗九香"承秦筝正统，传太古遗音"，既继承民族音乐的传统正韵，又推陈出新，强调古筝技艺主要在于左手而不是右手，认为音乐的发展是必然的，继承是手段，发展才是目的。罗九香以其开阔的胸襟、非凡的气宇和开放的思想，培养出了一批又一批卓越超群、优秀非凡的演奏家，且活跃在全国各地的音乐舞台上和各大音乐高校中。其学生陈安华、史兆元等人整理出版了由罗九香传谱和演奏的客家筝曲的书籍《广东汉乐古筝曲选》《汉乐筝曲四十首》《中国岭南筝谱》《中国古筝名曲荟萃》等，提高了罗九香在古筝界的地位和影响力。其学生对罗九香的评价是"一朝遇良师，三生获教益"。

罗九香从事客家筝演奏和教学数十载，可谓硕果累累，贡献巨大。经他培养的学生，现有许多已成为国内音乐艺术院校的教授和国家一级演奏家，成为当代古筝界的精英。罗九香演奏的古筝录音不仅出版为唱片发行，还在国家级研究机构和主要高等音乐院校均有珍藏。因此，罗九香对民族传统音乐的真诚热爱和创新探索，对民族音乐事业的敬业求实和献身精神，值得后人学习。

结　语

罗九香弹筝，一直在寻求弦外之音，或者说是功夫在弦外，这是一种非常高妙的意境和修养。弦外音从何而来？看不见也听不着，它是潜藏在情感中的一种音乐潜意识，无法量度，只能从音乐的理念上去感受。所以，罗九香的演奏，并不拘泥于一字一音，而是全情投入，对音乐情感进行追求，因为在他看来，音乐的海洋没有彼岸，他也从未觉得满足，且对于自己一生的坎坷经历从不后悔。这已是一种近乎"超人"的意识，也是其客家筝艺术达到深邃高远境界的原因。此外，罗九香毕生致力于客家筝的建立和发展，对客家筝的繁荣昌盛作出了巨大的贡献，使得客家筝艺术成为中华民族音乐文化中不可分割的重要组成部分。基于罗九香对中国民族音乐所作出的重大贡献，2001年其名字被录入《新格罗夫音乐与音乐家

辞典》，成为录入该辞典的五位华人音乐家之一。这不仅仅是对罗九香艺术成就的肯定，更是对他于整个民族音乐尤其是古筝音乐的历史发展中所产生的影响及其在音乐界所处地位的肯定！

（陈蔚旻/文）

承汉乐正统　传大古遗音
——饶从举

饶从举（1897—1974），广东汉乐名家，擅长椰胡和扬琴。1897年出生于广东省梅州市大埔县茶阳镇。在饶从举出生65天之时，其父饶佩玖不幸因病逝世，只留下了年仅28岁的妻子邬氏和女儿饶青、儿子饶从举。一个年轻寡妇带着两个年幼的孩子，在当时的环境下，其生活的艰难是人们难以想象的。这种贫寒的生活，一直到饶从举的姐姐饶青18岁嫁到大埔三河坝柳家时，才有所好转。

幼时的饶从举，因家里贫穷上不了学，但由于他聪明伶俐，勤奋好学，读了许多古文和唐宋诗词，还练得了一手好字。清末民初，大埔县各地盛行地方戏曲和民间音乐，受环境之影响，饶从举也喜欢上了民间音乐，并很快就掌握了多种乐器的演奏，且能用二胡和扬琴熟练地演奏广东汉乐，在当地略有名气，常常得到老一辈艺人的称赞。

1911年时，14岁的饶从举年少志坚，血气方刚，参加了同盟会攻打大埔县衙门的活动，失败之后被清兵抓捕，幸得母亲邬氏四处奔走，设法营救，饶从举才脱离危险。次年，中华民国成立，饶从举随母亲赴潮州庵埠，经邬氏多方托人才将饶从举送到当地盐警队当差。但由于饶从举一方面与盐警队的行事作风格格不入，另一方面他离不开诗书琴艺，半年后即离开盐警队，返回埠城，在家苦读诗书，练琴自娱，并参加了饶氏家族八音班，常在迎神祭祖时与乡亲族人一起组成乐队，绕城一周，边走边奏，与众同乐，气氛十分热烈。这时的饶从举已是名扬埠城的广东汉乐名家。

1923 年前后，饶从举经常独自一人来往于汕头和广州，并在广州和潮汕一带参加民间国乐社的活动。在国乐社里，饶从举虚心向前辈艺人学艺，深得众艺人的精髓，博采众长，这使他不仅在演奏技艺上日趋完善，自成一家，而且学会了表演广东汉剧，并曾在《闻太师回朝》《二进宫》《华容道》等剧中担任主角。饶从举深厚的演唱功底和生动形象的表演，时常得到观众的热烈掌声。20 世纪 30 年代，上海百代唱片公司曾把饶从举演唱的广东汉剧唱段录制成唱片远销东南亚各国，很受欢迎，也使饶从举名扬海内外。

自 20 世纪 30 年代起，饶从举参加了汕头公益国乐社，除与乐友、乐师"和弦子"外，还经常参加义演活动。抗日战争期间，他以义演形式支援抗战。常与汉剧名伶赖宣、陈亮楷、肖霜梅、肖雪梅等人在县城茶阳的大埔中学礼堂演出《二进宫》《华容道》，令观众倾倒。50 年代初，饶从举在大埔民声汉剧团参加演奏，其足迹遍及全县各乡镇。1956 年，饶从举走上了广东汉乐演奏事业的巅峰。同年 8 月，他同另两位汉乐名家饶淑枢、罗九香赴北京参加第一届全国音乐周，演奏了《单点头·乱插花》《昭君怨》等广东汉乐名曲。8 月 24 日，他与从全国各地前来参加音乐周的音乐家们，应邀到中南海怀仁堂，受到毛泽东主席的接见，并合照留念。次日晚上，他又应中央人民广播电台的邀请，前往该台演奏广东汉乐，这是中央人民广播电台首次向全国人民介绍汉乐，是大埔汉乐走出大埔、走出广东的一个里程碑事件。在这次全国音乐周期间，饶从举与饶淑枢、罗九香还应中国唱片社之邀，录制了《单点头·乱插花》《熏风曲》《昭君怨》《玉连环》等数十首广东汉乐名曲。1957 年 4 月，饶从举应广东汉剧团的邀请，再次进京参加全国会演。

全国首届音乐周结束后，饶从举在广东省文史馆工作，其间，经常与著名琴家杨新伦以及罗思干、黄展干等人交流琴艺。杨新伦的古琴、黄展干的笛管以及饶从举的二胡被誉为"岁寒三友"，一时传为佳话。20 世纪 60 年代初，饶从举还应邀到广州文史夜校和广州音乐专科学校讲授广东汉乐，为培养广东汉乐人才贡献自己的力量。"文革"期间，饶从举失去了从事艺术工作的权利，于 1974 年逝世，享年 77 岁。

演奏风格

广东汉乐演奏形式多样，有自己完整的体系和艺术风格，在省内外乃至于海外都非常流行。这与它一方面继承保留了中州古调遗风，另一方面则和当地人民的语言文化、生活习俗相融合不无关系，这种共生发展使广东汉乐既富有清纯秀丽的南国情调，又具有"典雅优美、古朴大方"的韵味。饶从举作为广东汉乐的领军人物之一，在艺术生涯中不断发掘、改革、磨合，使其对乐曲的处理及演奏水平都有了长足的进步和提高。

1956年，由饶从举（奏椰胡）、饶淑枢（奏琵琶）、罗九香（奏古筝）三位大师合奏的《单点头·乱插花》等曲，以简练的演奏形式，古朴典雅的风格，博得了同行的称赞。广东汉乐的乐器组合形式自由多样，灵活多变，每一次组合方式的变化，都可能影响到乐器的演奏变化，一般以乐器之间的音色及音量和谐为原则，视曲调的表现需求而定，有时又按照各乐器的表现功能及特点，因曲而定。故其组合形式的自由化，给了演奏者极大的艺术创造与发挥空间。

饶从举在椰胡和扬琴演奏两个方面均有很高的造诣。椰胡别称"胡弦"或"扶弦"，其在乐队中虽是一种辅助乐器，但音色柔和，有特殊的韵味，演奏时用长弓，或长短弓结合，忌用碎弓，是汉乐、潮乐、粤乐中常用的乐器。在乐队中，椰胡通常与筝、琵琶合奏。饶从举在椰胡的演奏上造诣颇高，虽然椰胡只有辅助性作用，但是饶从举以其敏锐的音乐嗅觉，使得椰胡在合奏时也有出彩的效果。

饶从举所擅长的另一种乐器——扬琴，在合奏中更是必不可少的乐器。扬琴的音量小、余音长，在合奏中多作音型、长音等伴奏，或辅助其他乐器，较少单独用来演奏主旋律。在乐队组合中，扬琴常与琵琶组合使用，琵琶使扬琴的声音更为结实而有弹性，反过来，扬琴又突出了琵琶的音色，两者的结合非常融洽，是弹拨乐器演奏旋律的传统用法之一。

1956年，饶从举、饶淑枢、罗九香赴京演出，由中国唱片社灌制的《出水莲》《柳叶金》等数十首乐曲，今天听来仍能感受到大师们对乐曲的处理是非常细腻的。乐器的音色，乐句节奏的快慢、强弱等都处理得恰到好处，汉乐韵味十足，充分体现了儒家精髓，是永恒的经典。

由于当时的民间音乐保护机制尚未确立，民间音乐艺人的地位也相对较低。民间音乐的流传处于"自生自灭"的状态，几近消亡，全靠这些民间艺人自发、自觉地延续。中华人民共和国成立之后，广东汉乐的处境变得乐观，政府十分重视这一传统乐种的文化价值和学术价值。2006年，广东汉乐被列入我国"第一批国家非物质文化遗产名录"，作为国家级非物质文化遗产代表受到保护，国家还出台了保护非物质文化遗产的措施，至此，广东汉乐得到了极大的关注，饶从举等一大批民间艺术家也得到了政府不同程度的资助，一系列举措为广东汉乐在历史新时期获得进一步发展创造了良好的条件。在政府资助、大众关注的态势下，历史悠久、内涵丰富的广东汉乐，又迸发出蓬勃生机。

守正出新

和所有的民间音乐文化一样，广东汉乐也历经兴衰变化。旧时代的官方政府并未出台任何保护民间艺人和传承民间艺术的政策，任其自生自灭。饶从举、何育斋、罗九香等杰出汉乐家，凭着他们的历史责任感，为汉乐的传承作出了不可磨灭的贡献，成为这项民间音乐文化的"活态载体"。中华人民共和国成立前后，出现了许多以大埔人为骨干力量的各种乐社组织，这种乐人结社现象，很大程度上说明了汉乐风气的兴盛。通过结社，使乐人的对外联系交流大为加强，既扩大了汉乐的影响范围，又促进了自身艺术的不断提高。

（一）以乐社和广泛的音乐活动促汉乐发展

民间艺人作为传承民间音乐文化的"活态载体"，在维系族群向心力与凝聚力方面具有重要的作用。1920年，由大埔音乐名家何育斋、饶托生、饶碧初、饶从举、饶淑枢、罗九香、何九成等人，组成了客家音乐组织"潮梅音乐社"，历时七年。乐社旨在前往广州广泛联络潮梅音乐人士，传播客家音乐，接触各派音乐名流，在艺术上取长补短。乐师们既研究又演奏，在穗引起了很大的反响。许多人都是第一次听到客家人演奏如此典雅优美的传统音乐，纷纷予以称赞。戏剧大师欧阳予倩当时在广州戏剧研究所，他多次前来观赏乐社乐师们的演奏并大加赞赏。

乐社不仅活跃了城乡文化生活，还使汉乐深入到更多地区，获得了一批又一批的听众。由于潮梅音乐社的带动，后续又成立了大小乐社十余间，除了经常在乐社内部进行演奏外，亦有应邀到外面参加演奏的情况，音乐活动兴盛。几乎每个集镇，都有专门进行丝弦音乐演奏活动的场所。民间乐社繁荣、音乐活动已成为习惯。

不少民间音乐的衰退与失传，从某种程度上来说是因为该乐种受众面窄，不被人了解或喜爱。扩大民间音乐的影响力，使它具有更广泛的群众基础，也是传承民间音乐的一项有力举措。特别是在那个媒体传播技术不发达的年代，民间音乐家的音乐活动显得尤为必要。饶从举在中华人民共和国成立后积极参与关于广东汉乐的诸多活动，为广东汉乐争取更多的音乐活动空间助力。

1956 年 8 月，全国第一届音乐周在北京举办。大埔汉乐演奏家饶从举、饶淑枢、罗九香三人组成"客家音乐"小组赴京参加演奏，三位乐手的精湛技艺首次为全国音乐界所识。欧阳予情说："神功至极，匠心独具，堪称岭南一绝。"杨荫浏、查阜西感慨道："其中奥妙，须言传身教方得要领。"表演结束后，他们三人与来自全国各地的音乐家一起，在怀仁堂受到毛泽东主席等国家领导人的接见，并一起合照留念。这三位来自粤东山区的民间音乐爱好者因受到毛泽东等国家领导人的接见而成为"名正言顺"的音乐家。在全国音乐周期间，三位音乐家受中国唱片社之邀，录制了《单点头·乱插花》《出水莲》《昭君怨》等乐曲唱片。通过电台向全国介绍岭南音乐，这促进了岭南音乐的广泛流行和传播，为我们民族音乐宝库增添了一笔丰厚的财富。

1962 年 3 月，广东省举行首届"羊城音乐花会"，大埔籍乐手组成"广东汉乐"代表队参加演出。领队兼琵琶李德礼；唢呐：王广丕、余敦昌；笛子兼头弦：管石銮；提胡：罗琏；扬琴：饶从举、陈德魁；古筝：罗九香、丘用敏；司鼓：范思湘；击乐手：罗礼乐等 16 人。节目以中军班乐曲为主，丝弦乐曲为辅。知名音乐家吕骥、赵沨、李焕之、贺绿汀等乐界人士都亲临现场，演出结束后随即召开座谈会，与会专家一致认为广东汉乐源远流长，曲目丰富，演奏形式多样，艺术内涵深厚，具有典雅优美、淳朴大方等特点，堪称"岭南一枝花"。

广东汉乐以其鲜明的风格、精湛的技术闻名于世，并生发出诸多盛事和大观。这些盛事和大观，有力证明了它所具有的艺术价值和良好的社会影响。特别是中华人民共和国成立以后，由中央政府和各级地方政府组织的各种规模的文艺会演，成为一种集发现艺术品种、挖掘艺术人才、普及艺术欣赏、探究艺术特征于一体的具有中国特色的颇具规模的社会实践活动，为民间艺术铺开了崭新的道路。过去的民间乐手因进京会演，受到国家领导人的接见与政府媒体的宣传，提升了乐手本身以及广东汉乐的社会影响力。

（二）传承子孙，传授衣钵

广东汉乐的传承途径与其他传统音乐一样，即以口传心授的方式进行传承。

饶从举之子——著名的筝艺大师饶宁新自幼受其父熏陶，爱好音乐，于 1959 年考入广州音乐专科学校，师从潮乐名家苏文贤。三年后顺利升学深造，师从广东汉乐古筝大师罗九香学习古筝，后又获当时为中国音乐学院教授、北京古筝研究会会长的曹正以及赵玉斋等名家的指导，筝艺大进，尽得汉筝与潮筝之精髓。1965 年，毕业分配至四川音乐学院任教，八年后调返广东音乐曲艺团任古筝独奏演员，后成为星海音乐学院民乐系古筝教授，被誉为汉乐传人、粤乐筝创新者。饶宁新经常受邀参加大型音乐会，并为电台、电视台录制各类音乐节目，其灌制的古筝独奏唱片、录音带畅销国内外。几十年来饶宁新培育了大批学生，造就了许多音乐人才，为广东汉乐储备了不少人才力量。饶宁新的古筝演奏技巧全面，功底深厚，手法细致，情感丰富而具有内涵。

作为自然传承的主要方式——家族式的个体传承，主要是由父母传给子女，以口传心授的方式传授技艺。

（三）进入学校课堂

当时的汉乐名家们担当起了作为传承人的重大责任，这在他们之后的行为中亦有相应的体现。1960 年，时为广东汉剧院乐手的罗九香、饶从举，同时受聘于广州音乐专科学校，讲授客家汉乐和客家汉剧。民间艺人是非物质文化遗产传承的核心，广东汉乐遗产都保存在传承人身上，虽然传统的自然传承，特别是家族式的传承，前辈都会毫无保留地将技艺传授给后人，但是为了顺应时代发展，为广东汉乐的传承储备更多的音乐人才，不能仅靠自然传承，还应随着时代的变迁拓展传承方式，通过专业院校或民间社团的集体培训方式进行集体传承，使之薪火相传。

此举为广东汉乐和广东汉剧进入高等音乐学府的重要事件，为培养新一代广东汉乐演奏人才作出了重大贡献，促进了粤东民间音乐的传承。

结 语

饶从举作为广东汉乐的领军人物，在音乐方面有明确的主张，并撰文《音乐与革命的关系》。他认为，首先，音乐是人类主要的精神食粮，社会认为音乐使人玩物丧志的想法是不可取的。其次，音乐应该是人类生活正面积极的反映，反对所流行的不健康的音乐对人心的侵蚀。饶从举在继承传统的基础上，又有着属于他那个时代的新的音乐审美，同时进入当地音乐院校，为培养地域型音乐人才、建构本土音乐教育体制献策献力。正是有饶从举等这样一批艺人的坚守与执着，欣逢 21 世纪之初，祖国繁荣昌盛，大埔县才有了"汉乐之乡"的称号，广东汉乐又被列入了国家非物质文化遗产，各地的汉乐组织欣欣向荣。特别是 2006 年 10 月在北京举办的"振兴广东汉乐"系列活动中，许多国家级艺术单位、新闻媒体、专家学者热情地赞扬以及鼓励广东汉乐的发展。不少学者也深入大埔县进行调研采风，充分挖掘广东汉乐的学术价值。

（刘茜/文）

心系汉乐 探索不竭
——饶淑枢

生平简介

饶淑枢（1905—1981），字菊衍，广东省梅州市大埔县茶阳镇人，著名汉乐提胡演奏家。因其炉火纯青的演奏技术，被音乐界誉为"提胡王"。饶淑枢是20世纪20年代广东汉乐兴盛时期的杰出代表之一，他于1927年创改提胡大获成功。30年代，饶淑枢成为汕头公益国乐社的"音乐八王"之一。在公益社的全盛时期，饶淑枢和其他艺人合奏的汉乐乐曲，在海内外广为传播，影响深远。饶淑枢心系汉乐的传承与发展，1933年，他与钱热储一起发表了《清乐调谱选录》工尺谱，乐谱附有演奏提示。1956年，饶淑枢（琵琶）、饶从举（椰胡）、罗九香（筝）三人作为广东汉乐的代表，随广东代表团赴京参加全国第一届音乐周的演出。他们用"筝琵胡"演奏了汉调清乐《单点头·乱插花》。此次赴京是广东汉乐第一次从大山走向全国乃至世界，所产生的意义和影响均十分深远。饶淑枢与当时的汉乐名家，如钱热储（汉乐理论家）、何育斋（客家筝派创始人）、罗九香（客家筝派传承人）、饶从举（汉乐演奏专家）等一起，为挖掘继承汉乐遗产，弘扬祖国民族音乐，培养新生力量，繁荣文艺事业作出了许多贡献。饶淑枢生前为中国音乐家协会会员、广东省第三届人大代表，曾任广东汉剧院院务委员、音乐组组长等职。

艺境人生

饶淑枢从小出身于书香门第，生活富裕无忧，祖父是清朝秀才。自其父亲从商破产后，家道中落致使家境清贫。幼年的饶淑枢曾在私塾就读，后随祖父习古文。饶淑枢的家乡大埔自古就弦诵不绝，饶淑枢虽然家境衰落，但并未影响他的音乐探索之路。饶淑枢兄弟四人，他排行第三。他天资聪敏、待人和蔼，甚得人缘。童年则常与族兄饶托生、饶从举等切磋技艺，并得到饶碧初、李伯勤等名师的指点，演奏技艺日臻成熟。少年时的他已熟练古筝、琵琶、扬琴、竹笛、二胡、洞箫的演奏，擅长竹笛、二胡，至青年时已远近闻名。

20世纪初，何育斋、罗九香、饶竞雄、饶从举、饶淑枢等大埔乐师的音乐活动范围渐渐不再限于大埔、潮州，而遍及广州、上海、南洋等地。饶淑枢此时活跃在广州，经常与粤乐名家吕文成等人切磋技艺。1927年，饶淑枢综合小提琴、二胡、高胡和京胡等诸多拉弦乐器之优点，试制成汉乐专用的"提胡"，并大获成功。乐队以提胡取代了六角胡琴的重要地位，加强了乐曲的演奏效果，可领奏也可伴奏。提胡后来被汉剧采纳为主要的伴奏乐器，又在广东音乐的"五架头"乐器组合中成为担纲领奏的乐器。饶淑枢的提胡创改之举，促进了广东汉乐丝弦乐的发展，为广东汉乐的发展演变增添了新的活力。此时他的生活窘困，朝不保夕，但对音乐的热爱没有减少，到处寻师访友，切磋技艺，专心致志研究汉乐，视发展汉乐为己任。

20世纪30年代，饶淑枢的音乐活动更为频繁，加入了"汕头公益国乐社"，被誉为"音乐八王"之一。钱热储是该社的骨干，其他成员既有客家人，又有潮州人。饶淑枢（提胡）、张汉斋（头弦）、魏松庵（打击乐）、王泽如、李少南（三弦）、郑南勋（扬琴）、吴欣孙（椰胡）、郑福利（小横笛），被誉为"音乐八王"。公益社的全盛时期为1926—1937年，当时灌制了近百张汉乐唱片，饶淑枢负责提胡演奏。饶淑枢演奏的提胡作品和与其他艺人合奏的汉乐乐曲，在国内外广为传播，深受汉乐爱好者和华侨的喜爱。

广东粤东客家地区自古就有"家弦户诵"的音乐风俗，自 20 世纪初乐社林立、人才辈出。艺人、学者们热衷于汉乐的推广和普及，如对乐谱进行整理和相关的理论研究是广东汉乐兴盛时期的标志之一。虽然当时的大埔已处于战乱时期，但音乐风气依然盛行。1933 年，饶淑枢与钱热储一起创办了《公益社乐剧目刊》（共十二期），刊中发表了由饶淑枢负责审谱、钱热储记述的《清乐调谱选录》①工尺谱，乐谱附有演奏提示。《清乐调谱选录》成为广东汉乐乐谱传承的基础。此乐谱的面世，促使民众喜爱汉乐的热情更加高涨。

抗日战争爆发后，广州、汕头相继沦陷。为减轻生活负担，饶淑枢将家室安置在老家茶阳，孤身一人在兴梅一带谋求发展，并积极搜集民间汉乐素材。抗战胜利后，饶淑枢举家迁居汕头，经友人举荐在一家银行当职员，生活变得安定，也为他研究汉乐提供了较好条件。

中华人民共和国成立后，饶淑枢于 1951 年奉调至广东汉剧团，负责剧团音乐工作。工作期间积极参加汉乐改革，先后为电影《齐王求将》《霸王别姬》以及《一袋麦种》《社长的女儿》等传统汉剧剧目和现代汉剧设计音乐唱腔，并亲自参与演奏。

1956 年，饶淑枢（琵琶）、饶从举（椰胡）、罗九香（筝）三人作为广东汉乐的代表，随广东代表团赴京参加全国第一届音乐周的演出。此次演出大获成功，受到党和国家领导人的热情接见，这是广东汉乐第一次从大山走向全国乃至世界，对于汉乐的后续发展具有十分深远的意义。

1978 年饶淑枢退休，1981 年 9 月 13 日因病在梅州逝世，享年 76 岁。

饶淑枢的一生是传奇的、坎坷的一生。20 世纪初，中国社会发生了翻天覆地的变化，他既是历史的见证人，也是亲历者。社会发展的波澜和自身艰难的生活境遇，没有磨灭他对音乐的喜好和热情，饶淑枢以一个乐者的执着与宽阔胸怀，始终致力于汉乐研究，终成一代汉乐大家，也为民族音乐的传承和发展作出了巨大贡献。

---

① "清乐"是"广东汉乐"之"丝弦乐"的旧称。

兼容中西

20世纪初，一批拥有中国新思潮的爱国人士对西方文化从开始的新奇与赞赏，到借鉴和学习，展开了新文化运动。在新文化思潮的影响下，中国传统音乐与西方音乐相互碰撞，相互融合。20世纪20年代开展的五四运动所倡导的"民族""科学"新思潮，对未来中国音乐的发展具有划时代的意义，中国传统民族器乐更是迎来了开天辟地的新变化与新发展。一批学者、文人及音乐家等思想进步人士开始重视民族民间音乐遗产的继承，发扬和开创国乐的新传统。他们大胆尝试创新和改良传统乐器，努力优化这些传统乐器的音色和形制，创作大量器乐乐曲配以独奏或合奏时使用。他们努力在学校推广以及创办国乐社，大力倡导、宣传国乐。

广东地处岭南腹地，自鸦片战争后，已成为中外文化交流领先之地。20世纪20年代正处于中国新音乐思潮兴盛时期，岭南音乐三大乐种与诸多不同的音乐文化因素相交融，全面迎来了兴盛期。20世纪20年代的广东已是乐社林立、音乐人才辈出。饶淑枢作为汉乐名家为岭南音乐的发展作出了重大贡献。当时，饶淑枢因为生活艰难，与友人到广州寻找工作和发展机会。虽然生活极为窘迫，但他没有自暴自弃，是在繁忙的工作之余仍与音乐相伴。由于他在音乐上的优秀表现，在广州结识了很多音乐大家。饶淑枢经常利用闲暇时间与诸多粤乐名家一起演奏和探讨音乐。受新思潮的影响，演奏时常会中西结合，在民乐合奏中加入小提琴等洋乐器，以烘托音乐气氛。饶淑枢在频繁的音乐活动中，与广州名家相互切磋技艺，演奏水平有了很大的进步。因不断受到新思潮的洗礼，以及骨子里就带有的客家人特有的"崇儒尚学"的民族意识，此后他更是专心致志改进和研究汉乐。

20世纪20年代后期，饶淑枢从广州回到家乡，他已接受了兼容中西的新思想，这为他创改提胡奠定了坚实的基础。大埔人不管生活多艰难，都会经常聚在一起"和弦子"。饶淑枢发现六角胡琴在南方由于气候原因，音量偏小，音色偏暗，"和弦子"常常音响效果不佳。饶淑枢于1927年将粤乐提胡加以改良，把琴筒体积扩宽，后音窗加大，琴筒内空放大，琴杆加高，琴弓加长。采用蚕丝粗线作为提胡内线，经过加工改良后，提胡的

中、低音域的音质纯正、厚实，高音区域音高却不刺耳。经饶淑枢改制后的提胡，定弦是 Re-La 弦、柄长长度是 81 厘米、圆形琴筒横直径是 8.5 厘米、竖直径是 13 厘米。提胡外形似粤乐高胡，琴身是龙头圆筒，用木料制成。它的高度与二胡相等，比之粤乐高胡则琴筒稍大，杆稍长，演奏姿势与粤乐高胡一样，即双腿间夹着平拉。提胡定弦与二胡一样，属于中高音乐器，能演奏四至五把位，音域宽广，音乐表现力强。在丝弦乐"和弦子"时，提胡较六角胡琴音量大，音色更柔美淳朴，非常符合传统汉乐的古朴典雅之美。饶淑枢说："因采用提琴指法，故此命名。"他取中西乐器之长，研究小提琴之演奏方法。之后又潜心研究京曲，习奏京胡和老生唱腔。他创改的汉乐提胡，集小提琴、二胡、高胡、京胡等诸多乐器形制和演奏之长。饶淑枢拉奏提胡时，采用小提琴的按指法，左手空其掌心，拇指顶上杆旁，其他四指游移自如。饶淑枢研发的提胡在演奏时发音浑厚，气势磅礴，又不失娇柔婉转，妙不可言。这一成功的乐器创改方法很快不胫而走，被广泛采用。饶淑枢正是以其独特的创改理念与其炉火纯青的演奏技术，被广东音乐界誉为"提胡王"。

自饶淑枢创改提胡起，提胡的传承与发展至今已有较悠久的历史了。迄今，提胡已成为我国弓弦乐器的一个种类，是胡琴艺术中不可或缺的一类。在 1927 年之前，丝弦乐的演奏乐器包括头弦、扬琴、椰胡、三弦、笛子、洞箫、筝等等，合奏时以头弦或笛子领奏。1927 年，饶淑枢创制提胡大获成功，从此提胡"加入"了广东汉乐之丝弦音乐，成为"和弦子"时的必备乐器之一，可领奏也可伴奏。提胡领奏时不加头弦，伴奏时可充当和声乐器，大大加强了丝弦音乐的感染力。汉乐提胡的成功创改，提升了人们对广东汉乐传统音乐风格的辨识度，这是饶淑枢对当时新思潮的献礼。岁月匆匆，时光荏苒，回首再看，历史已经证明了刘天华、吕文成、饶淑枢改革的成功，他们超越了传统，赋予胡琴这门艺术在 21 世纪全面、迅速、高水平发展，揭开了历史的新篇章。

演奏品格

广东大埔人延续着中原文化，保持着"崇儒尚古"的客家文化传统。

古今大埔文人雅士辈出，"家弦户诵""弦诵相闻"的盛况经久不衰。饶淑枢自幼生活在大埔浓厚的音乐氛围之中，其家族中能演奏者比比皆是。饶淑枢非常好学，且经常得到汉乐名家的精心指点，少年时代的饶淑枢已能熟练演奏诸多乐器，这为以后饶淑枢的音乐人生之路打下了坚实的基础。

饶淑枢一生博采众长，倾心于汉乐艺术研究。他是创改广东汉乐提胡的第一人，更是一生致力于研究与拓展提胡艺术的演奏技法。在广东汉乐《挑帘》的演奏中，第四小节中第一个内弦 Re 音发出后，饶淑枢要求上下轻滑快速滑回 Re 音位时，使用腕力重揉弦，要突出表现提胡音色的柔韧性，即张与弛，从而达到既清纯恬静，又飘逸空灵的音乐效果。在广东汉乐《翠子登潭》的演奏中，饶淑枢要求上下滑音、装饰音一定要运用得当，让人觉得舒服和谐，轻松流畅。在此乐曲第七小节中 Sol-Do-Sol 音滑音进行时，他指出音准要准确、音色要饱满，清逸爽朗，在 Do 音上下轻滑回旋音位时，要能诠释出翠鸟从空中直插入水中捕鱼时，发出"砰"一声的生动情景，既形象又逼真，活灵活现。

笔者有幸聆听了饶淑枢演奏的提胡名曲《翠子登潭》，《翠子登潭》亦名"翡翠登潭"，是一首广为汉乐界人士喜爱的丝弦乐曲。曲子细腻地描写了翠鸟盘旋于空中寻找目标，继而潜入水成功抓捕到鱼的生动情景。他演奏的慢旋律运弓悠扬而浑厚，快节奏时则着力均匀，清晰而有跳跃感，加上提胡不经意产生的滑音与轮音，使得表现力丰富而饱满。与其他演奏者不同的是，饶淑枢的提胡演奏具有一种特别的张力。其音色像高胡，又近似二胡，在合奏中声音不像汉乐的头弦那么冒尖，而总是柔润地存在于乐声中，但又能清晰地听到提胡演奏的旋律。饶淑枢在提胡的演奏风格上保持着古朴典雅之美，没有高胡、二胡演奏中强有力的音头，也听不见类似高胡演奏中频繁的手指压揉和华丽的加花、极其夸张的滑音。左手仅淡淡地加花、揉弦、滑奏。在乐曲的紧板中，右手运弓依然保持着浑厚而悠然的力度，没有太多的音头弓，哪怕是到了紧板中的催弓，左右手也配合得轻松自如，左手走指快，右手运弓落点清晰。

中华人民共和国成立后，饶淑枢在广东汉剧院工作，仍然负责提胡的演奏。他要求提胡演奏艺术要服务于剧中人物，并与观众的情感结合在一起，产生共鸣，以音乐感人，带给人们美的艺术感受。如饶淑枢参与作曲

的古装汉剧《二度梅》中的"丛台别"，陈杏元上场时演唱的二黄慢板，采用了提胡的揉弦、滑音、颤音等伴奏技巧，配合演员的表演，巧妙地将提胡艺术发挥得淋漓尽致，同时描绘了人物内心世界的悲愤和痛苦情感，使观众更好地融入剧中。饶淑枢对音乐的感悟，充分体现了他血液里的客家人特有的拼搏好学的精神和大埔人爱好音乐的天性。

客家文化传统"崇儒尚古"的"中和"美学思想，在饶淑枢整个音乐实践活动中表现得很明显。首先，作为一度音乐创作者——作曲家，饶淑枢把内心感觉通过音符表达出来，谱写成音乐作品。其次，作为二度音乐创作者——演奏家，饶淑枢既要诠释出所创作音乐作品中的意图，还要在二度创作时激发出自己的内在情感。人们对于乐曲的欣赏作为三度音乐创作的环节，笔者认为这是音乐实践活动中三个环节中最重要的一个环节。因为人们必须先听音乐作品，了解乐曲的节奏、音色、音准等诸多要素，才能进一步理解乐曲风格和作曲家的情感。所以音乐欣赏者要从感性认识逐渐升华为理性认识。饶淑枢是很好的音乐欣赏者，他虚心好学，尝试创作汉乐作品，并排除万难寻师访友以不断丰富自己的演奏技法。受"中和"的美学思想的影响，饶淑枢改良的提胡，中、低音域的音质纯正、厚实；高音区域的音高并不刺耳，音色和谐。改制提胡经乐队采用后，可领奏也可伴奏。在广东汉乐中，提胡艺术发展至今，仍具有活力。

结 语

饶淑枢一生都致力于广东汉乐的研究、创作与演奏，其音乐人生的开始离不开家乡大埔浓郁的音乐氛围。

饶淑枢的提胡演奏艺术，将民族乐器和西洋乐器相结合，演奏时融入个人对生活及音乐的感悟，自成一家，形成风格独到、具有浓郁广东民族音乐特色的提胡演奏法，弓弦颤动之处，犹闻古朴典雅之声，可谓中原遗音不绝。

（黄颖仪　单丽莎/文）

参考文献

[1] 何克宁. 浅谈广东音乐的"粤味"[J]. 南国红豆，2004（6）.

[2] 李艳. 粤乐扬琴流派艺术的岭南地域文化品格 [J]. 星海音乐学院学报，2012（3）.

[3] 潘伟文. 广东音乐扬琴的传承、发展与创新 [J]. 音乐时空，2013（7）.

[4] 余少萤. 潮州音乐创作研究 [J]. 音乐创作，2013（7）.

[5] 郭明城. 和而不同　天人合一　谈潮州音乐的乐器组合和演奏形式 [J]. 潮商，2010（3）.

[6] 陈威，郑诗敏. 潮州乐律不是七平均律 [J]. 音乐研究，1990（2）.

[7] 刘智忠. 承前启后　任重道远——"论岭南音乐"的发展战略 [J]. 星海音乐学院学报，2004（1）.

[8] 宋钢. 林毛根先生访谈录 [J]. 汕头大学学报（人文社会科学版），2003，19（A1）.

[9] 丁雯娴. 潮州筝曲《寒鸦戏水》的演奏特点 [J]. 长春理工大学学报，2012（3）.

[10] 陈天国. 永恒的思念——纪念苏文贤先生诞辰85周年 [J]. 星海音乐学院学报，1993（C1）.

[11] 黄奇霞. 潮州筝蕊句研究 [J]. 星海音乐学院学报，2011（2）.

[12] 陈蔚旻. 岭南筝派纵横谈 [J]. 星海音乐学院学报，2005（3）.

[13] 李沛煌. 潮州弦诗乐的发展与演变 [J]. 艺术百家，2009（A2）.

[14] 李英. 广东汉乐音乐品类特征与曲牌研究 [J]. 中国音乐，

2012（3）.

[15] 冯光钰. 传承发展：广东汉乐的必由之路［J］. 中国音乐，2008（4）.

[16] 张利珍. 广东汉乐的传承与传承人的研究分析［J］. 音乐创作，2011（6）.

[17] 饶从举. 音乐与革命的关系［J］. 岭南文史，1993（2）.

[18] 巫宇军. "客家筝"形成的社会人文及地理背景述考［J］. 星海音乐学院学报，2013（4）.

[19] 李萌. 潮州筝曲选 五家筝演奏谱［M］. 北京：人民音乐出版社，1995.

[20] 陈天国，苏妙筝. 潮州音乐［M］. 广州：广东人民出版社，2004.

[21] 傅利民，郭德刚，钟璟，等. 民族器乐理论教学法［M］. 北京：中国文联出版社，2010.

[22] 王次炤. 音乐美学［M］. 北京：高等教育出版社，1994.

[23] 曾遂今. 音乐社会学［M］. 上海：上海音乐学院出版社，2004.

[24] 陈天国. 潮州音乐研究［M］. 广州：花城出版社，1998.

[25] 蔡树航. 潮州音乐［M］. 广州：广东人民出版社，2009.

[26] 宋祥瑞. 音乐与大众媒介［M］. 武汉：武汉出版社，2009.

[27] 广东省大埔县文化局广东汉乐研究组. 广东汉乐三百首［M］. 广州：广东人民出版社，2019.

[28] 大埔县文联，大埔县广东汉乐研究会. 广东汉乐新三百首［M］. 广州：广东人民出版社，2019.

[29] 张高徊. 大埔汉乐［M］. 广州：广东人民出版社，2008.

[30] 罗伟雄. "客家筝派"本源论萃［M］. 北京：中国文联出版社，2008.

[31] 张前，王次炤. 音乐美学基础［M］. 北京：人民音乐出版社，1992.

[32] 黄玉生. 人生短暂 艺术长存［N］. 汕头日报，2006－05－14.